宪法在司法裁判中的角色

大数据视角下的实证研究

魏健馨 著

人民东方出版传媒
People's Oriental Publishing & Media
东方出版社
The Oriental Press

图书在版编目（CIP）数据

宪法在司法裁判中的角色：大数据视角下的实证研究 / 魏健馨 著 . — 北京：东方出版社，2023.12
ISBN 978-7-5207-3758-6

Ⅰ.①宪… Ⅱ.①魏… Ⅲ.①中华人民共和国宪法—研究 Ⅳ.① D921.04

中国国家版本馆 CIP 数据核字（2023）第 217878 号

宪法在司法裁判中的角色：大数据视角下的实证研究
(XIANFA ZAI SIFA CAIPAN ZHONG DE JUESE: DA SHUJU SHIJIAO XIA DE SHIZHENG YANJIU)

作　　者：魏健馨
责任编辑：刘　峥　马　旭
出　　版：东方出版社
发　　行：人民东方出版传媒有限公司
地　　址：北京市东城区朝阳门内大街 166 号
邮　　编：100010
印　　刷：北京文昌阁彩色印刷有限责任公司
版　　次：2023 年 12 月第 1 版
印　　次：2023 年 12 月第 1 次印刷
开　　本：880 毫米 ×1230 毫米　1/32
印　　张：9.25
字　　数：204 千字
书　　号：ISBN 978-7-5207-3758-6
定　　价：58.00 元
发行电话：（010）85924663　85924644　85924641

版权所有，违者必究
如有印装质量问题，我社负责调换，请拨打电话：（010）85924602　85924603

前　言

在宪法实施理论与实践中，司法裁判是宪法实施和法律实施的重要途径之一，且尤为重要。广义的宪法实施对于建设法治国家具有多重意义，它不仅有助于塑造全体社会成员的宪法观念、法律信仰，提高其对宪法和法律的认知水平，还可以通过司法过程和裁判文书感受到宪法的最高法律效力及其权威。

现代社会的法律概念及其体系兴起于农业社会，勃兴于工业社会，在社会变迁过程中不断注入新理念，内涵亦趋丰富，并且被刻上深深的时代烙印。从发生学的视角看，宪法和部门法出现的时间顺序是部门法在先、宪法在后，而承载人类社会进步理念的宪法则后来居上并统领整个法律体系。在从传统国家到现代国家转型的过程中，作为根本法的宪法功能独特，发挥着不可替代的作用。

当下传统工业经济模式正朝向知识经济模式转型，高科技创新日新月异，智力资源的配置以及智能产品正在渗透到日常生活之中，这不仅改变着人们的传统生活方式，也促使宪法和法律理念的更新，法律制度及其规范体系的进一步调整。在人类社会的线性进步过程中，法律原则和法律制度也在同步发展。在权利的保障与救济领域，宪法权利和法律权利的内涵在不断扩充，环境权利、数据权利或信息权利等新型权利纷纷涌现。人们在法治建设的氛围中达成基本社会共识——只有诉诸法律理性才能有效避免和缓解不同权利主体之间的"权利相互性"，更好地实现资源配置和利益平衡的格局，从而最大化地满足人们对美好生活的追求。

市场经济体制下的资源配置机制，需要与之相适应的法律理念和逻辑，使利益分配格局朝向更有利于维护社会秩序和实现社会正义的方向发展。与之相对照，既定的法律规则均有一定的滞后性，对蜂拥而至的权利或利益诉求难以做到全覆盖保障，司法裁判也要面对法律适用上的分歧以及由此带来的困扰。现代社会中越来越庞大的法律规则体系与往昔不可同日而言，即使是法律职业共同体内的各类专业人士也深陷新理念与众多法律条文之间的纠缠之中难以自拔，于是人们试图通过法教义学来追溯法律条文的规范意涵，通过复归本源来摆脱认识上的分歧，避免宪法实施和法律实施的困境。但是，不论社会如何变迁，宪法和法律追求"秩序与正义"价值取向的初心始终没有改变，在面对新挑战和机遇时方显宪法的雄心。

众所周知，"大数据"一词并非传统法学理论中的法学概念和法律术语，它的滥觞与新兴的知识经济、知识立宪阶段的开启密切相关。人们越来越感受到大数据对社会生活的影响是全方位的，法律领域也被囊括于其中。大数据既可以为判断、分析事物以及作出决策提供基础性信息；还可以作为一种分析工具或者研究方法，为人们提供观察和研究的新视角。无论怎样，大数据已经在相当程度上改变了人们的传统生活方式、固定思维模式以及社会行动和社会交往的习惯。毫不夸张地说，大数据已经嵌入人们日常生活的每一个角落，个体从观念到行动力，在其转变观念的同时，可以充分地借助于大数据信息，决定自己的行动方案。大数据对于法学专业、法律制度的意义同样是多方面的。司法过程中，各种表面上看起来似乎是杂乱无章的权利诉求，可以经由大数据进行统计分析，概括特点、揭示规律，深化对个体、群体的法律心理和行为以及各种法律现象和法律问题的认知，促使司法过程中宪法和法律在实践目标上的有机统一，并在司法实践中发挥宪法和法律的特定功能。

借用这里的空间，对正文的部分表述做简要说明。关于"宪法援引"，书中各处表述有细微差别，"运用宪法援引""进行宪法援引""宪法援引"等，但更多是为了表述连贯性的考虑，所指均是"宪法援引"这一行为。还有，在我国，对法院的完整表述应为"某某人民法院"，书中有时因为表述习惯或者受图、表的空间所限，做简略表达，"最高（人民）法院""高级（人民）法院""中级（人民）法院""基层（人民）法院"。

总之，在强化宪法实施的背景下，关注并研讨宪法援引可以考察人们对宪法的理解力以及体验宪法的行动力。

目 录

第一章 关于大数据的基本认知 / 001

　　一、大数据的定义 / 002

　　二、大数据的主要特点 / 005

　　三、大数据的历史演进 / 008

　　四、大数据的法学价值解析 / 012

　　五、大数据及其应用价值的趋势展望 / 036

第二章 宪法援引案件的大数据统计与分析 / 043

　　一、大数据统计与分析的初次尝试 / 044

　　二、整体性宪法援引案件的大数据统计与分析 / 057

　　三、地区性宪法援引案件的大数据统计与分析 / 068

　　四、法官运用宪法援引实践的大数据统计与分析 / 091

　　五、当事人运用宪法援引实践的大数据统计与分析 / 106

第三章　宪法援引实践的多维度检视　/ 113

一、宪法援引实践的时间维度　/ 114

二、宪法援引实践的价值维度　/ 119

三、宪法援引的个案效果　/ 124

四、宪法援引实践的学术价值　/ 150

第四章　释法说理与援引　/ 157

一、关于释法说理的基本认知　/ 158

二、释法说理"弱化"与裁判文书"老化""格式化"　/ 166

三、释法说理从形式到内容的规范化　/ 169

四、比较视野下两大法系裁判文书释法说理的特点与启示　/ 173

五、释法说理与代表性的援引方式　/ 178

六、释法说理与援引的关系　/ 187

第五章　宪法援引及其规范化　/ 189

一、宪法援引的学理分析　/ 190

二、对宪法援引实践的解析　/ 196

三、宪法援引的规范化路径　/ 202

第六章　宪法援引与宪法解释制度　/ 211

一、宪法援引与宪法解释的关系　/ 212

二、宪法解释的制度与实践　/ 216

三、宪法解释的规范依据　/ 222

四、宪法解释制度和机制的完善　/ 231

第七章 宪法援引与宪法实施 / 237

    一、宪法援引对宪法实施的实践意义 / 238

    二、宪法实施与现代国家建构 / 244

    三、宪法意识是宪法实施的社会心理基础 / 258

    四、从宪法意识到宪法共识 / 263

    五、宪法的根本法属性之重述 / 270

结语 关于大数据统计及其分析的局限性 / 277

    一、客观认识大数据统计结果 / 278

    二、宪法学视角下的典型案例分析 / 279

    三、司法裁判的宪法意义 / 280

参考文献 / 281

后记 / 285

第一章
关于大数据的基本认知

本章导读：本章的主要内容是对大数据的含义、特点和法律价值进行解读和分析。学术研究以厘清基本概念的内涵为逻辑起点，以便为主题研究的展开奠定基础。在大数据视角下对司法裁判中的宪法角色进行研究，首先需要了解大数据的含义、主要特点以及对大数据的应用价值等基础性问题的正确认识。其次要把握大数据应运而生、蓬勃兴起的时代背景，明晰它在知识经济模式与知识立宪阶段的定位。最后要突出在法学视域，特别是在宪法实施的理论与实践中，大数据的宪法意涵及其价值。大数据作为一种分析工具或研究方法，可以提供考察法学理论、司法实践的视角，观察到宪法实施的有效途径以及塑造社会成员法律信仰的实际情况。

一、大数据的定义

何为大数据（Big data）？学术界对此尚未有统一的定义。从已有的相关学术研究成果和文献资料来看，学者们研究大数据的出发点不同，其所诠释出的内涵和基于偏好做出的主观价值判断亦不尽相同，因而由此造成检视和分析大数据的视角和态度大相径庭，其观点和立场自然也是千姿百态、各有侧重。

到目前为止，学者、研究机构、专业公司等众多研究主体，针对大数据提出了若干具有代表性的观点。在国外，Big Data 一词的出现，最早可回溯至 20 世纪 80 年代，美国人阿尔文·托夫勒提出了这个新名词，他将大数据比喻为第三次浪潮的华彩乐章，以此形容大数据的传输和增长速度快、类型多样化的特点。人们开始意识到，在紧迫的社会现实和历史性的技术飞跃的驱动下，不得不尽快修正和替换头脑中储存的旧信息，否则就会脱离现实，在竞争中处于软弱无力的境地，甚至无法应付生存。在他看来，信息的加速流动，深刻改变着人们赖以行动与处世的信息结构。[①] 英国数据科学家维克托·迈尔 - 舍恩伯格和数据编辑肯尼思·库克耶则将大数据形容为巨量资料，其所涉及的资料信息量之规模巨大到无法在合理时间内通过目前的主流软件工具撷取、管理、处理

[①] ［美］阿尔文·托夫勒:《第三次浪潮》，黄明坚译，中信出版社 2006 年版，第 17 页。

并整理成为帮助企业经营决策更积极目的的资讯。[①] 2011年，麦肯锡全球研究所也给出了大数据的定义，并概括出它的典型特征。该研究所将大数据形容为一种规模在获取、存储、管理、分析方面已经大大超出了传统数据库软件工具能力范围的数据集合，具有海量的数据规模、快速的数据流转、多样的数据类型和价值密度低的四大特征。[②] 著名的研究机构 Gartner Group 公司[③] 针对大数据进行了形象生动的描述，认为大数据是需要新处理模式才能具有更强的决策力、洞察发现力和流程优化能力的海量、高增长率和多样化的信息资产。还有维基百科对大数据的定义同样令人难忘，即大数据由巨型数据集组成，这些数据集大小常超出人类在可接受时间下的收集、利用、管理和处理能力。[④] 国际数据公司（IDC）[⑤] 认为大数据一般会涉及两种或两种以上的数据形式，因此，所谓大数据通常是指收集超过 100TB 的数据，并且是高速、实时的数据流；

[①] ［英］维克托·迈尔-舍恩伯格、肯尼思·库克耶：《大数据时代：生活、工作与思维的大变革》，盛杨燕、周涛译，浙江人民出版社2013年版，第8页。

[②] 《大数据》，见百度百科 https://baike.baidu.com/item/ 大数据 /1356941?fr=aladdin%E3%80%82，访问时间2021年6月16日。

[③] Gartner Group 公司成立于1979年，它是第一家专门从事信息技术研究和分析的公司。该公司的主要业务是为有需要的技术用户提供专门服务。目前 Gartner Group 公司已经成为一家独立的咨询公司，Gartner Group 公司的服务主要是满足中型公司的需要，其目标是希望其业务能够覆盖IT行业的所有领域，成为每一位用户的一站式信息技术服务公司。

[④] 参见维基百科网站对"大数据"的定义，https://zh.wikipedia.org/wiki/ 大數據#，访问时间：2023年10月2日。

[⑤] 国际数据公司，英文全称是 International Data Corporation（简称IDC）。该公司是国际数据集团旗下全资子公司，是信息技术、电信行业和消费科技市场咨询、顾问和活动服务专业提供商，具有全球化、区域性和本地化的专业视角。1982年，该公司正式在中国设立分支机构。

或者是从小数据开始，但是，该数据会每年增长60%以上。

国内学者阐述的大数据内涵基本上承接自国外的大数据概念。人们均认可大数据为海量、巨量的信息且为多样化的数据集合，而且由于大数据的规模之大，以致无法在可承受的时间范围内用常规软件工具对其进行捕捉、管理和处理。针对这种前所未有的大规模的数据集合，必须借助于新的处理模式以及拥有更强的决策力、洞察发现力和流程优化能力，否则便难以将海量且高增长率和多样化的信息资产的优势充分发挥出来。也有学者对大数据作狭义与广义的区分。狭义内涵的大数据是指用现有的技术难以管理的大量数据的集合；广义内涵的大数据则是一个综合性概念，包括因具备3V特征（volume/variety/velocity）而难以进行管理的数据，对这些大数据进行储存、处理、分析的技术，以及能够通过分析这些数据获得的实用意义和观点的人才和组织。[1] 也就是说大数据是数据规模巨大到无法在合理时间内通过人工或计算机截取、管理、处理并整理成为人们所能解读的形式的信息。[2] 所谓大数据意在强调其规模早已超出传统意义上的尺度，是难以借助一般的软件工具加以捕捉、存储、管理和分析的数据。[3] 概而言之，大数据是无法在容许的时间内，用常规软件工具对其内容进行抓取、管理和处理的数据集合。若想采用传统意义上的常规办法把大数据分析出来是很难的，[4] 它并非人们在通常意义上理解的数字概念。

---

[1] 周苏、王文：《大数据导论》，清华大学出版社2016年版，第6—9页。

[2] 宁兆龙、孔祥杰、杨卓、夏锋：《大数据导论》，科学出版社2017年版，第1页。

[3] 涂子沛：《大数据：正在到来的数据革命，以及它如何改变政府、商业与我们的生活》，广西师范大学出版社2012年版，第57页。

[4] 邬贺铨：《大数据时代的机遇与挑战》，《求是》2013年第4期。

从上述揭示的大数据内涵和特征中,可以简要概括出目前基础性概念研究的共同之处,即都是针对大数据的某些特征所作的描述。从实际情况来看,实务界、学术界对大数据的认知和理解,可谓仁者见仁,智者见智。以大数据为主题的讨论在短期内不太可能达成高度一致的共识,但是,这并不妨碍人们对大数据展开全面深入系统的研究和应用。大数据对社会生活的渗透是全方位的,对人们的主观认知与社会行动的影响也是显而易见的。大数据被越来越多的人了解、熟知和掌握,其应用领域愈加广泛,也为各类主体带来了实实在在的经济效益和实惠,它产生的社会效益和影响力之巨大已经是不争的事实。大数据与国家和社会的发展、社会成员的日常生活息息相关,它不仅改变了宏观的国际竞争格局,也影响了中观的社会变迁,并建构了微观的个体在生活场景中塑造成型的传统心理结构及观念、社会交往和生活方式。概而言之,大数据给国家、社会和个体带来的影响是深刻的、广泛的,也是深远的。

二、大数据的主要特点

大数据及其技术应用不仅体现了突破既定行为规范的冲动,也改变了人类的传统思维和行为模式以及重新建构了人们认识社会和事物的心理结构。逐渐积累的大数据知识和经验,帮助人们完成从感性到理性的认知过程,在更为全面、深入考察与研究的基础上,最终达成关于它的基本共识。

从总体上看,大数据是指以数据为核心的存储、分析和处理技术。[①] 人们对大数据主要特点的解析各有侧重。有学者从专业视角将大数据的特点概括为四个方面，即数据规模大（Volume）、数据种类多（Variety）、数据要求处理速度快（Velocity）、数据价值密度低（Value）。[②] 实务界人士[③] 则指出了大数据的5V特质，除了与上述四个主要特点保持一致以外，还补充了大数据的真实性（Veracity）作为其特征，便于人们更为全面地了解和掌握大数据的基本特征。

第一，大数据的规模巨大。大数据的规模之大远远超乎人们的想象。至少从这一词语的字面上就可以看出它最为突出的特征，即庞大的数据量。有的研究者甚至将其形容为海量，似乎一般意义上关于大的形容词都不足以描绘出这种超乎寻常的数据规模。基于统计学基本原理，数据越多则取得的样本就多，样本多便意味着对认知对象进行描述的准确度会更高，在此基础上通过研判和分析获得的最终结论就会更加具有代表性和接近客观事实，其证明力和说服力自然随之增强，由此必然使得建立在大数据基础上的判断、决策或预期的可靠性大大提高。按照专业人士的理解，大数据的规模之大是与小规模数据相对而言的，有些事情只有在大规模数据基础上才可以开展、完成，如果在小规模数据基础上人们想要做到同样的事情是根本不可能的。

第二，大数据的类型多样化。大数据的来源具有多样性，由其衍生出的数据类型和格式繁多、复杂且变化多端。根据数据是

[①] 郑戈：《在鼓励创新与保护人权之间——法律如何回应大数据技术革新的挑战》，《探索与争鸣》2016年第7期。
[②] 马建光、姜巍：《大数据的概念、特征及其应用》，《国防科技》2013年第2期。
[③] 实务界的代表是国际商业机器公司，即IBM。

否具有一定的结构、模式和关系，可以对数据作结构化数据、非结构化数据、半结构化数据等类型上的区分，便于人们更加全面地掌握某一类事物或现象在不同维度上的特点。大数据的类型多样化不仅有助于形成关于特定事物的整体印象，还可以加强对事物内在属性的深刻挖掘，这也被人们认为是大数据的显著特征之一。

第三，大数据的处理程序快速、简捷、方便。大数据的突出优势在于它通过对智能化数据的处理方式进行程序化设计，使得数据信息的搜集、汇集以及类型化处理更加快速、简易和便捷。散乱、复杂、巨量而且在表面上看起来杂乱无章的数据群，通过大数据的处理程序能够从中提取出富有应用价值的信息，以此凸显大数据的实质意义。先进的处理程序在帮助人们节省时间的同时，还可以让人们快速获知信息的内容，发现和揭示不同信息之间的关联度，增加了数据信息的可靠程度，借此可以使人们把数据信息用来作为决策、分析、论证的依据。

第四，大数据具有多重实践价值，其中大数据的商业价值尤其令人瞩目。大数据的核心特征体现为在信息汇集和整合过程中，通过技术手段极大地加强了信息整理、统合的效果，使信息被赋予可信度和可行性，并挖掘出数据信息的多重价值。在地球这个供人类栖息的特定场域内，大数据获得了前所未有的实在意义。大数据的技术处理过程和方法，实质上是对数据本身所做的智能化的价值挖掘，各类数据信息的实际应用价值只有在经过大数据处理后才得以显现，并借助于大数据获得最大化的经济利益和社会效益，从而成为新的充满吸引力的重要途径。

第五，大数据的真实性。这一特征专指数据的质量和保真性，这是大数据具有众多价值的前提条件和重要基础。大数据一旦失去它的真实性特质，建立在大数据基础上的各种描述性分析、[①] 诊断性分析、[②] 预测性分析[③] 以及规范性分析[④] 等，都将失去实际意义。

除了上述主要特点之外，大数据的其他特点，例如数据集的结构的复杂性、数据的异质性、数据输入的海量性、数据的动态不稳定性等，[⑤] 同样不能被忽视。诚然，对大数据的收集和处理不是绝对的，通过全面认识和解析大数据的内涵及特点，提示人们对于大数据的研究及应用应当始终秉持客观、理性和审慎的立场。

三、大数据的历史演进

从纵向维度看，数据并非滥觞于现代，人类对数据的认识和应用古已有之，或者可以这样说，数据其实一直与人类社会及其演进过程相伴相随。只不过古代社会与现代社会在数据的概念、认知水平以及具体应用技术和场域，有天壤之别、存古今之异而已。

在人类社会的早期蒙昧阶段，数据通常被用来表征大自然和社会。不同数据对应于特定的自然现象和社会生活，尽管在当时它只是作为一种符号，但是，其内涵简单、表征明确、易于掌握，

[①] 描述性分析通常是指对历史数据进行的统计和分析。
[②] 诊断性分析一般可以用来探索历史事件发生背后的原因。
[③] 预测性分析则是借助历史数据对未来可能的情况进行预测。
[④] 规范性分析是在预测性分析结果的基础上，开展更深一步的挖掘，并以此来解释深层次的原因。
[⑤] 郝淑玲、米子川、姜天英：《大数据指数的再定义与新进展》，《统计学报》2020年第4期。

对人们的现实生活发挥指引和辅助作用。在人类摆脱原始愚昧状态、步入现代文明发展阶段的进程中，伴随着社会变迁，数据不间断地超越以往的历史阶段，呈现出越来越普遍的发展态势。与之相对应的是，数据的表现形式日趋多样化，更多的数据类型应运而生。如前文所述，传统的结构化数据、现代非结构化数据、半结构化数据等类型与各种数据形式混杂组合在一起，让人们大开眼界，目不暇接。

进入到当代人类社会的发达阶段，在科学技术发明与创新屡屡涌现的背景下，高科技和先进的技术产品源源不断地被开发出来，给人们提供了更先进、更简便易行、能够更广泛获取数据的手段和工具，由此数据规模和数据种类日新月异。大数据涉及的领域与应用的场景越来越宽泛，在不断超越历史的进取姿态中逐级向上、向前推进。此时，数据俨然已经成为国家与社会发展、现代生活文明进化以及个体职业生涯前进的现代化标志。以数据为载体的信息不仅影响着宏观层面的国际格局、国家和社会发展趋势，也渗透进微观层面的无数个人的日常生活。大数据所涉足的领域从一开始就没有局限在经济活动的狭窄空间，在教育、科研、政治、文化、管理、法律规制等众多领域中，大数据技术应用及其成果大显身手，精彩纷呈，其社会效益有目共睹。

当下，大数据技术手段和应用形式花样翻新，给人一种时不我待的感觉。大数据技术、大数据科学、大数据工程以及大数据应用等新概念、新名词，如雨后春笋般呈现在人们面前。大数据应用领域广泛铺开，尤为突出的是与人工智能等新兴产业密切相关的研究与实践方兴未艾、如火如荼。新的专业也应运而生，例如，目前已有法学院校设立并开办计算法学课程，旨在培养大数据领域的专业法律人才。在数据信息的基础上，人们的日常生活中进一步衍生出数据安全、信息安全和网络安全等一系列社会问题，以致国家安全不能再局限于传统国家安全的范畴，必须正视并重视在数据和信息安全领域中潜在的国家安全风险，并将数据和信息安全同传统国家安全一起纳入总体国家安全观的视野之内，成为国家安全体系中的重要组成部分，同时契合国家治理能力和治理水平现代化的目标。另外，尽管学术界对从数据信息中衍生出的新型权利——数据权利[①]在具体称谓上仍存有分歧，对于数据权益、数据权属等基础性问题的理论与实践还不具备形成共识的基本条件，但是，数据权利与个体的隐私权、人格权紧密相关，而且既有的宪法权利和法律权利难以涵盖数据权利中的全部权益，导致在现行法律体系框架内不能为其提供有效的保护和救济，由此引发了以新型权利的宪法和法律定位、有效的权利保护与司法救济内容为主题的深入研讨。大数据及其应用和相关权益不仅受到各方的普遍关切，还是学术界和实务界展开讨论的重点，确实值得深入思考和研究。

从横向维度看，鉴于数据安全、信息安全与国家安全息息相关以及大数据的实践价值至关重要，各国都在顺势而为，争先恐后地制定大数据发展规划，开展大数据研究，建构相对完善的法律监管体系。同时通过制度设计和安排，保障信息安全、有序开发数据资源以及实现数据效益最大化，建立完善的法律监管体系。各国的具体做法集中体现在立法上，通过数据立法，确立指导原

[①] 对于数据权利的具体称谓，学者们的观点尚未统一，也有一些学者将其称为信息权、被遗忘权等，不一而足。

则，制定具体规范，对大数据的收集、储存、保留、管理、分析和共享等不同环节进行严格的法律规制，以保护数据权利主体的合法权益、公共利益以及国家安全。有鉴于此，率先启动大数据立法的国家和地区的最新立法动态及其研究成果应当获得重点关注，成熟的立法经验可以为其他国家和地区提供学习和借鉴的范本。

在法学视域中，基于数据与信息的密切相关性，数据是信息的数字化表现形式，信息则是一种数据形式的存在，信息也可以被认为是数据化了的信息，其借助数据能够传递丰富的信息内容和意涵。换言之，掌握了数据就可以以数据为媒介生成具体的信息，即数字化的数据＝具体化的信息，在这些海量信息中蕴含着难以估量的巨大利益。归根结底，数据资源已经演化成为一种新的财富类型，关涉到多方的利益，其中包括数据原始信息提供者、采集者、控制者、储存者以及使用者等众多相关主体的权利及其合理配置。围绕着数据信息演绎出新型的社会关系以及权利义务关系，现行宪法和法律规范必然要对此进行积极回应，通过有效调整和规制，实现数据资源规范化发展的目标，在宏观上维护国家与社会的整体利益格局，保持社会稳定，实现宪法秩序和社会正义。

在现实生活中，人们通过大数据应用越来越感受到大数据的魅力和价值。大数据及其广泛应用不仅给人们带来诸多的生活便利，还能够将数据转化为可观的经济利益和社会效益，与大数据相关的各个主体基本上都能够从中受益，形成多方共享共赢的局面。随着大数据被更为广泛地应用，人们能够积累越来越多的与大数据相关的知识和技能，在其认知能力和实践水平不断提高的基础上，社会生活也会比以往任何一个发展阶段更加依赖大数据应用及其技术手段。可以看到，大数据已经嵌入社会生活的各个领域，它的实践价值日益凸显，不断给人们带来惊喜，令人刮目相看。大数据应用带来的社会影响力是全方位的，在传统心理结构驱使下的从众心理和从众行为，让人们对大数据趋之若鹜，唯恐在大数据应用上落后于人。在人们对大数据的内涵、特征及其应用的认知更加全面深刻的同时，大数据及其应用也获得了广泛的社会基础。

四、大数据的法学价值解析

众所周知，大数据及其应用是以数据为核心、具有颠覆性的信息技术。同人类社会的发展进化规律一样，数据信息亦遵循线性演进规律，大数据是对IT（Internet Technology，互联网技术）时代的历史性超越，标志着人类社会已经迈入DT（Data Technology，数据技术）时代。借助大数据，人们实现了从IT到DT的实质性进步，促成了从观念到行动力的跨越式转变，同时带动国家和社会发展从理念到模式再到技术和应用等一系列环节的推陈出新。

大数据的广泛应用使人们真切地感受到它的实际价值和其中蕴藏的尚未完全开发出来的潜在能量。大数据自身附着的极其丰厚的经济、社会效益无疑对人们有着巨大的吸引力，它的独特优势伴随着相关技术应用在社会生活领域中的快速推进而越发显著，令人难以抗拒。在当代，大数据俨然已经成为人们在获得新认知、创造新价值方面取之不尽、用之不绝的源泉。在人们眼中，数据不再是冰冷、毫无生气的数字，它以数字集合的形式为人们描绘出对象的清晰轮廓和主要特征，还成为人工智能和现代智能服务不可或缺的基础。我们可以观察到和体验到的是，大数据为人们带来了社会交往、文化生活、商业活动的诸多便利，并且在观念、行为模式、公共生活及社会秩序等若干方面嵌入了现代化要素。大数据在促进个体的观念与行动以及社会生活面貌焕然一新的同时，也助推了由大数据衍生出的云计算、人工智能、区块链等高科技、互联网创新技术的快速发展，为国家和社会发展补充数据化、网络化、智能化的现代特质，对国家综合国力的提升而言如虎添翼。

在语义学（Semantics）中，价值的含义是指具有特定属性的客体对于主体需要的意义。在现实生活中，价值通常被人们直观地理解为客体所具有的、促进主体存在和发展的性质和能力。在法学视域中，从价值分析的视角出发，探究大数据对于人类社会的实际意义无疑是多维度的，包括但不局限在以下方面：对法律秩序与正义的价值取向的引领；对政府治理与政府过程的影响；对传统法律思维的转换以及监管手段和方式的更新；对全体社会成员法律意识、规则意识的塑造，以及社会交往与行为模式的示范效应等。应当正视的是，大数据正在渗透进现代国家的各个领域、社会生活的各个环节以及个体的观念与行为模式之中，对未来趋势的影响亦不可小觑。

所谓大数据的法律价值，是指大数据在法律的理念、制度及其实践方面的实际意义，特别是对促进法律理念与制度发展的"积极作用"。法学视角下的大数据已经成为改变市场、组织机构以及政府与公民关系的方法，[1]并为各类社会关系注入新的权利义务内容，为法律规范的不断充实奠定客观基础。对大数据的法律价值分析正是基于这样一个基本前提——即法治国家的建设，不论是在静态的法律制度方面，还是在动态的国家立法、执法、司法过程以及公民的守法心理方面，大数据已渗透于其中且影响深远。为了掌握大数据的功能并发挥其积极作用，不仅要对大数据进行有效的法律规制，还要全面认识和分析它的法律价值。在知识经济模式与知识立宪的背景下，在法律理念的更新与法律规制领域的拓展，政府过程的数字化，自然人个体的主体性意识和数据权利的合理配置等方面，都可以检视到大数据背景下的制度变迁以及法律规则对大数据及其应用的积极回应。

（一）知识经济模式与知识立宪阶段的开启

大数据与知识经济互相印证、互相成就，标志着知识经济模式与知识立宪阶段的到来。纵向考察人类社会的发展历史，不难看出物质文明与精神文明均遵循线性演进规律呈现梯级上升的进步过程。仅从人类社会经济模式的变迁这个侧面便可略见一斑，从采猎经济到农业经济的初级发展阶段，再到工业经济的中级发展阶段，当下又跨越进入到知识经济的高级发展阶段，人类社会和人们的生活品质在从未间断的社会变迁中发生着翻天覆地的进化。

大数据引领的知识经济模式正在全面替代传统工业经济模式。

---

[1] [英]维克托·迈尔－舍恩伯格、肯尼思·库克耶：《大数据时代：生活、工作与思维的大变革》，盛杨燕、周涛译，浙江人民出版社2013年版，第9页。

知识经济与自然经济、工业经济纵向衔接，但是，知识经济显然不同于传统工业经济模式，其以知识和信息为基础，以创新为源泉，以科学技术产业为载体，是更为先进的经济发展模式。知识经济的核心是"信息化"，表现形式是"数字化"，背景是"全球化"，即"数据—信息—网络"三位一体，构成知识经济的框架，[①]同时促进宪法理念和宪法实践进入知识立宪的新阶段。

知识经济是以智力资源的开发、储备以及应用为核心的经济模式。在知识经济模式中，人们最大的感受就是社会生活的各个环节和细节发生了前所未有的变化。受益于高科技及信息化的强力驱动，人类认知世界的技术性手段和智能化工具的发展不断获得创新性突破。知识经济与以往任何一个发展阶段显著不同，其激发了人类在高科技领域的潜力和潜能，智能化产品的开发及其应用作为高科技的衍生物，不仅为大数据的发展奠定了坚实的基础，也为人们的现实生活带来明显的改观。毫不夸张地说，大数据对促进传统工业经济向知识经济模式的转型功不可没，它使人类的社会生活进入到现代化的新阶段。知识经济模式下所涵盖的众多新名词、新专业、新领域已经铺陈开来大行其道，最为人们所注目的就是大数据，人工智能、信息化、无人机以及算法等如雨后春笋般涌现出来。生活在大数据时代的人们，如果不懂得这些概念和实际应用就意味着自身与时代的脱节和落伍，大数据的工具性价值给人们留下了极其深刻的印象，使人们不得不对它刮目相看。因此，必须认真对待和深入研究大数据应用与治理这一

[①] 魏健馨，赵智慧：《知识经济背景下公民信息权的宪法保护》，《上海政法学院学报（法治论丛）》2018年第1期。

课题,对大数据的法律价值进行解析正当其时。

在立宪规律的纵向递进过程中,人类社会经过了早期的人权立宪到政治立宪再到经济立宪等不同阶段。当下是大数据的崛起、知识经济模式的成型,跃进到知识立宪阶段。知识立宪阶段的客观基础是知识经济时代的到来,而知识经济的核心就是大数据。如果说在早期的人权立宪、政治立宪和经济立宪阶段,在自然经济和传统工业经济提供的基本场景下,宪法实践注重于物质性资源配置的话,那么知识立宪阶段则充满发展的颠覆性,转向以智力性资源的配置为主导,通过建构智力资源的占有、使用、收益和处分机制,促进和实现社会效益的最大化。在这个阶段,谁拥有智力资源,谁就能在市场竞争中占据比较优势地位,并因此获得不菲的回报。但是,人类万万不可因为自身拥有高级意识和智力资源而沾沾自喜。根据马尔萨斯的观点,在资源稀缺理论的视域中,在人类目前只有一个寄居栖息之地——地球的前提下,资源具有物理数量上的有限性和经济上的稀缺性,[①] 人类的智力资源同其他稀缺资源一样,具有稀缺性特征。通俗地说,人类利用、改造自然生态系统的能力是有局限性的,正如自然人个体都不能摆脱智识的局限性一样。智力资源的稀缺性揭示了一个客观事实,即人类不是万能的,也不是战无不胜的。或许是由于长期以来的人本主义观念在有意与无意之间助长了人类自我感觉过于良好的主观意念,以致滋长出"致命的自负"心理。而且,一直以来人们对智力资源稀缺性的认识明显不足,至少不像对物质资源稀缺性

---

① 王常文:《资源稀缺理论与可持续发展》,《当代经济》2005年第4期。马尔萨斯认为,资源具有在物理数量上的有限性和经济上的稀缺性。

的认识那样具有一种紧迫感。

知识立宪阶段迫使智力资源的稀缺性问题进入人们的视野，并在实践中已经有所浮现。亦如人们切身感受到的，当下在主权国家之间、各行业经济实体之间、自然人个体之间最为激烈的竞争，实质上就是智力资源之争，是对人才、人才资源的急切渴望与争夺、充分占有和有效控制。由此联想到在若干年前公映的某部电影中，借用主角之口说出的一句经典台词——"'21世纪最缺的是什么？''是人才！'"这恰恰是对知识立宪阶段、知识经济模式下智力资源稀缺与渴求的生动表述。[①] 人们可以看到，在知识经济模式下，谁拥有丰厚的智力资源，以及发展先进技术和创新发明的实力和潜力，谁就会拥有比较竞争优势并占据市场的优势地位，建立在智力资源基础上的巨大经济利益和丰厚回报远远超乎人们的主观想象。于是，人们对智力资源的稀缺性认识以及对智力资源的争夺和竞争显现出前所未有的进取态势。考察全球化背景下主权国家之间的竞争，虽然在表面上看起来更多的是对有形资源的争夺，对物质资源的占有、使用、利用能力的竞争，不同制度体制机制的竞争以及先进理念的竞争，但究其实质其实还是以国家为单位呈现出来的全体社会成员的全部智慧能量（智慧能力＋智慧潜能＋智慧效用）之间的竞争，理念和制度恰恰是为孕育智慧、积聚智慧能量营造的具有决定性意义的综合性法律环境。

知识立宪意味着新型的知识经济关系。如果说传统工业经济模式以物质性资源和产品的市场化配置为核心，体现"人—物—

---

① 通过一直持续着的中美两国之间的博弈，美国对中国高科技领域的人才（包括海外华裔、华侨）的围追堵截与压制，充分印证了智力资源的占有及其有效控制对国家间竞争的重要现实意义，并且影响深远。

人"的连带关系，那么知识经济关系则集中体现为知识产权及其法律保护和有效救济，链接的是"人—智力资源—人"。其精髓在于对知识和智识等一系列智力资源的高效分工，并借助有效的运行机制，使其能够充分发挥协同效用。这一认知源自对人类智识局限性的深刻反省，个体的知识再广博，也不可避免地存在一些短板，充其量只能算作是"局部知识"（哈耶克语）。即使一个聪明绝顶的人，也不可能在有限的生命过程之中掌握人类继承下来的全部知识和技能。每个人实际上都是在自己既有的"局部知识"基础上进行分析和作出决策，于是得到的结果往往总是不能够像自己期待的那样完美，在其中最常感受到的是"缺憾之美"。所以，知识立宪阶段中知识经济关系的进步意义，就在于它能够将无数个体的有限智慧汇集在一起，通过对智力资源的充分整合，最终超越个体"局部知识"的桎梏，克服智力资源的稀缺性，以智力资源促进国家和社会发展的实质性进步。知识立宪阶段的到来更加充分地印证了人的社会属性的实践价值，尤其在进入"风险社会"以后，人类命运共同体成为人们共同面对、化解各种"不确定性"风险的很有意义的概念和前提，唯其如此才能更好地保全人类自身，保持可持续发展的状态，这是知识立宪带来的最新认知。诚然，要在世界范围内达成人类命运共同体的共识绝非易事。

知识经济中蕴含的智慧能量与智慧潜力特别值得期待，对智力资源的有效整合有助于提高对物质世界、自然资源的利用效率。那么，应该如何看待智慧呢？智慧就是对知识和智识的高效分工，并使之充分发挥协同效用。知识经济的创新意义就在于它为人们展现出智慧资源整合的实践价值。所以，知识、智识、智慧、智力才是真正意义上具有战略性价值的稀缺资源，始终值得被关注和重视。知识经济之所以能够迅速取代传统工业经济，并一跃而成为新型的经济模式，就在于它是通过对全部智力资源的有效整合，促进人类社会生活和生活品质的重大进步并带来实质性改观。这里的全部智力资源不能被局限在国家内部范围，特别指的是全球性智力资源的整合。历史可以为此提供最好的诠释，以美国为例，它之所以能够在第二次世界大战之后跃居为世界第一强国，不仅因为美国在战争期间贩卖军火和武器，大发战争财以获得了充实的黄金储备，还因为时任总统罗斯福有足够的经济学头脑，他通过推行"罗斯福新政"，在美国成功实践了英国人发明的"凯恩斯主义"。这还要归功于美国一系列国家战略性政策和法律制度的配合，其中之一就是尽其所能地网罗了当时世界上其他国家的科学家到美国，为他们开展科学研究、发明和创新实验提供优厚的科研条件和生活便利，此举使美国获得了可观的专利技术和创新发明。同时借助美国专利法等国内法确立的发明属地主义，使这些先进技术和发明名正言顺地成为"美国发明"。然后再利用当时"巴黎统筹委员会"列举的清单，明确禁止向相关国家出口先进技术及其技术产品，使美国能够有效地控制先进技术，进而在知识产权领域拥有无可匹敌的比较优势。这也是当年在"关贸总协定"（GATT）的多边谈判过程中，美国竭力主张要把对知识产权的法律保护纳入世界自由贸易体系之内的重要背景。在已有国内法的严格保护前提下，再通过多边国际经济法律规则实现对美国知识产权的国际保护，国内、国际法律制度的双重保护遥相呼应、相得益彰，美国在知识产权领域的垄断性国际优势地位和国家利益正是得益于此。

根据上述分析可以做如下推断，知识经济、智力资源一直在帮助人类不断地实现对自身价值的更高追求和复归对人类本质属性的占有，以及充分展示人类的主体性，同时也极大地满足了人们"脆弱的虚荣心"（尼采语）。事实上，人类不必因为拥有智力资源而沾沾自喜，甚至过于乐观地沉浸于其中。智力资源作为知识经济模式的核心，其作用的发挥并不单纯取决于自然地理环境、物质生活条件等外在因素，更为重要的是制度环境及其良性运行机制，通过制度和机制，营造出挖掘、呵护、培育和提高全体社会成员智慧水平、智力潜能的良好环境氛围，具有决定性意义。历史经验已经提示人们，人类智慧总量的积累、智力资源的飞跃式增长和积累得益于制度创新和理念更新。在智力资源的养成与开发上，优良的社会人文环境、制度软实力至关重要。

从人类社会的纵向发展脉络看，不间断的社会变迁与改革的本质在于提高人类对物质世界和自然资源的利用效率。知识经济蕴藏的智慧能量与潜力等待着人们的深入开发，哪一个国家抢占了先机，就能够比其他国家获得先发的优势。借此不仅可以更好地实现国家目标，提升本国人民的福祉，还可以为执政的合法性和正当性提供有力支持。总之，知识立宪阶段为宪法实践设定了新的阶段性目标和国家任务，如何更好地发挥宪法促进知识经济、规范知识经济关系的独特功能，成为极具现实意义的宪法课题，值得深入思考和研究。

（二）法律理念的更新与规制领域的扩展

现行宪法通过原则性规范确立了知识经济的基础性定位，并为其进一步发展预留出足够的空间。在宪法文本中可以看到知识经济的相关规范及其结构轮廓，即从国家的根本任务[1]到公民基本权利和自由[2]直至对科技创新的激励机制[3]等，以此向全体社会成员传输知识立宪阶段国家致力于推广先进科学技术、大力发展科学事业、鼓励技术创新和发明、推动国家全面现代化建设的"宪法的雄心"。

在大数据及其应用领域的宪法新理念何以体现？首先基于对大数据的认识和解析，大数据作为一个崭新的概念和新生事物，属于高科技范畴。大数据信息只有经过对个体性信息的整合程序之后被赋予了"公共性"品格，才具有商业价值和社会效益。在对个人信息的整合过程中，自然人个体不可避免地要承担个人信息被泄露的风险，在风险承担的主体上，除了权利主体，还包括义务主体，在这种情况下，权利、义务和风险密切相关。传统法学原理向来强调权利与义务的对应关系，但是在大数据领域中，依循传统不足以化解掉大数据应用中面临的风险。在知识经济模式下，传统观念必然要有所修正以适应现实发展的需要，采取权利配置与风险控制并重的理性立场，不仅体现了公法新理念，也引导着未来的一系列具体行动。

借鉴历史经验，当新生事物方兴未艾之时，人们尚不能完全把握其发展变化规律以及预估其中的潜在风险，甚至包括技术开发方在内的各方主体，恐怕都难以全面评估它的利弊得失以及可

---

[1] 参见1982年《中华人民共和国宪法》序言部分，序言明确了国家的根本任务之一就是科学技术的现代化。

[2] 参见1982年《中华人民共和国宪法》第47条，规定公民享有进行科学研究的自由。

[3] 参见1982年《中华人民共和国宪法》第20条，规定国家奖励科学研究成果和技术发明创造。第47条规定，对从事科学等创造性工作，给予鼓励和帮助。

能引发的消极连锁反应。在这种情况下,宪法原则和法律规制的立场预设就显得非常重要,体现为掌握公共权力和公共资源的政府的基本立场和态度。以往的政府过程给出了可供参照的习惯做法,对于新生事物的回应,尤其当新事物含有高新技术要素时,在新事物发展的初始阶段,大多数政府秉持相对保守的态度,对其施以严格规制,以便留出足够的观察和评估时间,同时也为未来发展保留一定的空间。在这个过程中,最重要的是恪守公法基本原则、控制好公法规制的力度,待该项技术成熟后政府再考虑逐步放松法律管制。按照上述公法规制的逻辑,针对大数据及其应用较为妥善的做法就是通过宪法原则注入新理念,明晰大数据及其衍生概念的法律定位、法律规制的基本原则以及权利属性,并配置以必要的司法救济手段,为部门法的具体调整提供来自宪法的"元规则"依据。毋庸置疑的是,大数据立法在知识立宪阶段具有现实性和迫切性,大数据收集、处理、储存和使用过程等环节亟须规范化管理及有效控制。只有经由宪法的原则性规范派生出一系列具体法律条文,才能发挥同时保护公益和私益以及平衡二者关系的积极效果。

针对大数据的法律规制,欧盟的最新实践提供了良好的示范。在欧洲,欧盟已经颁行了严格规制大数据及其应用的《通用数据保护条例》,[①] 其中一些规定对中国的大数据立法具有启发和镜鉴意义。例如,在大数据出现伊始采取非常严格的监管立场;从传统属地原则转向以数据内容为规制对象;对数据保护的超前意识,

---

① 2015年欧盟执委会(European Commission)通过了《通用数据保护条例》(General Data Protection Regulation),简称GDPR,以欧盟指令的形式确立了对个人数据的保护原则和监管方式。

贯穿于数据采集到数据运用的整个过程，包括数据的搜集、分析和管理等环节均受到严格限定和监管；自然人个体享有数据被遗忘权（Right to be forgotten，或称其为数据删除权）；对违法者课以巨额处罚等法律规范设计，令人耳目一新。与以往颁布的欧盟指令明显不同，该条例通过之后立即在整个欧盟成员国范围内生效，并且无须经过各成员国立法确认转化成为本国国内法后再适用的程序。尽管这一条例设置的严厉措施令众多相关行业组织颇有微词，普遍认为如此严格的数据保护不仅会极大地阻碍对数据商业价值的挖掘，也会使企业增加额外成本，但是，该项立法的影响力已初步显现。在亚洲，日本在实现国家利益方面向来擅长采用更为精明的渐进型方式——即先严后松的规制方式，借助法律手段循序渐进地推进社会转型和科技创新，先将重心放在鼎力扶持本国企业以扩充实力上，当国家和企业整体的国际竞争力足够强大时，再考虑放松管制的问题。

横向比较看，各国在法律制度中采取的基本立场，或先严格后宽松，或先宽松后严格，宽严的前后顺序安排不同、程度不同，规制效果自然各不相同，实践效果也会因此而区别开来。总体上看，在新事物出现的初始阶段，法律规制秉持审慎的立场，待事物发展以及条件成熟后再实行宽松政策，是较为明智和具有代表性的做法。

（三）带动政府过程的数字化

所谓政府治理之政府采用广义政府的内涵，政府过程涵盖立法、执法和司法过程。大数据的工具性价值主要体现在通过数分析与使用，促进政府的规制理念和规制方法的重大调整。在政府过程中，赋予政府治理以新理念并在政府行为中得到体现；政府决策在大数据技术的支持下能够更加充分地体现民意基础；政府规制的手段更加现代化和智能化；带动工作效率、服务效果、政务信息透明度以及运行机制的社会效果等方面大幅度提高。大数据及其应用在助力智能型政府的建设、促进政府过程的数字化以及提高政府治理的便民效用等方面发挥的作用特别值得期待，对国家治理能力和治理水平的现代化同样也是裨益良多。

将政府过程分解来看，大数据渗透在各个环节之中并且成效显著。首先在立法过程中，大数据信息可以提供较为可靠的民意基础。通过大数据统计获知基层民意和需求，反映总体性意向以及对公共意志的期待。在社会分化、利益诉求日趋复杂化的背景下，民意调研工作的难度加大，依靠传统人力调研的方式难以为继，其局限性突出，调研效率和效果都不是很理想。通过大数据应用可以提供智能化的数据分析，汇总、整合数据信息进行大数据分析，得出的结果比较客观、及时，有助于达成"科学立法"的目标。其次在执法过程中，借助大数据可以较为充分、有效、及时地掌握行业信息、社会舆情和热点问题等动态信息，进一步找出导致具体问题出现的症结所在，使执法工作有的放矢，目标清晰，增强行政执法工作的针对性，提高执法工作的效果。而且还可以借助智能化手段实现动态管理和即时监督，通过对各类数据信息的更新，随时了解并掌握相关情况的变化，便于制定适宜的措施，或者及时调整执法方案。此外，还可以为社会成员监督行政执法工作提供便利条件，同时促进了行政工作的亲民性。最后在司法过程中，大数据及其应用体现在案件审理的人工智能辅助系统、网上办案、互联网法院、区块链电子证据存储等诸多方面，这些新的实践领域不仅可以为当事人提供优质、高效的司法服务便利，带动司法工作的智能化，提高司法管理工作的科学性，还可以助推司法过程的开放性。"智慧法院"的建设，不仅促使诉讼流程的各个环节全方位公开，面向法官、诉讼参加人、社会公众和政务部门提供智能化服务，还能不断增强司法信息公开与司法过程的透明度，有利于实现司法公正的目标。借助大数据的工具性价值以提高个案审理和司法裁判的质量，向全体社会成员传输司法公正、社会正义的理念，维护社会秩序。

在大数据为政府治理和政府过程注入现代化和便利因素的同时，政府还要面对和承担大数据风险。其一，政府在履行政务信息公开义务、增强政府过程透明度的同时，负有保护公民个人数据信息的责任和义务，预防因涉及公民个人数据信息的泄露而招致的风险以及减少损害的后果。随着数据信息量的急剧膨胀，基于数据信息的风险也在加大，政府所要承担的保护数据信息的责任和义务亦随之增大。其二，从实际情况看，政府是大数据收集、储存、整理和应用的基本主体，如何避免大数据风险以及因此可能给国家、社会以及公民个人带来的财产损失和人身伤害，势必要纳入政府必须给予高度重视的问题之范畴。所以，大数据在扩展公法规制领域、为政府治理提供便利的同时，也承担了一项新的政府责任和义务。其三，在进入"风险社会"后，对政府治理的综合能力的要求也在提高。在强调政府治理现代化水平的同时，政府还要具备预防和化解各种"不确定性"风险的能力，其中包括大数据风险。大数据的国家责任集中体现为制定法律规则和维持大数据应用秩序两个基本方面，一是制定大数据及其应用的法律规则,以保证基于保护公共利益对大数据进行合理开发和使用;二是维持大数据及其应用的运行秩序,提供良好的社会环境,根据既定的规则对各种滥用大数据优势地位的行为、运用大数据信息损害不同主体合法权益等各种数据违法行为,进行严格规制并配置以有效的司法救济和制裁手段,使大数据的开发和使用能够对国家和社会发展充分发挥积极作用。

(四)促进数据权利的有效配置

数据权利作为一项新型权利能否成立?数据权利的滥觞不仅与已有的知情权、隐私权、监督权、请求权和救济权等一系列宪法权利和法律权利密切相关,也在改变着掌握大数据的政府、运用大数据技术的社会组织(包括企业事业单位)、提供基础数据信息的公民个人之间的权力与权利、权利与权利之间关系的基本格局,并对现行法律制度和规范体系提出了挑战,即现有的法律规范能否有效调整基于大数据产生的复杂社会关系和相关主体之间的利益关系,有效配置大数据资源、保护合法的大数据权益,制止大数据领域中的违法行为以及因此而衍生出的各种利益纠葛,这也是兼具理论意义与实践价值的议题。如果对于大数据的实际占有者、使用者、有效控制者之间的权利边界无法做出清晰的界定,那么由此引发的损害后果可能牵涉各个方面。当数据已经成为重要的生产要素和核心资产时,数据的赋权、共享以及整合就是对法律制度设计的必然要求,因此,制定数据资源确权、开放、流通、交易相关制度，完善数据产权保护制度，[①]基于法律制度确立创新激励机制，需要从数据权利配置着手，解决数据利益冲突，实现保护合法数据权益的目的。

知识经济背景下，对数据资源、数据权利进行有效配置是一项基础性工作，令各方有所期待，尤其在尚未达成共识的情况下，制度安排就显得更为重要。明确、清晰的数据资源、数据利益归属，对国家、各类社会组织和个人都会产生实际影响。

第一，在政府数据融合、数据资源归国家所有的前提下，数据权利的性质宜认定为宪法权利。根据宪法学理论和宪法实践，宪法基本权利是特定价值观和进步理念的法律表达，受国家和社会发展的现实状况制约。历史地看，宪法基本权利及其体系化的演进具有多重进步意义。从以财产权和人身权利为核心的古典自然权利，扩展到政治参与权利，再发展至社会经济权利以及正在蓬勃发展的新兴环境权利，都是吸纳特定发展阶段的先进理念的结果。这表明宪法实践总是会在社会变迁的重要阶段通过给公民配置以基本权利的方式，来维持不同社会群体之间的利益平衡，缓解和避免社会内部分化现象的恶化趋势，在终极目标上实现宪法秩序和社会秩序的统一。

第二，在宪法基本权利的立法技术上，宪法权利通常表现为一束权利（A bundle of rights），与法律权利相比，具有明显的抽象性特征，因此宪法权利通常需要借助部门法中法律权利来具体展开。数据权利作为宪法权利具备可以成立的理由，首先有明确的

[①] 童彬：《数据财产权的理论分析和法律框架》，《重庆邮电大学学报（社会科学版）》2019年第1期。

概念，数据权利是权利人依法对特定数据的自主决定、控制、处理、收益、利益损害受偿的权利。[①]这一表述与财产权的概念极为相似，所以，也有学者认为数据权实际上就是财产权。数据权利与信息权也不完全相同，数据是信息的载体，或者说是信息的数字化表达。但是，数据权利更加侧重于保护由数据内容所产生的权益、利益或经济效益，其中具有劳动成果的性质，含有技术加工和再加工的成分。与数据权利不同的是，信息权注重的是信息本身，强调的是它的隐私性。因此信息权可以进一步与人格尊严、人格权相互勾连，但反映不出数据权利的经济效益。数据权利贯穿于数据的生产、所有、使用和交易过程，通过运用数据技术进行挖掘以获得信息转化的结果。如此看来，数据权利的配置意在针对数据权力所设置的防御性保护。在数据安全以及国家掌控数据资源的前提下，数据权利作为法律权利恐怕难以抗衡数据权力的强势和控制，不足以维持数据关系和利益的均衡。于是，以宪法权利的形式，强调政府对数据权利的保护责任和义务，是对国家数据安全进行有效维护的权宜之计。总而言之，在当下的宪法权利和法律权利体系中，数据权利应当有自己的一席之地。

第三，权利配置的一般意义在于从相对抽象的宪法权利延伸到更为具体的法律权利时，使宪法新理念以及新型的宪法基本权利能够付诸实践。在数据权利横空出世的现实背景下，大数据及其应用若能够及时地被纳入法律关系的调整和制度规范的范围之内，有助于避免法律真空和法律条文因其过于具体而可能出现的

[①] 参见深圳市司法局 2020 年 7 月 15 日发布的《深圳市经济特区数据条例（征求意见稿）》，该条例经深圳市第七届人民代表大会常务委员会第二次会议于 2021 年 6 月 29 日通过，并于 2022 年 1 月 1 日起施行。

疏漏进而导致利益纠葛和纷争的无解困局,排解人们在遭遇权益冲突时无所适从的情绪,以便促进数据资源和数据利益的有效配置,实现数据权益的社会效益最大化。权利体系的不断完善也会极大地激发个体的主体意识,使个体感受到主体性的实在意义,并从中获得权利保障和利益实现带来的安全感和获得感。大数据为人类的社会生活提供了与以往全然不同的场域,使人类体验到现代化生活的新方法;也是全新的社会学习机制和决策机制,在现实生活中串联起受数据控制的无数自然人个体的行为和动机。在大数据及其应用背景下,公共空间和私人空间的传统结构都被波及并已有所改变,以致公共领域与私人领域紧密交织在一起,难以在二者之间划出清晰可辨的界限。现行民法典已将信息权利纳入权利体系之中,[1]足以证明以数据为载体的信息在资源和权利配置中的现实价值获得了普遍认可。

从法学和权利的视角去审视大数据的价值时,事实上人们关注的重点是当代社会发展所面临的实际问题,即如何通过法律规则加以妥善解决,以维持正常的生活秩序,并体现法律秩序的价值。当然在解决所有社会问题的方法和手段中,法律并不是唯一的手段,也从来不是万能的,但是,没有法律却是万万不能的。而且法律制定与法律实施不应该是一个"纯粹的"视角或"内部视角"[2],也并不意味着越来越高深的专业化倾向,比如使用法律术

---

[1] 《中华人民共和国民法典》已于2020年5月28日由十三届全国人民代表大会第三次会议表决通过,自2021年1月1日起施行。民法典中的个人信息权包括信息决定权、信息保密权、信息查询权、信息更正权、信息封锁权、信息删除权、信息报酬请求权等若干项具体权利。

[2] 郑戈:《韦伯论西方法律的独特性》,《韦伯:法律与价值》,李猛编,上海人民出版社2001年版,第2—7页。

语或语词让非专业人士听起来如坠云雾之中。随着国家和社会发展，法律和社会生活之间的复杂关系已大大超越了以往，法律规范体系的内在结构足以让人们眼花缭乱，浩如烟海的法律规则及其强制性将人们淹没于其中，道德规范的自律性与之相比显然不值一提。

法治水平的提高意味着法律不仅在知识体系中拥有独特定位，在社会生活中也占据核心地位，国家对"全面依法治国"的推崇就是最好的佐证。法治建设的起点和目标是以人为中心并围绕着人展开的，意在使公民个体不仅在形式意义上拥有普遍的"法律思维"，还在实质意义上进入自我发展和自我实现的理想境界。因此，法律思维不再局限于法律职业共同体的特定且狭窄的群体范围，而是全体社会成员共同拥有的思维方式和观念共识，进而最终转化成为文明的生活习惯和生活方式。法治国家中全体社会成员具备较高的法律意识不仅能够降低法律实施的成本，而且经过"法律思维"塑造过的人们还会拥有遵法和守法的心理自觉，不必单纯依靠强制性手段来保证法律的实施，"普遍服从良法之治"应该是法律实施的最佳状态。

（五）激发个体的主体意识和权利意识

大数据及其应用在解构、建构社会成员传统心理结构的同时，也在更新着个体的权利观念和权利意识。在大数据背景下，作为具有天然禀赋和社会属性的个体的主体意识和权利意识已经远远超过了他们的前辈。个体在观念上的更新必然也会在行动力上有所体现，因为人们观念上的东西不可能总是停留在意识层面和意念之中，其观念成型以后总是要经由个体的具体行为或者集体行动外化为社会实践。新型的权利和利益诉求层出不穷，在多元化和分化的价值观的引导下，社会主流价值观念、社会活动以及社会交往模式也在不知不觉中发生改变。凡是能够促进社会转型与社会进步的力量，都是实践价值的真实体现。如果说制度背后总是蕴含着强大的思想运动的话，那么大数据则是助推观念进步的科技力量。

自然人个体的主体性意识在逐步增强。社会物质文明的快速发展和提高，更加凸显资源配置和利益均衡对各方的实际影响，而在消极意义上则客观存在着加剧不同社会群体之间已有差距的可能。社会成员主体性意识的逐渐觉醒会增强人们对这些问题的敏感度，表现为人们更加关注资源配置、利益均衡和利益获得的多寡等影响实际生活水平和质量的社会问题，并试图在社会行动中尽力去争取对自己更为有利的结果，以保证在竞争机制中不至于一败涂地。而观念更新则带来传统社会行动模式的改变，例如，在传统生活场景中，人们购买日常所需的物品和商品，往往要穿梭于不同的实体店来货比三家，以选取到物美价廉的心仪之物，并为之乐此不疲。在大数据出现后情况已然大不相同，人们在确定主题词之后进行大数据检索，可以做到足不出户，快捷地获得想要购买的相关物品的数据信息，了解哪一个品牌的商品更为畅销、已有的购买者对该货品的质量、外观、价格以及服务等各种指标的具体评价等，人们的日常消费几乎等同于在大数据的引导下所作出的决策。

大数据可以帮助人们节省时间，省去过多的思考，也就等于减少了在体力和精力上的消耗。但是，应当看到任何新事物、新技术都有其两面性，大数据亦是如此。大数据下的社会生活模式不仅引发了若干新问题，也给法律带来了鞭长莫及的困惑。例如，大数据中包含的涉及个人部分的所谓"敏感信息"，是否有侵犯公民个人隐私权的嫌疑？如何妥善地进行大数据的储存、管理和应用？网上购物、支付涉及双方意思表示和行为的合意及其法律效力如何？基于消费主题的大数据统计，针对不同消费档次的消费者提供不同价位的服务，并且主要是针对具有高消费能力的群体而使用更高的价格报价，是否构成消费歧视而有违法律历来恪守的平等原则和诚实信用原则？若在该领域发生纠纷，如何在现行法律框架内予以妥善解决以保护各方尤其是消费者的合法权益？这些问题对现行法律制度提出了新的要求，需要法律规范有所作为，以保护大数据背景下社会成员的合法权益。

当人们运用大数据并通过智能手机、在网络上做出某一具体行为时，人们的个人信息也会同时留存在网络空间之中。最具代表性的例子是，在对疫情个案进行追踪溯源时，个人的活动轨迹几乎是公之于众的。公共场所中不断增加的摄像头、进出入关口的人脸识别、指纹识别等智能化识别系统，几乎已经将个体置于事实上的裸奔状态。在大数据越来越被广泛应用的趋势中，个体怎样才能够实现自我保全，需要法律对此付出更多思量和更为精湛的技艺。大数据的应用及其效益是否应当以牺牲不特定多数人的隐私信息为代价，在"公域"和"私域"之间的合理限度究竟应当止步于何处？面对无孔不入的大数据应用以及未来发展的不确定性，个体的心理始终掺杂着基于不安全感的迷惘和无可奈何。从法学视角来看，人们对人脸识别、指纹识别以及敏感信息披露的关注，恰恰表明更多的社会成员具有了主体意识。主体意识和法律思维的萌发与增强，是促进法律制度不断发展与完善的社会驱动力量。通过对大数据的法律价值进行分析，有助于对大数据拥有更为全面和深入的认识。以知识经济为背景，大数据作为一个研究工具，可以为研究者提供统计学意义上的数据结果，通过技术化处理，展现出数据信息承载的具体内容和特点，以此为基础进一步验证和把握事物的内在规律和发展趋势。就此来看，大数据是作出决策的重要参考依据，在一定程度上能够提高决策的准确度并达到预期目标。

大数据的效用是多方面、多领域的，可以从个人、社会和国家三个层面进行概括。

第一，大数据对自然人个体的影响是全方位的。不论个体是出于主动地融入，还是被动地接受，大数据都在为个体的社会行动提供技术支持，以满足人们社会交往的现实需要，同时在一定程度上强化了人们的从众心理和从众行为。大数据作为分析工具的功能是其最基本功能的集中体现，任何主体都可以借助于大数据，对研究对象作出判断、针对性决策以及合理预期。个体只要掌握了大数据检索及其应用功能，就可以获知某一类事物的基本情况。尽管冰冷的数据本身既不带感情色彩也不代表绝对的意义，但是，在数据背后隐含着的是丰富的个体行为或集体行动，饱含个性特征和情感倾向。大数据是无数个人行动的集合，折射出的是集体意识和社会问题，足以帮助社会成员、研究者更好地认识和理解各种社会现象和社会行为及其时代特点，也有助于矫正个体对人或事物的固有看法，督促个体调整自己的观念，顺从主流价值观。大数据使得个人的决策越来越受预测性、引导性的数据分析的影响或者接受心理上的暗示，从这一角度看，在现代化知识经济背景下，个体的主体性并没有改变，只不过个体性并非与主体性呈现正相关关系，大数据反映的恰恰是个体的无意识趋同，个体的意向、决策、行为动机以及具体行动等，或多或少都会受到大数据的驱使和指引。

第二，大数据对社会的意义是多重的。用"大数据社会"或者"数字化社会"等词来形容当下的社会一点都不为过。人类社会俨然已经被大数据包裹得密密匝匝，人们的直观感受是大数据无处不在。当然大数据改变的不仅是人们观念中的传统价值观及其生活方式和习惯，而且从思维定式到行动力都在重新塑造人们并已经显现出与以往不同的特点。以大数据应用为基础的社会生活、社会行为和人际关系交往模式以及社会治理能力和治理水平的现代化，为人类社会的文明发展拓展了新的空间。以消费领域为例，大数据的影响颇为显著，人们的消费心理、消费习惯早已今非昔比，传统社会心理结构驱动下的消费行为模式也随之发生了重大变化，实体店的经营模式越来越多地采取线上、线下相结合的方式，加之直播带货、快递物流业的迅猛发展等，就是最好的佐证。大数据对城市管理方式和治理模式、医疗保健和公共卫生安全以及教育科研等领域的意义都是有目共睹的，当然也会因此激发出各个领域的发展潜力和潜能。正如有些学者提出的"数据治理"概念，体现为以数据为基础的社会交往模式。在社会分化、多元化的背景下，以大数据为核心的社会生活模式正在成为主导性力量。

第三，大数据对国家的发展是积极的。掌握公共权力的国家，在当今世界上仍然保持一种任何其他国际角色都无法取代的关键职能，它是能够实施法律统治的唯一权力来源。[①] 所以，国家不仅是个体生活的背景和达成自我实现目标的平台，也是国际关系的基本主体。国家是被建构成型的，并始终处于动态建构之中，它既有历史与现实的维度，也有血缘和文化的基因，由此观之国家拥有多个面相，它是由无数自然人个体组成的"政治共同体"，也被认为是资源配置与利益共享的"利益共同体"，以及具备血缘联系和共同文化传统记忆和传承的"想象的共同体"。如果说个体代表的是差异性和多元化，那么，国家作为共同体所表达的则是超越众多个体之上的普遍认同、价值共识和一致行动。建构现代国家的重要意义正在于将无数个性特征差别化的个体组织起来，将"公益"和"私益"进行有序整合，其难度之大可想而知。唯有通过公益的大力推进，不断增进私益的福祉水平，让个体感受到经由公益带来的归属感、安全感和获得感，才能使无数个体保持在终极目标上的高度一致性，同时又能够置身于共同体之内，达到个体保有个性上的差异和个体集合在整体上的多样化二者之间的平衡状态，使置身于其中的每个个体都能够始终享有达成自我实现目标的激励机制以及对美好生活的向往。从国家统合的历史过程来看，国家目标、国家任务以及国家义务向来以增进公共福祉为己任，大数据及其应用价值能够在国家层面为之提供有别于传统的、更为便捷和有效的方法，确实值得期待。

---

① ［美］弗朗西斯·福山：《国家构建：21世纪的国家治理与世界秩序》，郭华译，上海三联书店2020年版，导读部分第 vii 页。

五、大数据及其应用价值的趋势展望

大数据作为智能化手段和工具,在知识立宪阶段占据重要地位,其在知识经济模式中的核心作用不可低估,随着人类智识水平的提高、科技创新能力的节节攀升,大数据的潜能和进步的前景均不可限量。对于大数据及其应用的发展趋势,可以从技术、经济和法律等主要层面作前瞻性分析和理性研判,以便做出有利于促进现实发展需要的积极回应。

在技术上,伴随着大数据及其应用在快速获取、传输和处理数据方面的智能化水平越来越先进,它的便捷性也会逐级提升,其即时性、实时性、有效性等特质愈发突出,商业价值也会因此更加具有吸引力。众所周知,大数据的价值集中体现为隐含在数据背后取之不尽、用之不竭的信息和知识。人们通过对原始数据(data)的技术处理和加工包括匿名化、过滤和提炼整合,形成衍生数据,进而挖掘并激活其中蕴含着的商业价值和经济利益,充分体现了人类在大数据及其应用领域中的智慧(wisdom),枯燥乏味的数据因此被赋予了旺盛的生命力和活力。通过投入大量智力劳动成果而获得数据价值,俨然已经成为数字化社会中一项极其富有创造性的工作。基于大数据及其应用所引导的信息化发展趋势,意味着谁掌握的信息越多,谁就越有利于作出充分有效及时的分析、判断和决策,足以印证机会是获取效益的前提,抢占先机就意味着快速的行动力以及能够获得占有市场的实际效果和可观的经济效益。那么,数据融合就成为大数据及其应用的技术优势,即不同数据之间的有效链接尤为重要。有些先知先觉的个体在当下已经意识到,知识形态正在发生着从传统意义上的静态知识到动态知识的深刻转变。掌握大数据及其应用技术的专业人士不断地开发出新的应用场景,[①]以满足大数据技术更新换代的现实需要。

在经济上,与大数据及其应用密切相关的上下游产业、配套设施等,正在不断更新和颠覆着传统基建的内涵,并成为基建项目的重要组成部分。大数据时代的新基建呼之欲出,其中最具代表性的包括5G、[②]人工智能(英文简称AI,即Artificial Intelligence)、智慧交通、新能源汽车充电桩、芯片、互联网以及各种网络平台的建设项目如火如荼、方兴未艾。以大数据产业为核心的知识经济模式,还有各种智能型产品的横空出世,有力地促进了产品、产业以及服务水平的升级和转型。大数据产业链不仅为国家和社会发展提供了新的经济增长点,还尝试矫正以往过于倚重房地产业作为龙头拉动国家经济发展的单一产业结构发展模式,弥合一直以来存在的结构性问题以及由此带来的经济发展不均衡、不充分的缺陷。大数据及其应用、大数据产业要求提供更高层次的联网水平,从最初的消费互联到产业互联、从单一物联网到万物互联网,直至发展为人与人之间在数据化了的空间中的互动和互联。大数据极大地拓展了行业信息化和互联网的物理空间,在经济驱动和产业结构上,它不再单纯地呈现为意念中的技术架构和技术体系,而是以有形的基础设施和多样化的形态展现在世人面前,

---

[①] 例如,"图数据库""图计算引擎""知识图谱"等专业性词语,需要更多、更新的大数据知识,才能够理解它们的确切含义。

[②] 第五代移动通信技术的简称,即5th Generation Mobile Communication Technology; 5th generation mobile networks; 5th generation wireless systems; 5th-Generation。

与其他生产要素一样，在帮助人们获取更多经济效益和社会效益方面发挥着不可替代的作用。

面对大数据及其应用中蕴含着的巨大利益和潜能，欧美等发达国家尤其以欧盟为代表，已经率先将国家和社会发展的目标锁定为能否通过大数据形成最具吸引力、最安全、最具活力的数据敏捷型经济体，力图借助大数据技术和大数据产业，获得与其他世界级经济体进行竞争的比较优势，在已经到来的大数据经济中一显身手，占据先发优势地位，保持可持续发展的良好状态。所以不难理解欧美等一众发达国家竭力打压中国在数据经济和数据产业中处于领先地位的代表性经济实体的缘由。例如，对华为公司采取的制裁和限制，[①] 充分暴露了发达国家在世界范围内的市场竞争中与其他国家相比处于下风时出现的一种"集体性心理焦虑"，为了保持它们在知识产权和高科技创新以及全球竞争中的优势地位、实现国家的国际发展战略而不择手段。数据经济、数据产业领域竞争的激烈程度由此便可略见一斑。

在法律上，随着大数据及其应用的深入推进，进一步引发了数据风险以及一系列相关法律问题，现行法律制度和法律规范体系框架已经不足以维持数据权利和利益配置的均衡状态，为此人们必须审时度势地积极寻求法律层面的大数据有效控制之路。经由大数据及其应用牵涉出数据资源和数据利益的有效配置、公平配置、数据风险的分担及其法律责任的承担等诸多法律问题，贯

---

① "孟晚舟事件"就是美国政府公开打压中国华为公司，遏制中国5G先进技术发展的佐证。根据媒体报道，孟晚舟与美国司法部达成并签订《延迟起诉协议》后，针对孟晚舟的引渡程序宣告终止。此后，孟晚舟搭乘中国政府包机，于2021年9月25日晚回到深圳。

穿在数据汇集、数据共享、数据流通和数据交易等各个环节之中，其中必然牵涉到多方的利益。例如，政府数据的开放与共享、政府的数据责任；各类社会组织对数据信息的收集、储存、管理和使用过程中的数据权利和义务；自然人个体的数据权利和义务等。值得注意的是，数据安全风险涉及的范围极其广泛，包括个人数据信息安全、社会组织数据信息安全及国家数据信息安全，使已经迈入"风险社会"的人们又要面对一项新的风险——数据信息安全风险。在数据安全的"生物链"上，先因个人信息汇集引致个人信息安全风险，然后衍生出经济安全问题，最后引发国家安全的隐患，由此构成了整体意义上的数据安全问题。与数据安全密切相关的还有网络安全，网络安全又与国家安全直接关联。在总体国家安全观视域中，数据安全是国家安全的重要组成部分，它不仅是个人和社会层面的问题，也是国家层面的问题，唯有诉诸相对完善的法律制度和有效的法律规制，才能更好地防范数据安全风险，减少损失。

有鉴于此，大数据立法势在必行，以妥善解决微观、中观和宏观上的诸多问题。首先要从法理上界定、厘清数据以及数据权利的法律性质、权属争议的解决、权利的保护与救济等基础性问题，还要设计数据安全的法律保护制度、大数据应用法律制度、大数据的法律责任制度以及大数据法律监管体系等。

在微观层面，需要解决好个人数据信息中的隐私部分存在泄露的可能性与公民人格尊严不受侵犯之间的紧张关系。目前法学界及专业人士已经开始探讨数据权利、信息权利等新型宪法权利和法律权利的法律属性及其有效保护等热点问题。我国《民法典》顺应国家和社会发展的客观需要，积极回应并明确了个人信息权的法律定位，相关法律规范的实施效果如何还有待进一步观察和实践检视。由大数据及其应用所引发的"权利相互性"现象，可以考虑在立法上通过数据主权、个人数据权与企业数据权的"三线数据权"架构，[①]来保持不同数据利益诉求的内在平衡，目标指向在保有高度的个人隐私、安全和道德标准的同时，充分挖掘出数据的应用价值，在活跃市场机制、造福经济发展、增进社会福祉和实现个人利益等领域大有作为，通过大数据及其应用实现各美其美的和谐关系。法律向来被认为是人类理性的体现，如何借助法律规则的理性，为大数据及其应用创造良好的制度环境，保障大数据的规范化发展是法治国家的必由之路。同其他领域一样，大数据的法律规制必不可少，法律制度的完善任重道远。

在中观层面，数据算法、大数据描述的准确性、人与数据的融合以及计算法学等领域，对社会心理和社会行为的分析、判断和引导具有多重现实意义。大数据及其应用早已不再囿于消费心理和消费行为等极其狭窄的领域，而在更为广泛的社会行为领域中推广普及开来。作为一种新的社会资源，大数据的实践价值不仅在于它作为信息的形式化表现，还在于它可以展现数据隐含的意义，用于沟通、含义展示或处理，[②]因此它给社会生活带来的影响既是现实的也是深远的。诸如提供更为个性化的服务，大幅提高建立在数据分析基础上的决策、方案的准确度以及保障社会安全管理和社会秩序维护的有效性。从经济发展和经济效益的视角

[①] 魏远山：《我国数据权演进历程回顾与趋势展望》，《图书馆论坛》2021年第1期。

[②] 韩旭：《信息权利范畴的模糊性使用及其后果——基于对信息、数据混用的分析》，《华东政法大学学报》2020年第1期。

来看，大数据及其相关产业的蓬勃发展还为人们开发了新的就业岗位和途径，社会需求强劲，相关岗位数量可观，与此同时也意味着该领域中创新人才的稀缺性，具体解决方案则需要人们尽快改变传统观念并顺应时代发展的要求。大数据不仅重新塑造了人们的思维模式和心理结构，也提升了人们的认知能力，推动了国家的现代化转型。

在宏观层面，当下以及未来的国家和社会发展得益于大数据及其应用，在大趋势不可逆转的前提下，要求人们必须具备大数据战略思维，既要设计整体性的规划布局，也要有阶段性的目标安排。其中的核心问题是数据资源的有效利用与规制，这涉及公共数据、数据治理、数据融合、数据交易、数据垄断、数据跨境以及数据要素市场的培育等各个方面。国家不仅是国际法和国际关系中的基本主体，还是自然人个体的生活背景和国内不同主体开展跨国交往的支撑平台。与个人不同，国家是由无数自然人个体组成的"政治共同体"，也是代表全体社会成员参与世界性资源配置与经济流转的"利益共同体"，还是传承血缘关系和传统文化的"想象的共同体"。如果说个体代表的是差异化，那么国家作为共同体的一种组织形态，则更多表达的是价值共识和一体化，是由无数差异化的个体所组成的具有主权意义的一致行动的共同体。自然人个体与国家之间的关系，在宪法上就是公民与国家之间的关系，在现实生活中二者是相互成就的关系，其追求的目标高度一致，即在共同体内部促进差异化的个体享受具有普遍性的美好生活。大数据及其应用在国家层面能够为增进人们的公共福祉提供有别于传统的更为便捷有效的方式和途径，它的多重价值确实值得期待和深入挖掘。

第二章
宪法援引案件的大数据统计与分析

本章导读：本章的主要内容是大数据研究方法的初步应用和尝试。运用大数据进行宪法援引的主题检索，以"中国裁判文书网"为平台，检索含有宪法援引要素的裁判文书，然后进行统计学意义上的处理。应用大数据分析，以实证材料为研究素材，概括宪法援引案件的主要特点，揭示其中的规律，形成关于裁判文书中宪法援引实践的直观印象，为后续的学理分析和研究奠定实证研究基础，以促进宪法援引实践的规范化为研究目标。

一、大数据统计与分析的初次尝试

法律的生命力在于实施，法律规范的价值在于适用。同理，宪法的生命力和实践价值在于实施，宪法具有最高法律效力的意义也正在于此。将宪法原则与法律规范准确地适用于每一个诉讼案件之中，有效化解当事人之间的利益冲突和矛盾纠葛，充分体现了宪法原则与法律规范的实践价值。法律实施的过程也为检视宪法的最高法律效力能否在具体案件中得到有效发挥，提供了最为适宜的专业化场景。运用大数据技术，可以检索出司法裁判中将宪法原则与法律规范作为裁判依据与适用的数据信息，包括法官、当事人进行宪法援引的具体情形以及分析其实际效果。在司法裁判中，法律条文的适用以及宪法援引的准确性是司法实践能否真实地体现司法公正、社会正义的关键所在。通过大数据检索获得的数据信息，可以更好地审视司法过程、司法裁判以及裁判文书的特点、普遍性规律和司法机关工作人员的专业素养等综合层面，其中既有较为全面的覆盖，也有对个案的具体把握。针对案件诉讼过程中宪法援引的普遍性与特殊性展开实证研究和学理分析，透视宪法实施及与之密切相关的宪法解释制度，还有宪法意识、宪法观念和宪法思维等法治国家建设的社会基础条件，具有多重现实意义。

何谓宪法援引？宪法援引是指在司法过程中，法官或者当事人通过对相关宪法原则或宪法规范的援引，以形成较为完整的司法裁判的论证逻辑或者为个案中涉及的利益诉求寻求宪法支持的做法。根据该定义对宪法援引可作广义与狭义之区分，广义上的宪法援引的主体有两个，既包括法官在裁判文书中运用宪法援引方法来增强司法裁判的合宪性、权威性以及说服力，也包括当事人在诉讼过程中运用宪法援引为自己主张的宪法权利和法律权利以及具体的利益诉求寻求宪法上的依据、获得来自宪法的支持。狭义上的宪法援引仅指法官在裁判文书中运用宪法援引，以增强裁判文书和裁判结果的论证逻辑的合理性、说服力和权威性的做法。目前宪法学界的学术研讨主要聚焦于对狭义的宪法援引的分析与研究，而且在具体的称谓上不尽相同，有学者将法院在司法裁判过程中援引宪法规范、原则或精神的现象称为宪法援引，[1] 也有学者将其称为宪法援用，[2] 不一而足。不论学者们关注的是广义的宪法援引还是狭义的宪法援引，都指向司法实践中的宪法援引实践，对其展开专题研究正当其时。

本章中的大数据检索，主要以"中国裁判文书网"（China Judgements Online, https://wenshu.court.gov.cn/，以下简称为"裁判文书网"）上公开发布的相关案件为蓝本和基础性素材。选择"裁判文书网"主要考虑两个关键性因素，一是它的样本和数据可信度高。其作为官方网站上传的裁判文书数量多，可供分析的样本多；相关数据真实可靠，可以增强研究结果的可靠性和可信度。二是它的影响面广、影响力也足够强。而且经过审慎地多方比较后发现，

---

[1] 向前：《司法裁判文书中"宪法援引"的法律解读》，《人民论坛》2014年第17期。
[2] 童之伟：《宪法适用应依循宪法本身规定的路径》，《中国法学》2008年第6期。

目前其他网站的大部分裁判文书几乎都转载自"裁判文书网",足以证明它在众多网络平台中拥有值得信赖的实力。

宪法援引专题研究的大数据统计与分析的工作依照下列步骤顺次展开,首先确定检索的关键词,获取基本数据,按照预先设定的不同标准,分门别类地进行数据及其信息的统计和归纳。其次在整理数据信息等素材的基础上,以法学理论和宪法学原理作为分析工具,开展学术研讨,包括对研究对象——宪法援引实践基本情况的客观描述,全面、深入地解读数据信息中隐含的关于宪法援引的具体内容,客观地概括宪法援引实践的特点和规律。最后作出概括性的评价,总结宪法援引实践的利弊得失,为其提供专业性结论包括具有建设性的改进和完善的意见建议。

在第一次运用大数据进行检索的工作中,[1] 笔者收集并研究了455份以"宪法援引"为主题的相关案例。具体数据信息情况参见以下各图。[2]

(一)宪法援引的判决书与裁定书的数量及比例

在本次检索到的全部裁判文书中,分别有判决书356份,占总数的比例为78%;裁定书99份,占总数的比例为22%。

---

[1] 这组大数据统计结果由天津大学法学院董妍副教授(法学博士、博士生导师)带领的研究团队提供,成员有2017级本科生白冰、黄鑫、索朗白玛、王志威、周洁同学以及2018级本科生娄傲兵、吴雨航同学。数据统计结果的搜索时间区间为2007年至2019年。

[2] 该部分数据统计的时间区间是2007年1月1日至2019年12月31日。

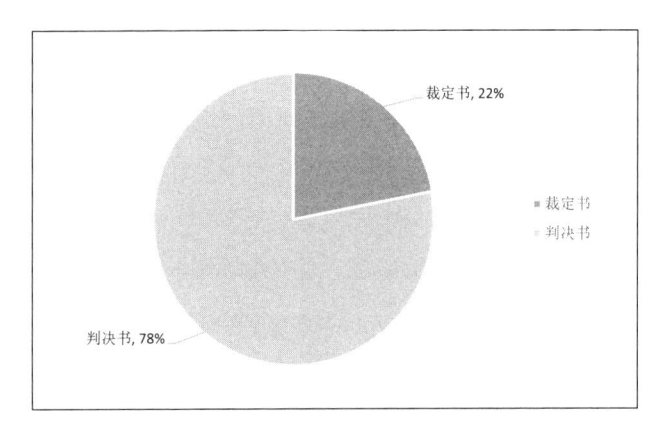

图 2-1：宪法援引的判决书与裁定书之比例

（二）不同类型案件中涉及宪法援引的裁判文书的数量

由图 2-2 可知，在不同类型案件中，涉及宪法援引的裁判文书的数量分布特点较为突出。在民事案件的裁判文书中，宪法条文被援引的次数最多；在刑事案件及刑事附带民事诉讼案件的裁判文书中，宪法条文被援引的次数最少。值得注意的是，在行政案件裁判中，宪法条文被援引的裁定书数量超过了民事案件的裁定书数量。

在法学基础原理与司法实践中，判决书是针对诉讼当事人争执的权利义务焦点问题所作的实体性裁判，以解决实体法律关系中的权益冲突为目的。裁定书主要用来解决诉讼过程中的一些程序性事项，如不予受理、驳回起诉、准许或者不准许执行行政机关的具体行政行为等。

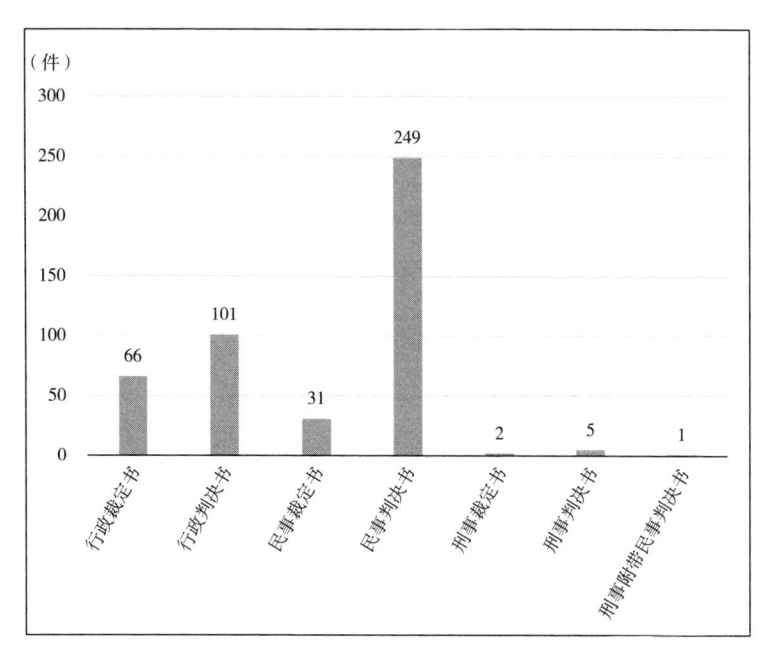

图2-2：不同类型案件涉及宪法援引的裁判文书的数量

根据图2-2的数据检索结果可以作出一项直接推测和判断，即行政诉讼案件进入实体审理的比例相对于民事诉讼案件要少一些。

（三）宪法援引案件的时间分布

图2-3的数据图走势显示，2014年涉及宪法援引的诉讼案件数量出现了陡然上升的态势，至2015年达到顶峰，此后呈明显下降趋势，后于2017年又有小幅回升，2018年又呈现出大幅下降的趋势特点，相比之下，2019年趋向于更少的案件数量。

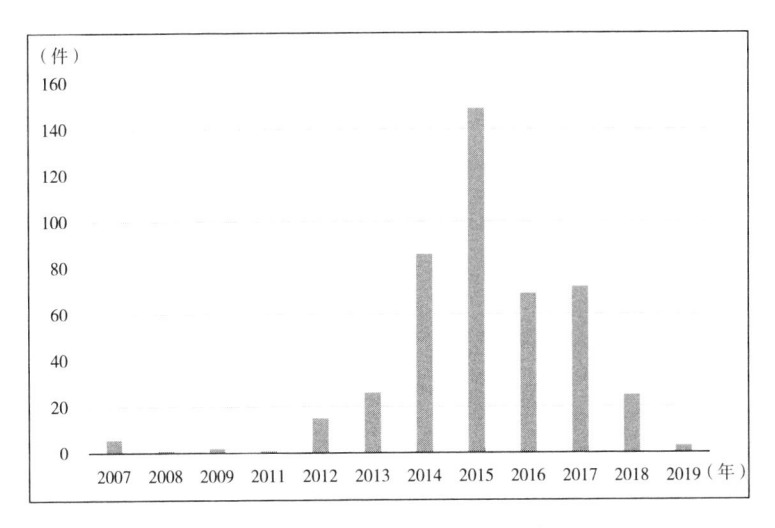

图 2-3：宪法援引案件的时间分布

根据上述数据进行初步判断，不同年份呈现出较大幅度的波动起伏现象，这或许与 2014 年 11 月 1 日第十二届全国人大常委会第十一次会议表决通过的决定密切相关，该决定将每年的 12 月 4 日设立为"国家宪法日"，"国家宪法日"的正式启动激发了人们关注宪法、学习宪法以及运用宪法的热情。宪法援引相关案件数量明显增多，比较符合以往人们热衷于追逐热点的传统心理驱动下的思维定式和行为模式。作为研究者可以从中感受到"国家宪法日"的设立，对于提高公民的宪法意识和法律意识确实发挥了实际意义上的带动作用，至少在一定程度上提升了人们对宪法的关注度，宪法宣传的社会效果亦较为明显。

（四）宪法援引案件的地区分布特点

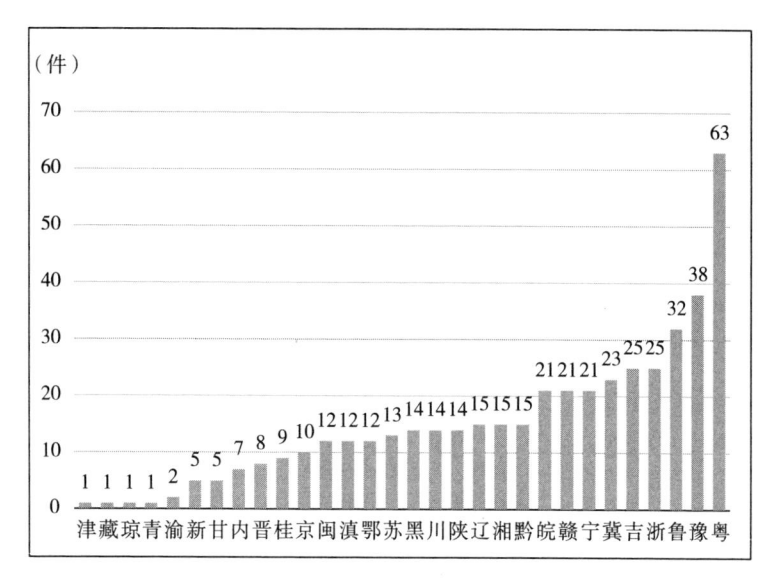

图 2-4：宪法援引案件的地区分布特点

宪法援引案件的地区分布特点较为明显。广东省的法院借助宪法援引进行裁判的法律文书的数量最多；其次是河南省与山东省，二者也属于数量较多的地区；再次为浙江省、吉林省、河北省、宁夏回族自治区、江西省以及安徽省等省份。数量较少或者数据空缺的地区（上海市等），或许与本次大数据统计截取的时间段有关，有待于在后续研究中保持进一步的观察。

从各个地区的数据信息来看，法院的宪法援引实践具有普遍性；可以观察到宪法援引与地区的综合发展水平特别是经济发达程度之间具有一定的关联性；从整体上来看，法官、当事人及其他社会成员的宪法意识和法治思维均有不同程度的提高，这是不争的事实，表明了在国家和社会发展过程中法治进步也是处于同步推进的客观状态。

（五）宪法援引案件的法院层级分布

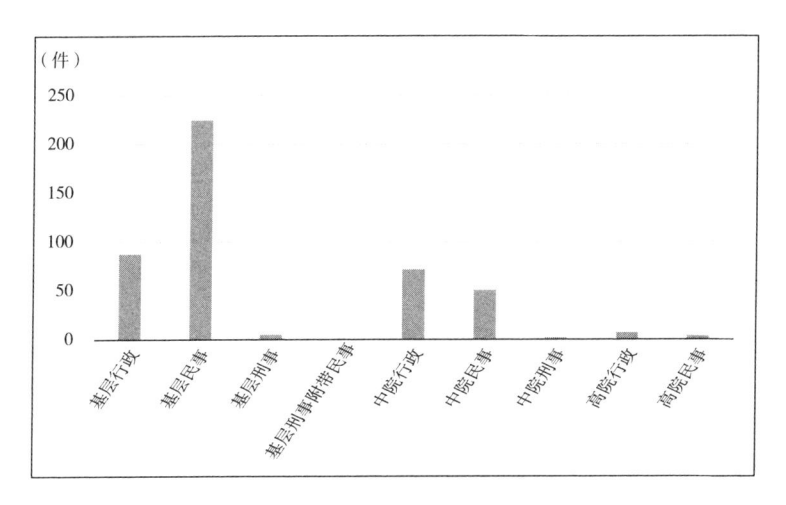

图 2-5：宪法援引的法院层级分布

在这类数据信息中，可以较为明显看到基层人民法院作出的含有宪法援引的法律文书数量，远远超过中级人民法院和高级人民法院的数量。这与司法实践中基层人民法院通常要承办大多数案件的现实情况比较匹配，同时也印证了基层人民法院和法官的业务工作量和任务相对繁重的事实。值得注意的是，这类数据显示在中级人民法院的案件审理工作中，行政案件的法律文书进行宪法援引的数量多于民事案件的法律文书数量。

（六）审理宪法援引案件的法院审级的分布

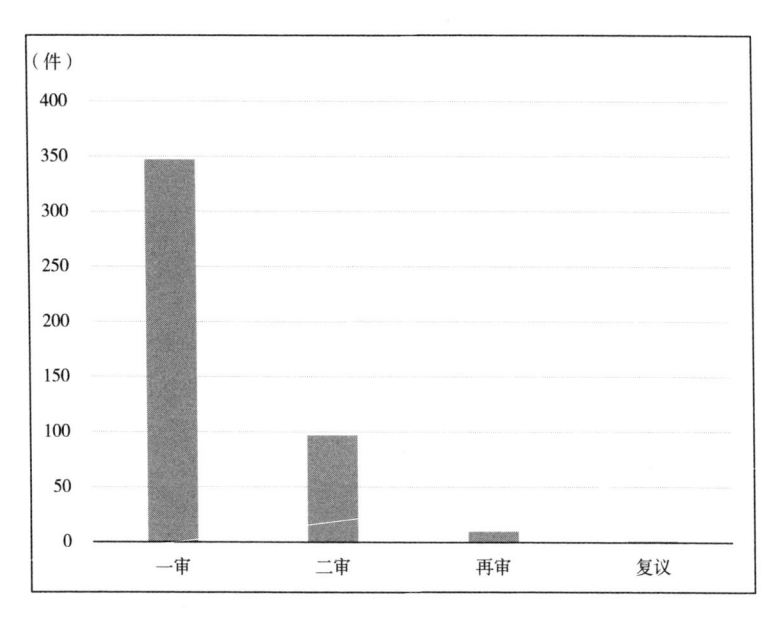

图 2-6：审理宪法援引案件的法院审级的分布

比较而言，一审案件中含有宪法援引的裁判文书数量为最多，二审案件和再审案件中宪法援引的裁判文书数量则依次降低。这种数量排序特点与近些年的司法实践中基层人民法院受理的一审案件数量多且基数大、工作任务相对繁重的客观现实比较吻合。尽管基层人民法院受理的一审案件大都属于相对简单、标的额较小、社会影响度较低的轻微型案件，但是，随着社会生活的日益丰富，基于人际关系的社会交往互动行为增加，利益关系错综复杂、矛盾纠纷时有发生，基层人民法院受理的案件数量有增无减。这主要归因于一方面人们早已摆脱了传统法律文化中"无讼""息讼"的心理桎梏，另一方面人们在从"一五普法"到"八五普法"

的法治宣传教育活动中积累了越来越多的宪法和法律知识，其维权意识不断增强。所以一直以来基层人民法院受理的案件数量居高不下，明显多于二审和再审案件的数量。

（七）宪法援引裁判文书中的宪法条文分布情况

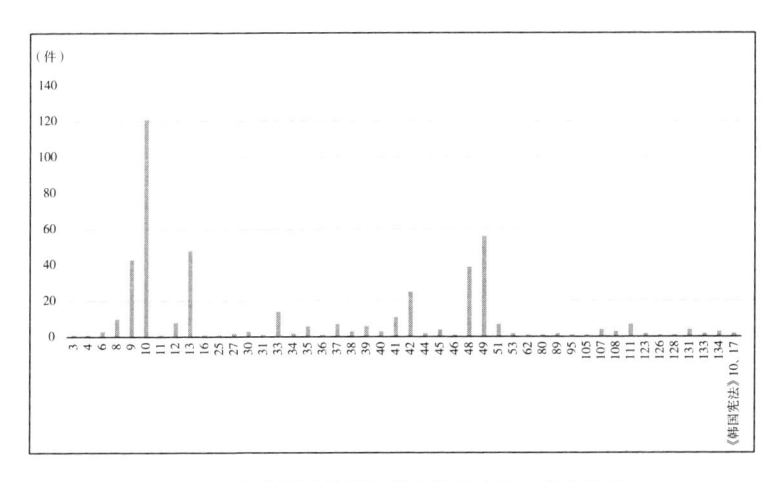

图 2-7：宪法援引裁判文书中的宪法条文分布情况

以本次大数据检索收集到并作为研究素材的 455 份与宪法援引主题相关的裁判文书为依据，按照现行宪法中被援引的宪法条文次数的排列顺序，前四名中首先是第 10 条被援引的频率高居榜首，该宪法条款的内容涉及的是土地权属及土地征收、征用的内容；其次是第 49 条，该条款是关于婚姻、家庭中夫妻关系和亲子关系的内容；再次是第 13 条，该条款是关于公民私有财产权的内容；位列最后的是第 9 条，该条款是关于矿藏等自然资源归属的内容。

这一数据的分布特点显示，在当下的国家发展和社会生活中，社会成员之间基于土地权益归属的争议、婚姻家庭中的矛盾冲突、公民私有财产权益的保护以及自然资源权益纠纷等，占据较高的比例并且最为突出。这几类案件因涉及相关的公民宪法基本权利，如土地承包权、土地经营权、宅基地等具体土地权益，家庭共有财产权的合理分配和分割等事项，所以对此类合法权益能否实现有效保护并提供司法救济，对于国家、集体和个人及其相互关系都有重大意义，需要司法机关给予高度重视，并给予妥善的司法解决方案。此外，这也提醒政府职能部门应当采取针对性措施，预防或避免此类纠纷、冲突的频繁发生。

此处针对图2-7"宪法援引裁判文书中的宪法条文分布情况"最后一栏中出现了援引韩国宪法中宪法条文的情况，作一简要说明。笔者在大数据检索时将关键词设定为"宪法"，该案例中因含有"宪法"一词自然被涵盖在内。在梳理案件信息后获得了更为详细的有关宪法援引的内容，该案为涉外民事诉讼案件——"郑某燕诉浙江某宝网络有限公司等肖像权、姓名权纠纷案"。在本案中，原告郑某燕为韩国人，浙江省杭州市余杭区（市）人民法院受理了该案，经审理后，法官最终依照《韩国宪法》第10条、第17条，《韩国民法》第750条、第751条，《中华人民共和国涉外民事关系法律适用法》第15条、第46条，《中华人民共和国民事诉讼法》第28条、第144条、第259条之规定，作出了判决。更为详细的案情请参阅（2016）浙0110民初960号《民事判决书》。[①] 该

---

① 该案例的详细情况可参阅（2016）浙0110民初960号《民事判决书》，见北大法宝，https://www.pkulaw.com/，访问时间2023年1月31日。

案与其他宪法援引案件有诸多不同，其不仅有宪法援引因素，更在于其根据中国相关法律中确立的国际私法规则，在其裁判依据中援引并适用的法律条文中，除了中国的相关法律条文以外，还包括了外国法，即《韩国宪法》《韩国民法》。《韩国宪法》第10条、第17条分别是"人格权、公民的基本人权不受侵犯""隐私权不受侵犯"的内容。这个案例在全部宪法援引案例中是最具独特性的个案。

表2-1：宪法援引裁判文书的检索数量

文书类型	审级	行政	民事	刑事	刑事附带民事	案件数量
裁定书	一审	49	19	0	0	68
	二审	15	8	2	0	25
	再审	2	4	0	0	6
						99
判决书	一审	68	205	5	1	279
	二审	33	39	0	0	72
	再审	0	5	0	0	5
						356
总计						455

对表2-1显示的基本情况可作如下概述：总体而言，涉及宪法援引的裁判文书分别由行政诉讼案件、民事诉讼案件和刑事诉讼案件（含刑事附带民事诉讼案件）三大类司法文书组成。在行政司法文书中，裁定书共计66份，判决书为101份，总计167份。在民事司法文书中，裁定书共计31份，判决书为249份，总计

280份。在刑事司法文书中,裁定书仅有2份,判决书为6份(其中包含刑事附带民事诉讼案件),总计为8份。

进一步分析可知,在行政诉讼案件、民事诉讼案件和刑事诉讼案件(含刑事附带民事诉讼案件)三大类案件中,在判决书中,民事案件涉及宪法援引的最多,行政案件位居其次,刑事案件则最少。但是,在裁定书上,行政裁定书多于民事裁定书,这或许与裁定书的法律性质和特点相关。

在案件的诉讼层级上,在裁定书和判决书中,均显现为在一审程序中的宪法援引案件数量为最多,分别为68份和278份;二审程序中的宪法援引案件的数量位居其次,分别为25份和72份。

表2-2:不同诉讼层级宪法援引的数量

文书类型	法院级别	行政	民事	刑事	刑事附带民事	总计
裁定书	总数	66	31	2		99
	高级人民法院	3	3			6
	中级人民法院	38	9	2		49
	基层人民法院	25	19			44
判决书	总数	101	249	5	1	356
	高级人民法院	4	1			5
	中级人民法院	34	42			76
	基层人民法院	63	206	5	1	275
总计		167	280	7	1	455

表2-2说明了在审理法院的级别中,裁定书和判决书两项的大数据指标略有差异。在裁定书中,由中级人民法院作出的裁定书数量略多于基层人民法院,分别为49份和44份;高级人民法

院的数量最低，只有 6 份；最高人民法院为 0 份。在判决书中，基层人民法院最多，共 275 份，数量远远高于中级人民法院；高级人民法院仍为最低，仅 5 份，基本与高级人民法院作出的裁定书数量持平；最高人民法院在相关主题的判决书数量上仍显示为空缺。

二、整体性宪法援引案件的大数据统计与分析

再次进行的是整体性宪法援引案件的大数据统计与分析。[①] 通过在大数据视角下检视司法实践中宪法援引案件数量的多少，可以在一定程度上显示出在当时的综合条件下诉讼参与人对宪法规范的实际应用，[②] 同时还可以从中看出诉讼程序涉及的各个环节参与诉讼各方主体的宪法心理水平，即宪法认知能力和水平、宪法观念以及宪法意识，还有在宪法心理和意识支配下各个主体在诉讼行为上的互动，这些主、客观因素都会给宪法援引实践的实际效果带来不同程度的影响。

[①] 这组大数据统计结果由天津大学法学院 2021 级博士研究生田圣文提供。
[②] 大数据统计以"裁判文书网"的数据库资源作为统计基础，鉴于该网中仅含有中国各地法院上传的部分裁判文书，因此属于样本统计。统计数据的期间为 2020 年 1 月 1 日至 2020 年 12 月 31 日，数据检索日期为 2021 年 1 月 2 日。裁判文书包括判决书、裁定书、决定书及通知书等。

（一）以"中华人民共和国宪法"作为检索字段的大数据统计及其分析

以"中华人民共和国宪法"作为检索字段的有关数据统计，包括以下三类。第一类，是涉及"宪法援引"的裁判文书总数。通过"裁判文书网"对裁判文书"全文"检索"中华人民共和国宪法"，显示 2020 年 1 月 1 日—2020 年 12 月 31 日期间共有裁判文书 1534 篇。按照案由、法院层级、文书类型等标准加以区分，其中以案由为标准，民事案由的 667 篇（43.48%）、刑事案由的 16 篇（1.04%）、行政案由的 782 篇（50.98%）、国家赔偿案由的 28 篇（1.83%）、执行案由的 28 篇（1.83%）。以法院层级为标准，最高人民法院有 17 篇（1.10%）、高级人民法院为 238 篇（15.51%）、中级人民法院是 710 篇（46.28%）、基层人民法院则有 569 篇（37.09%）。以文书类型为标准，判决书共计 874 篇（56.98%）、裁定书一共为 644 篇（41.98%）、决定书是 14 篇（0.91%）、通知书为 2 篇（0.13%）。[①]

第二类，是当事人在诉讼中进行宪法援引的裁判文书数量。通过大数据检索得到提示，检索词的设定不同，则具体数量显示不同。通过对裁判文书"当事人"段检索"中华人民共和国宪

[①] 本章所列的裁判文书总数以及不同划分标准下的各项数值均与中国裁判文书网显示的检索结果一致。但是，不能完全排除大数据检索引擎在识别具体裁判文书内容时，存在部分裁判文书无法准确归类的情形，由此导致数据误差。主要体现为，以案由作为划分标准对 1534 篇裁判文书进行划分时，不同案由下的裁判文书数量之和为 1521，差额为 13，该项占比数值的误差不超过 1%，不影响本文的数据分析结果。此外，由于本章数值计算方式为保留小数点后 4 位再四舍五入所得，因此占比数值相加结果可能不等于 100%，但是误差不超过 0.05%，同样不影响本文的数据分析结果。下文亦同。

法",显示有 1 篇裁判文书;通过对裁判文书"诉讼记录"段检索"中华人民共和国宪法",显示有 14 篇裁判文书;通过对裁判文书"事实"段检索"中华人民共和国宪法",显示有 1323 篇裁判文书。综合以上不同检索词下的统计数据,当事人在诉讼中援引宪法的裁判文书总数为 1338 篇。

第三类,是法院在裁判文书中援引宪法的裁判文书数量。通过对裁判文书"理由"段检索"中华人民共和国宪法",显示一共有 221 篇裁判文书;对裁判文书"法律依据"段检索"中华人民共和国宪法",显示一共有 44 篇裁判文书,其中有 3 篇[①]裁判文书在判决理由中援引了宪法规范;另外 41 篇裁判文书援引宪法作为直接裁判依据,其中有判决书 37 篇,裁定书 6 篇,而且均为民事案由。综合上述不同检索词下的统计数据,法院在裁判文书中援引宪法的数量为 265 篇。[②]

根据上述所列举之大数据,可以对到目前为止的司法实践中宪法援引案件的主要特点作出简要概括。一是宪法援引案件在数量上以行政诉讼案件、民事诉讼案件为主。二是宪法援引案件主要集中在中级人民法院和基层人民法院的案件审理过程之中。三是涉及宪法援引的法律文书以判决书居多。四是当事人在诉讼中主动提起宪

---

① 宪法援引的三篇分别是:"唐某某与某某有限公司提供劳务者受害责任纠纷案",辽宁省大石桥市人民法院(2019)辽 0882 民初 5505 号民事判决书;"覃某某 1 与覃某、覃某某 2 侵权责任纠纷案",广西壮族自治区河池市宜州区人民法院(2020)桂 1281 民初 1159 号民事判决书;"某市某镇某村第五村民组 68 户诉某铁路建设有限公司第二项目经理部、某铁路客运专线辽宁有限公司确认合同无效案",辽宁省凤城市人民法院(2019)辽 0682 民初 4446 号民事裁定书。

② 当事人宪法援引的裁判文书数量与法院宪法援引的裁判文书数量之和高于 1534 篇,是因为存在当事人与法院在同一案件中同时援引宪法这一交叉情形。

法援引的数量远远多于法官在司法裁判中运用宪法援引的数量。

对"裁判文书网"收录的裁判文书中"涉及宪法的裁判文书数量""当事人援引宪法的裁判文书数量""法院援引宪法的裁判文书数量"进行分类统计，并就不同"案由""人民法院层级""文书类型"的裁判文书数量进行汇总后，可获得基本印象，如表2-3所示。

表2-3：宪法援引裁判文书数量分类汇总

类型	总数	案由划分					人民法院层级划分				文书类型划分			
		民事	刑事	行政	国家赔偿	执行	最高法院	高级法院	中级法院	基层法院	判决书	裁定书	决定书	通知书
涉及宪法的裁判文书	1534	667	16	782	28	28	17	238	710	569	874	644	14	2
		43.48%	1.04%	50.98%	1.83%	1.83%	1.10%	15.51%	46.28%	37.09%	56.98%	41.98%	0.91%	0.13%
当事人援引宪法	1338	529	12	734	28	22	17	229	651	441	716	606	14	2
		39.54%	0.90%	54.86%	2.09%	1.64%	1.27%	17.16%	48.65%	32.96%	53.51%	45.29%	1.05%	0.15%
法院援引宪法	265	190	5	63	1	5	0	17	73	175	207	56	1	1
		71.70%	1.89%	23.77%	0.38%	1.89%	0	6.42%	27.55%	66.04%	78.11%	21.13%	0.16%	0.16%

检视表2-3的数据，2020年1月至12月，"裁判文书网"中涉及宪法援引的裁判文书总数为1534篇，其中约87.22%的案件属于当事人在诉讼过程中进行宪法援引的情形，数量为1338件。大约有17.28%的案件属于法官进行宪法援引的情形，数量为265件。当事人进行宪法援引的数量大约是法官进行宪法援引数量的5倍之多，即法官进行宪法援引的数量：当事人进行宪法援引的数量≈1∶5。其中，在民事案件中两者的比例大约是1∶2.8；在行政案件中两者的比例大约是1∶11.7。上述比例数据足以表明当事人在诉讼中进行宪法援引的积极性相对较高，也可以据此判断在目前阶段，社会成员学宪法、用宪法的热情以及对宪法保有起码的

信心。

鉴于各级法院审理的案件基数不同，表2-3中的数据更适合作为纵向的考察与分析之用，并不能根据上述大数据检索结果得出"法院的层级越高，进行宪法援引的案件数量越少"这一判断。如果要深入探究不同案件类型之下"宪法援引的案件数量"与"案件总数"之间的关系，还有"法院的层级"与"宪法援引案件所占比例"之间的关系，需参考表2-4的数据统计结果。

表2-4：不同案由下进行宪法援引的裁判文书数量统计

类型	总数	案由					法院层级			
		民事	刑事	行政	国家赔偿	执行	最高法院	高级法院	中级法院	基层法院
2020年1—12月裁判文书总数	20779213	13959498	1244780	458880	7882	4785156	17054	219783	2123703	18386193
涉及宪法的裁判文书数量及占比	1534	667	16	782	28	28	17	238	710	569
	0.74	0.48	0.13	17.0	35.5	0.06	10.0	10.8	3.34	0.31
当事人援引宪法的裁判文书数量及占比	1338	529	12	734	29	22	17	229	651	441
	0.64	0.38	0.10	16.0	36.8	0.05	10.0	10.4	3.07	0.24
法院引用宪法的裁判文书数量及占比	265	190	5	63	1	5	0	17	73	175
	0.13	0.14	0.04	1.37	1.27	0.01	0	0.77	0.34	0.1

通过比较民事诉讼案件、刑事诉讼案件和行政诉讼案件，可以发现在行政案件中，"当事人援引宪法的裁判文书数量"和"法院引用宪法的裁判文书数量"占"行政案件总数"的比例最高，显示当事人在行政案件诉讼中更加倚重于通过宪法援引来支持自己一方的利益主张。据此再作如下判断，行政案件中进行宪法援引的数量明显高于民事案件和刑事案件，不排除还与行政法本身具有的公法性质以及行政法与宪法间不可分割的紧密联系等因素相关。

在不同层级的法院中，除了最高人民法院以外（根据大数据统计结果，2020年度最高人民法院在案件审理中未曾援引过具体宪法条文），法院的级别越高，"当事人进行宪法援引的案件数量"和"法院进行宪法援引的案件数量"所占案件总数的比例也随之增高。其中，在高级人民法院和中级人民法院审理的案件中，宪法援引的案件数量占案件总数的比例相对较高。这一数据提示至少有两点值得注意，一是从数量关系上来看，法院受理案件的数量与进行宪法援引的案件数量并不必然呈现正相关的关系。二是从基层人民法院到高级人民法院，随着法院层级的逐级升高，宪法援引案件的数量占案件总数的比例亦随之升高，说明案件中涉及的利益纠葛越复杂，进行宪法援引的可能性也就越大。

（二）以"宪法"作为检索字段的大数据统计及其分析

以"宪法"作为检索字段的有关数据统计，包括以下三类。第一类，为进行宪法援引的裁判文书总数。通过"裁判文书网"对裁判文书的"全文"检索"宪法"，显示共有裁判文书11525篇，其中有592篇[①]是因为当事人的姓名中含有"宪法"一词，如"张宪法""王宪法""李宪法""赵宪法"等，因其并不属于本书的研究主题而被剔除。最终确认获得可供研究的裁判文书为10933篇，再分别按照案由、法院层级、文书类型等标准进行类型化区分，获得相关的数据和比例。在此基础上作更为细致的划分，一是以案由为标准进行区分，民事案由裁判文书为6901篇（63.12%）、刑

---

① 同时在"全文"段与"当事人"段检索"宪法"，获得的数量交集为592份。

事案由裁判文书有 180 篇（1.65%）、行政案由裁判文书是 3572 篇（32.67%）、国家赔偿案由裁判文书为 84 篇（0.77%），执行案由裁判文书是 140 篇（1.28%）。二是以法院层级为标准进行区分，基层人民法院作出的裁判文书为 5019 篇（45.9%）、中级人民法院作出的裁判文书有 4914 篇（44.95%）、高级人民法院作出的裁判文书是 930 篇（8.5%）、最高人民法院作出的裁判文书为 52 篇（0.48%）。三是以文书类型为标准进行区分，判决书为 7225 篇（66.08%）、裁定书有 3649 篇（33.38%）、决定书是 33 篇（0.3%）、通知书为 24 篇（0.22%）。

第二类，为当事人在诉讼中进行宪法援引的裁判文书数量。通过对裁判文书中"诉讼记录"部分检索关键词"宪法"，显示有 410 篇裁判文书，去除 358 篇[①]为当事人姓名中含有"宪法"字样，故而数量应为 52 篇；通过对裁判文书"事实"段检索"宪法"，显示有 6946 篇裁判文书，去除 163 篇[②]当事人姓名中含有"宪法"字样的裁判文书数量，应为 6783 篇。综合上述统计数据，当事人在诉讼中进行宪法援引的裁判文书总数为 6835 篇。

第三类，为法院在裁判文书中进行宪法援引的裁判文书数量。同样通过对裁判文书"理由"段检索关键词"宪法"，显示有 4083 篇裁判文书，去除 114 篇[③]当事人姓名中含有"宪法"字样的裁判文书数量，实为 4169 篇。通过对裁判文书"法律依据"段检索关

---

① 同时在"当事人"段与"诉讼记录"段检索"宪法"，获得的数量交集为 358 份。
② 同时在"当事人"段与"事实"段检索"宪法"，获得的数量交集为 163 份。
③ 同时在"当事人"段与"裁判理由"段检索"宪法"，获得的数量交集为 72 份。

键词"宪法",显示共有44篇裁判文书,与以"中华人民共和国宪法"作为检索字段的数据相同。综合上述统计数据,法院在裁决文书中进行宪法援引的裁判文书数量为4213篇。

对"裁判文书网"收录的裁判文书中"涉及宪法的裁判文书数量""当事人援引宪法的裁判文书数量""法院进行宪法援引的裁判文书数量"进行分类统计,并将全部"文书类型""案由""法院层级"的裁判文书进行汇总,得到的具体数量和比例如表2-5所示。

表2-5:不同案由、法院层级、文书类型的宪法援引裁判文书数量

类型	总数	案由					法院层级				文书类型			
		民事	刑事	行政	国家赔偿	执行	最高法院	高级法院	中级法院	基层法院	判决书	裁定书	决定书	通知书
涉及宪法的	10933	6901	180	3572	84	140	52	930	4914	5019	7225	3649	33	24
		63.12%	1.65%	32.67%	0.77%	1.28%	0.48%	8.5%	44.95%	45.9%	66.08%	33.38%	0.3%	0.22%
当事人援引宪法的	6835	3798	138	2687	69	99	38	769	4096	1930	4130	2649	33	22
		55.57%	2.02%	39.31%	1.0%	1.45%	0.56%	11.25%	59.93%	28.24%	60.42%	38.76%	0.48%	0.32%
法院进行宪法援引的	4213	2805	33	1138	14	9	11	234	1198	2554	2962	1046	30	3
		66.58%	0.78%	27.01%	0.33%	0.21%	0.26%	5.55%	28.44%	60.62%	70.31%	24.83%	0.71%	0.07

表2-5的数据表明,2020年1月至12月,"裁判文书网"中涉及宪法援引的裁判文书数量为10933篇。其中,大约62.52%的案件属于当事人在诉讼过程中进行的宪法援引,这一数量为6835篇。大约38.53%的案件属于法院进行的宪法援引,该数量为4213篇。当事人进行宪法援引的数量大约是法院进行宪法援引的数量的1.6倍,即法院进行宪法援引的数量:当事人进行宪法援引的数

量≈1∶1.6。另外还有相关的数据及比例,在民事案件中,二者的比例大约为1∶1.35;在行政案件中,二者的比例大约为1∶2.36。结论是当事人进行宪法援引的数量多于法院进行宪法援引的数量。

同前所述,"宪法援引的案件数量"与"案件总数"的关系以及"法院层级"与"宪法援引案件占比"的关系,参见表2-6。

表2-6:不同类型宪法援引裁判文书数量及其比例

类型	总数	案由					法院层级			
		民事	刑事	行政	国家赔偿	执行	最高法院	高级法院	中级法院	基层法院
2020年1—12月裁判文书总数	20779213	13959498	1244780	458880	7882	4785156	17054	219783	2123703	18386193
涉及宪法的裁判文书数量及占比(‰)	10933	6901	180	3572	84	140	52	930	4914	5019
	5.26	4.9	1.45	77.84	106.6	0.29	30.5	43.31	23.14	2.73
当事人宪法援引的裁判文书数量及占比(‰)	6835	3798	138	2687	69	99	38	769	4096	1930
	3.29	2.72	1.11	58.56	87.5	0.21	22.28	35	19.3	1.05
法院宪法援引的裁判文书数量及占比(‰)	4213	2805	33	1138	14	9	11	234	1198	2554
	2.03	2.0	0.27	24.8	17.76	0.02	6.45	10.65	5.64	1.39

根据表2-6的结果,通过比较民事诉讼案件、刑事诉讼案件和行政诉讼案件,在行政诉讼案件中"当事人宪法援引的裁判文书数量"和"法院宪法援引的裁判文书数量"占"行政案件总数"的比例最高。与其他性质的诉讼案件相比,当事人在行政案件中会更多地进行宪法援引。在不同层级的法院中,法院级别越高,则"当事人宪法援引的裁判文书数量"和"法院宪法援引的裁判文书数量"占案件总数的比例亦随之增高。但是,2020年1月至12月

期间，最高人民法院在案件审理过程中没有主动援引具体的宪法条文，表2-6中在最高人民法院项下列出的11篇裁判文书，仅是包含有"宪法"字样而非对宪法条文的援引。

（三）对两种不同检索字段的差异性分析

在前述大数据的检索与统计中，因为分别设定了"中华人民共和国宪法"和"宪法"两个检索词，而获取到不同的数据，对此可作如下概括性分析。

第一，二者在总体数量上存在差异。在总体数量上，以"宪法"作为检索字段所获得的总数据（10933）大约是以"中华人民共和国宪法"作为检索字段所获得的总数据（1534）的7倍。前者的"当事人宪法援引的裁判文书数量"（6835）约是后者数量（1338）的5倍。前者的"法院宪法援引的裁判文书数量"（4213）约是后者的（265）16倍。在关键词的使用上，法院更多使用的是"宪法"一词而不是"中华人民共和国宪法"全称。前者的"法院宪法援引的裁判文书数量"约占"宪法援引案件总数量"的38.53%，后者约占17.28%，说明法院在裁判文书的"理由"部分会更多地使用"宪法"一词。法院在裁判文书的"法律依据"部分，基本上使用的是"中华人民共和国宪法"全称，表明法官撰写裁判文书时的措辞运用极其规范化，以表达裁判文书的严谨性。

第二，不同分类标准下的数据对比存在差异。根据两个不同的检索关键词，不同法院层级下或者不同文书类型下的有关数据虽然显现出存在些许差异，但是，其比例大小的排列顺序并无差异，有所不同的是不同案件类型下的排列顺序。以"宪法"作为检索关键词时，民事诉讼案件的数量（6901件）及其占比（63.12%），明显高于行政诉讼案件的数量（3572件）和占比（32.67%）。以"中华人民共和国宪法"作为检索关键词时，民事诉讼案件的数量（667件）和占比（43.48%），低于行政诉讼案件的数量（782件）和占比（50.98%）。这一数据对比关系，说明在民事诉讼案件中法院以及当事人会更多地使用"宪法"一词，而非"中华人民共和国宪法"全称。

（四）宪法援引中涉及的宪法条文之统计结果及其分析

现行宪法的条文总数为143条（其中包括全部宪法修正案）。本书的专题研究在全部宪法条文范围内对宪法援引涉及的宪法条文进行大数据检索，分别就"当事人进行宪法援引涉及的宪法条文次数""法院进行宪法援引涉及的宪法条文次数"作了相应统计。

表2-7：宪法援引中涉及宪法条文的数量统计

	当事人援引的宪法条文		法院援引的宪法条文		被引条文合计	
	条文个数	引用次数	条文个数	引用次数	条文个数	引用次数
第一章 总纲（1—32）	27	680	8	49	27	724
第二章 公民的基本权利和义务（33—56）	21	645	13	76	22	721
第三章 国家机构（57—140）	19	63	2	3	19	68
第四章 国旗、国歌、国徽、首都（141—143）	0	0	0	0	0	0

2020年度一共有68条（款）宪法条文在"裁判文书网"收录的裁判文书中进行宪法援引时被提及（参见表2-7）。其中，当事人进行宪法援引时提及的宪法条文有67条（款），法院进行宪法援引时涉及的宪法条文有23条（款）。

在此基础上，再作进一步的数据分析，当事人进行宪法援引时提及的宪法条文范围，基本集中在现行宪法第一章"总纲"、第二章"公民基本权利和义务"以及第三章"国家机构"部分。法院进行宪法援引时涉及的宪法条文，主要集中在现行宪法第一章"总纲"和第二章"公民基本权利和义务"。法院和当事人进行宪法援引的交叉部分为现行宪法第一章"总纲"和第二章"公民基本权利和义务"。

由此可见，现行宪法文本中的国家基本制度、公民基本权利和义务与权利配置和"权利相互性"等内容的关联度为最高，对当事人的切身利益影响甚大，对此法院在审理相关案件时应秉持审慎的态度进行宪法援引，以忠实体现司法公正的立场，实现在每一个案件中都让公民体会到社会正义的价值取向。

三、地区性宪法援引案件的大数据统计与分析

地区性宪法援引实践的研究，笔者挑选了三个省份作为统计与分析的对象，先对其中一个省份单独进行分析研究，再对另外两个省份进行比较研究，以便总结概括出宪法援引实践的地区性特点，挖掘更多的规律性内容。

（一）A 省宪法援引案件的大数据统计与分析

地区性宪法援引案件的收集同样以"裁判文书网"为平台，确定以 A 省为研究目标，数据采集的范围为 2014 年 1 月至 2020 年 10 月全部涉及宪法援引案件的裁判文书，选择"宪法"作为关键词进行全文检索，并剔除其中的不适格案件，最终筛选出符合研究主题的裁判文书共计 1481 篇。[①]

在 1481 篇裁判文书中，根据案由进行类型化统计，刑事案件总计 32 件，占案件总数的比例为 2%；民事案件总计 727 件，占案件总数的比例为 49.09%；行政案件总计 722 件，占案件总数的比例为 48.75%（如图 2-8 所示）。

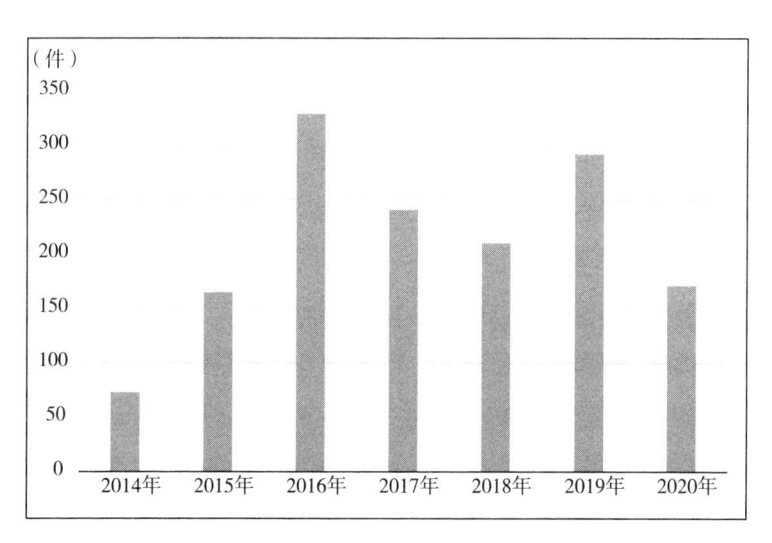

图 2-8：2014 年 1 月—2020 年 10 月宪法援引案件的数量

---

① 这组大数据统计结果由天津大学法学院 2022 届法学硕士研究生张瑞黎负责检索和整理。

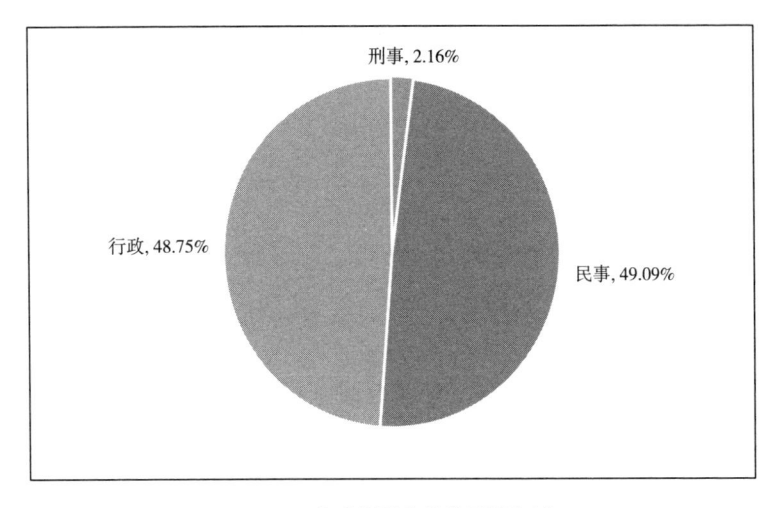

图 2-9：宪法援引案件类型的比例

根据图 2-9 显示，大数据统计结果表明，在民事案件与行政案件中，进行宪法援引的案件数量及比例大体相当，两者分别占到案件总数的大约一半左右，具体比例分别是 49.09% 和 48.75%。刑事案件所占比例明显偏低，仅为 2.16%。导致这种情况出现的主要原因包括：一是因为目前在各类诉讼案件中，民事诉讼案件所占的基数本身相对较高；行政诉讼案件的数量也比以往有所增加。二是民事诉讼案件和行政诉讼案件中的当事人，与刑事诉讼的当事人相比具有明显差异，这几类案件所涉及的具体法律关系及其相关权利义务内容也各不相同。民事诉讼案件与行政诉讼案件的事由基本都与公民在现实生活中的权利和切身利益密切相关，因此其在诉讼过程中结合案件中的具体利益诉求进行宪法援引，可以使宪法原则和宪法条文获得足够的实践发挥空间，增加当事人胜诉的概率。

按照法院审级的标准进行统计和检视，在一审程序中，进行宪法援引的案件总计有886件，所占比例为56.22%。在二审程序中，涉及宪法援引的案件有690件，所占比例为43.78%。图2-10显示的是在一审和二审中宪法援引案件的数量及其比例，可以直观地看出二者之间的差别并不是很大。

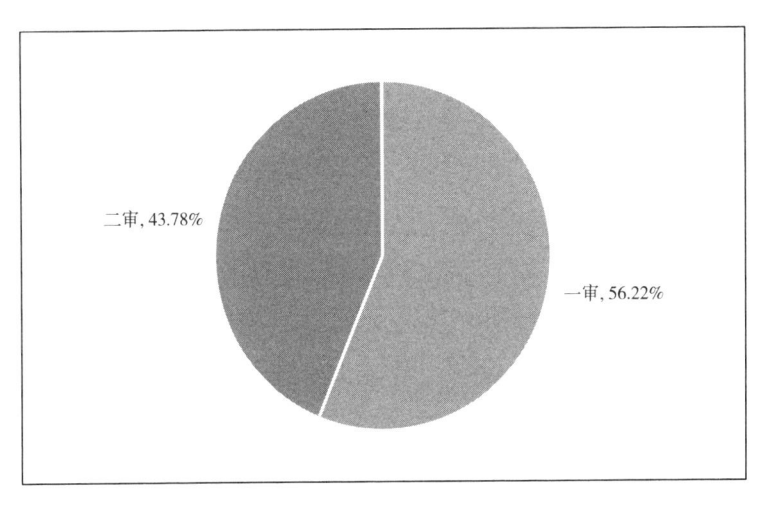

图 2-10：审理宪法援引案件的法院审级的比例

图2-11显示的是以宪法援引的主体为标准所进行的分类统计。其中当事人进行宪法援引的案件数量为1221件，占案件总数的比例为82.44%；法院进行宪法援引的案件数量为260件，所占比例为17.56%。

根据统计数据，当事人主动提起宪法援引的案件数量比例高达80%，这一比例在一定程度上揭示出当前有相当一部分当事人在认为自己的合法权益遭到侵害时，试图通过宪法进行维权，其宪法意识和行动力都非常强烈，表达出政府对现行宪法能够维护自己合法权益上有较为强烈的期待。在宏观层面上，说明政府多年

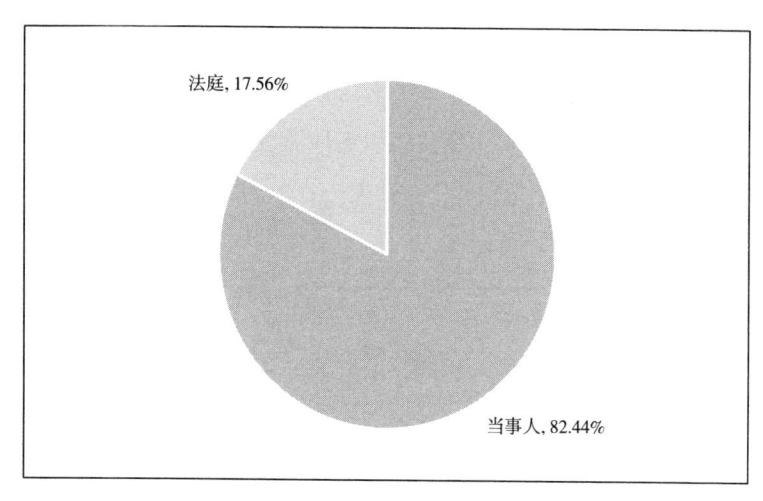

图 2-11：进行宪法援引的不同主体的比例

坚持的普法宣传和法治教育工作已经取得了积极的社会效果，宪法的根本法属性及其保障公民基本权利和法律权利的独特功能已经深入人心。在微观层面上，仅就案件当事人而言，其在心理上不仅对现行宪法怀有基本的信赖，还对现行宪法寄予了更高的希望，并尝试着通过运用宪法来表达并维护自己的利益诉求。值得注意的是，与当事人进行宪法援引的积极性相比，法官作为法律职业共同体的代表性力量，在案件审理过程中，无论是通过主动性的宪法援引来加强裁判文书的释法说理及其法理论证效果，还是对当事人的宪法援引做法给予回应，其在司法实践中表现出来的主观意愿并不是很高。究其原因或许有以下几种可能性可以解释其中的原委，一是基于司法谦抑主义立场的传统思维定式使然，导致法官主动进行宪法援引的内在驱动力明显不足。二是由于有些法官的宪法理论和知识素养的积累不够，再加上长期以来也没有太多的宪法援引实践，包括典型案例示范与案例指导。法官没有进行宪法援引的自信，自然不敢贸然行动。三是出于专业视角的规范化考量，当下法官尝试宪法援引的做法还没有得到充分有力的法律支持。

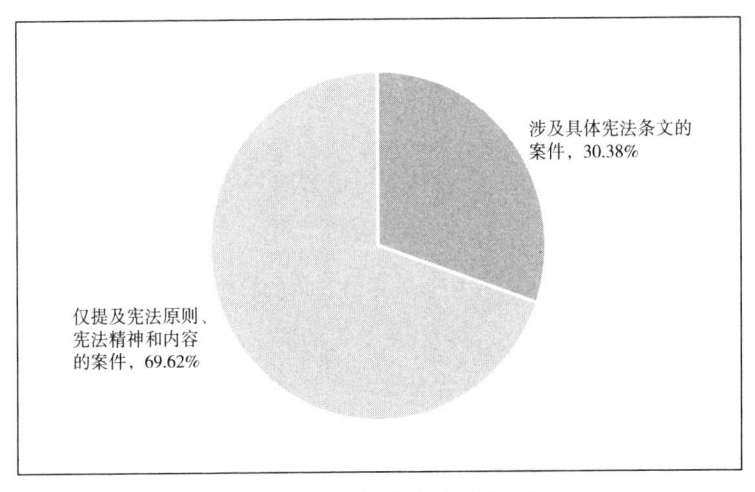

图 2-12：宪法援引相关内容的比例

图 2-12 所显示的是宪法援引案件中相关宪法条文的比例。根据对宪法援引所涉及的宪法条文的统计，宪法援引时涉及具体宪法条文的案件数量总计有 450 件，所占比例为 30.38%。宪法援引中只是笼统地提及宪法原则、宪法精神和内容的案件数量总计为 1031 件，所占比例为 69.62%。通过分析当事人进行宪法援引时涉及的具体宪法条文内容，可以看出当事人对宪法原则和宪法条文的援引，大多数是出于保护与自身生活密切相关或者直接相关的宪法权利和法律权利之目的，这些具体权益通常与土地权益、监督权、财产权、平等权、劳动权以及人格权等权利密切相关。

在此基础上，还可以进一步判断和解析当事人进行宪法援引的意图和利益指向。一是进行宪法援引通常是为了向法官说明并强调自己的合法权益遭受侵害的事实是客观存在的。二是证明自己的利益诉求和主张是有合法依据的，特别是有宪法依据的，通过进行宪法援引以强化其利益诉求的合法性和合宪性。三是宪法作为根本法，可以提供不同于一般法律的强力支撑，当事人显然希望以此引起法院和法官对诉讼案件本身、涉及的权利和利益以及裁判结果的高度重视，希望获得慎重的对待和处置。四是当事人意在突出自己所主张的利益诉求的正当性，并使之具有不可辩驳的说服力，借助宪法援引加大案件胜诉的概率。

现实生活是纷繁复杂的，当事人的诉讼心理和心理状态因受到诸多因素的影响也是极其复杂的，不同案件所涉及的权利和利益诉求可能是一样的，但是，个案中当事人的心理活动受利益驱动以及宪法和法律素养等诸多因素的影响，则是各不相同。

在大数据检索中，将当事人在宪法援引中涉及的具体宪法条文，按照被援引的次数多少进行了排序，具体参见表2-8。

表2-8：当事人进行宪法援引涉及的具体条文的分布情况

排序	宪法条文	主要内容
1	第48条	妇女的平等权利
2	第13条	合法的私有财产权不受侵犯
3	第42条	劳动的权利和义务
4	第10条	集体土地所有权
5	第41条	批评、建议、检举控告的权利
6	第38条	人格尊严
7	第49条	赡养父母的义务

（续表）

排序	宪法条文	主要内容
8	第 35 条	言论自由
9	第 9 条	自然资源所有权
10	第 5 条	遵守宪法
11	第 51 条	行使自由和权利的界限

（二）B、C 两省宪法援引案件的大数据统计与分析

B、C 两省的大数据同样采集自"裁判文书网"，检索涵盖的时间区间确定为 2011 年 10 月 13 日—2020 年 12 月 14 日。其中 C 省的检索时间区间确定为 2005 年 12 月 5 日—2021 年 1 月 29 日。检索的关键词是在全文检索中输入"宪法"后进行检索，在"地域及法院"栏目项下选择"B 省""C 省"，再分别根据"案由""文书类型"等选项进行分类检索。

不可忽略的一项基础性工作是对不适格的案例进行剔除。[①] 这里针对被剔除的不适格案件作进一步说明，所谓不适格包括以下几种具体情形。一是案件当事人的名字中含有"宪法"的情形。二是案件全文中包含其他国家宪法名称的情形，如"美国宪法""大韩民国宪法"等。三是其他法律条文中含有宪法的情形，例如，现行《中华人民共和国村民委员会组织法》第 27 条第 2、3 款规定，村民自治章程、村规民约以及村民会议或者村民代表会议的决定不得与宪法、法律、法规和国家的政策相抵触，不得有侵犯村民的人身权利、民主权利和合法财产权利的内容。村民自治章程、

---

① 这组大数据统计结果由天津大学法学院 2020 级法律硕士研究生李洪琛提供。

村规民约以及村民会议或者村民代表会议的决定违反前款规定的，由乡、民族乡、镇的人民政府责令改正。此外，还会涉及"根据宪法，制定本法"这一部门法中有关法律条文的经典表述。

1. B 省宪法援引案件的大数据统计与分析

第一，关于宪法援引案件的类型。在裁判文书的释法说理部分进行宪法援引的案件性质涵盖刑事案件、民事案件和行政案件等不同性质的案件，还有少数涉及国家赔偿和执行类的案件。

检索数据显示，B 省宪法援引案件的基本情况主要体现为以下方面：在涉及宪法援引案件的法律文书中，以民事案件和行政案件居多，二者占全部涉及宪法援引案件的法律文书数量的比例为96.4%。其中，民事案件在判决书中进行宪法援引的案件数量居多，在全部民事案件数量中所占的比例为65.8%。行政案件则是在裁定书进行宪法援引的案件数量居多，在全部行政案件数量中所占的比例为53.9%。另外，刑事案件、执行案件以及国家赔偿案件中涉及宪法援引的案件数量相对较少，与之相关的法律文书数量所占比例同样相对较低。

表 2-9：涉及宪法援引案件的案由及其比例（B 省）

案由	案件数量（判决+裁定+决定+通知）	所占比例
刑事案由	7+9+0+2=18	1.8%
民事案由	298+154+0+1=453	44.7%
行政案由	241+283+0+1=525	51.8%
执行案由	0+13+0+0=13	1.3%
国家赔偿案由	1+1+3+0=5	0.5%

第二，关于涉及宪法援引案件的裁判文书类型。在具体类型上包括判决书、裁定书、决定书、通知书等文书类型，根据大数据统计显示的结果，以判决书为主，裁定书为辅。

表 2-10：涉及宪法援引的裁判文书类型及其比例（B 省）

文书类型	案件数量(件)	所占比例
判决书	547	54.0%
裁定书	460	45.4%
决定书	3	0.3%
通知书	3	0.3%

第三，关于宪法援引的方式。所谓宪法援引的方式，主要是指进行宪法援引时，援引的是具体的宪法条文，还是援引的是宪法原则或宪法精神，抑或仅仅是提及宪法而不涉及任何具体的宪法内容。从本次大数据统计结果来看，宪法援引方式中最多的情形是援引具体的宪法条文，其次为援引宪法原则或宪法精神，再次为只是笼统地说违反了宪法。但是，至于违反了哪一条具体的宪法条文，抑或违反了哪一项宪法原则或者宪法精神等，并没有明确指向的内容。在此值得注意的是，在司法实践中确实存在有错误进行宪法援引的极个别情形。对此类现象需要给予认真对待，并应当采取必要的措施予以杜绝，建议专门针对这类案件设置专项课题以开展实证研究。

表 2-11：援引宪法的不同方式的比例（B省）

是否援引宪法具体条文	案件数量(件)	所占比例
否 （违反宪法原则、宪法精神或违反宪法而不指明具体条文）	291	28.7%
是	696	68.6%
不规范的宪法援引 （虽援引宪法具体条文或内容，但宪法中并无该条文或内容）	27	2.7%

第四，关于宪法援引涉及的宪法条文和具体内容。宪法援引涉及的具体宪法条文往往与宪法援引案件的性质呈现出对应关系。

从总体情况来看，基于B省的民事案件数量较多的大前提，在宪法援引中涉及公民基本权利和义务一章中的宪法条文的数量及其所占的比例为最高，大概为55.9%。其次是总纲部分的宪法条文的数量，所占比例为35.0%。其余部分为国家机构等章节中的宪法条文数量，援引比例为8.1%。序言部分的内容援引数量较少，比例也为最低，仅占1%。

再进一步对大数据进行分析，并以宪法援引中被援引频率高为标准进行考察，宪法条文被援引的次数超过50次的，分别是现行宪法第13条、第41条、第43条和第10条，具体内容涉及公民合法的私有财产权不受侵犯、公民对国家机关和国家工作人员的监督权、劳动者的休息权以及土地所有权等重要内容。宪法条文被援引的次数超过30次的，分别是现行宪法第5条和第9条，具体内容涉宪法具有最高法律效力、自然资源的所有权及其合理开发和利用的相关内容。其余援引次数较多的宪法条文主要集中在公民基本权利和义务条款上，例如：公民在法律面前一律平等；公民的住宅不受侵犯；公民行使权利的边界；公民的社会保障权；

公民的人格尊严不受侵犯；公民的人身自由不受侵犯以及公民的通信自由和通信秘密等相关宪法条文。

在国家机构一章中，对第108条的援引次数达到了17次，是这一章中唯一被援引次数超过10次以上的宪法条文。此外，还涉及第139条和第131条被援引的具体情形。第139条是关于各民族公民都有用本民族语言文字进行诉讼的权利；第131条则是关于法院依照法律规定独立行使审判权，不受行政机关、社会团体和个人的干涉。相比之下，其余的宪法条文被援引次数没有超过10次，频率不算很高。

表2-12：宪法援引中的具体条文类型的数量统计（B省）

援引的具体宪法条文类型	案件数量（件）	所占比例
序言	7	1.0%
总纲	247	35.0%
公民的基本权利和义务	394	55.9%
国家机构	57	8.1%
国旗、国歌、国徽、首都	0	0

表2-13：宪法援引中的具体条文数量及其频率（B省）

援引的具体宪法条文（引用超过十次的条文）	案件数量（件）	频率
第13条	95	13.5%
第41条	78	11.1%
第43条	61	8.7%
第10条	53	7.5%
第42条	44	6.2%
第5条	38	5.4%
第9条	32	4.5%
第33条	29	4.1%
第39条	25	3.5%

(续表)

援引的具体宪法条文 (引用超过十次的条文)	案件数量(件)	频率
第51条	23	3.3%
第38条		
第35条	21	3.0%
第45条	20	2.8%
第40条	18	2.6%
第108条	17	2.4%
第46条		
第37条	16	2.3%
第48条	13	1.8%
第36条	10	1.4%
其余所有引用条文	72	10.2%

第五，关于宪法援引案件的相关审判程序。在宪法援引案件的审判程序上，以二审程序中的案件数量居多，所占比例为53.7%；一审程序的案件数量所占比例为40.8%；审判监督程序的案件数量所占比例最低，仅占5.5%。

比较看来，与C省一审案件中宪法援引案件数量较多的具体情况不同，B省司法过程中的宪法援引案件在二审案件数量中所占的比例更高，甚至比一审案件数量中所占比例高出了将近13%。

表2-14：与宪法援引相关的审判程序(B省)

审判程序	案件数量(件)	所占比例
一审程序	396	40.8%
二审程序	521	53.7%
审判监督程序	53	5.5%

第六，关于进行宪法援引的主体。从进行宪法援引的主体上能够看出一些特点，首先，在二审程序中涉及宪法援引的案件数

量最多，在上诉人与被上诉人之间进行比较，上诉人答辩时进行宪法援引的案件数量所占的比例达到了 45.2%；被上诉人答辩时进行宪法援引的案件数量所占的比例为 3.4%。其次，在一审程序中，不同当事人之间显示出差异性，原告或者公诉人进行宪法援引的案件数量所占的比例为 22.9%；被告或者辩护人在辩护意见中进行宪法援引的案件所占的比例为 5.4%。再次，由法院在判决书中的释法说理部分，或者在庭审过程中进行宪法援引的案件数量所占的比例为 18.5%。最后，在证据、事实以及材料等记载的内容中含有宪法援引内容的案件数量所占的比例为 4.4%；在第三人或者赔偿请求人等提出的内容中包括宪法援引要素的案件数量所占的比例是 0.36%。

表 2-15：提出宪法援引的主体（B 省）

提出宪法援引的主体	案件数量（件）	所占比例
原告 / 公诉人提出	252	22.9%
被告 / 辩护人辩护意见	59	5.4%
上诉人答辩提出	497	45.2%
被上诉人答辩提出	37	3.4%
法院判决说理 / 庭审提出	203	18.5%
证据、事实、材料等记载	48	4.4%
第三人 / 赔偿请求人提出	4	0.36%

2. C 省宪法援引案件的大数据统计与分析

第一，关于宪法援引案件的类型。C 省涉及宪法援引的案件类型主要集中在民事案件和行政案件，二者占据全部涉及宪法援引要素的裁判文书数量的比例为 96.7%，其中民事案件占所有涉及宪法援引的裁判文书数量的比例为 50%，行政案件占所有涉及宪法援引的裁判文书数量的比例是 46.7%。除此以外，还有少量的刑事案件、执行案件、国家赔偿案件涉及宪法援引的实践。

表 2-16：涉及宪法援引案件的案由及其比例（C 省）

案由	案件数量（判决 + 裁定 + 决定 + 通知）	所占比例
刑事案由	41	2.1%
民事案由	987	50%
行政案由	920	46.7%
执行案由	15	0.76%
国家赔偿案由	9	0.46%

第二，关于涉及宪法援引案件的裁判文书类型。C 省涉及宪法援引的裁判文书一共有 1972 篇，包括判决书、裁定书、决定书和通知书等不同类型，其中以判决书和裁定书中涉及宪法援引的案件数量为最多。

表 2-17：涉及宪法援引的裁判文书类型及其比例（C 省）

文书类型	案件数量（件）	所占比例
判决书	1213	61.5%
裁定书	754	28.2%
决定书	4	0.2%
通知书	1	0.05%

按照涉及宪法援引的裁判文书的数量及其所占比例由高到低的排列标准，在全部裁判文书中依次为判决书的数量所占比例最

高，为 61.5%；其次为裁定书的数量，所占比例为 28.2%；再次为决定书的数量，为 4 份，所占比例为 0.2%；最后是通知书的数量，仅为 1 份，所占比例为 0.05%。

第三，关于宪法援引的方式。在涉及宪法援引的案件中，以援引具体的宪法条文居多，涉及这类宪法援引的裁判文书数量多达 1389 份，占全部宪法援引法律文书数量中的比例高达 70.4%。援引宪法原则或宪法精神的裁判文书数量所占比例为 27.6%。这一数据比例与 B 省的宪法援引案件的相关统计数据较为接近，表明这种宪法援引方式具有一定的普遍性。

同样，在 C 省的极少部分宪法援引实践中也存在对宪法条文的不规范援引现象，其所占比例大概为 2.0% 左右。宪法援引的不规范现象主要是指这样一些具体的情形，包括提出宪法援引，但是宪法文本中却没有与之相关的内容。例如，现行宪法中没有关于生命权、姓名权、生育权、业主委员会的具体内容，上诉人或者原告却以宪法之名提及这些内容。还有极个别的法院，在进行宪法援引时出现错误。

表 2-18：宪法援引的不同方式的比例（C 省）

是否援引宪法具体条文	案件数量(件)	所占比例
否 （违反宪法原则、宪法精神或违反宪法而未指明具体条文）	544	27.6%
是	1389	70.4%
错误援引 （援引宪法具体条文或内容，但与宪法条文或内容不符）	39	2.0%

第四，关于宪法援引涉及的宪法条文和具体内容。宪法援引涉及的具体宪法条文与案件性质密切相关。总体上看，在C省的宪法援引案件中，民事案件的数量所占的比例相对较高，因此与之对应的是现行宪法中"公民基本权利和义务"一章中的宪法条文被援引的频率为最高，所占比例为61.2%。其次是总纲部分涉及的宪法援引，其中的宪法条文被援引数量所占比例为29.5%。其余章节部分的宪法条文被援引的频率较低，例如，在国家机构一章中的宪法条文被援引数量的比例仅占8.8%；在序言部分被援引的宪法条文涉及"人民是国家的主人""维护宪法尊严、保证宪法实施"等内容，所占比例最低，仅为0.5%。

在被援引频率上作进一步分析，被援引次数在100次以上的宪法条文，主要集中在第13条、第41条、第10条、第42条，涉及的内容分别是公民合法的私有财产不受侵犯、公民对国家机关和国家工作人员的监督权、土地所有权制度以及劳动者的权利和义务等内容。其余被援引次数较多的宪法条文主要集中在公民基本权利和义务一章中，在具体内容上以公民的社会保障权、公民行使法律权利的边界、公民的人格尊严不受侵犯、公民的人身自由不受侵犯、公民在法律面前一律平等以及公民的住宅不受侵犯等为主。此外，总纲中的第5条和第9条，涉及宪法具有最高法律效力、自然资源所有权内容的宪法条文的被援引次数也相对较高。在国家机构一章中，第108条的被援引次数有30次之多，也是这一章中唯一被援引次数超过20次的宪法条文。

从宪法援引所涉及的具体宪法条文及其相关内容来看，特别是被援引频率较高的宪法条文，可以折射出在现实生活中社会矛盾和利益冲突的焦点所在，不仅对相关部门法的完善有所启发，也对政府职能部门的工作重心的调整有所提示,在更广泛的意义上,对政治学和社会学的实证研究也具有现实价值。

表 2-19:宪法援引中的具体条文类型的数量统计(C 省)

援引的具体宪法条文类型	案件数量(件)	所占比例
序言	10	0.5%
总纲	589	29.5%
公民的基本权利和义务	1224	61.2%
国家机构	175	8.8%
国旗、国歌、国徽、首都	0	0

表 2-20:宪法援引中的具体条文数量及其频率(C 省)

援引的具体宪法条文(超过 20 次)	案件数量(件)	频率
第 13 条	175	12.3%
第 41 条	137	9.6%
第 10 条	124	8.7%
第 42 条	115	8.1%
第 9 条	90	6.3%
第 45 条	81	5.7%
第 51 条	75	5.3%
第 37 条	67	4.7%
第 33 条	63	4.4%
第 5 条	54	3.8%
第 35 条	50	3.5%
第 40 条	48	3.4%
第 39 条	44	3.1%
第 43 条	41	2.9%

（续表）

援引的具体宪法条文 （超过 20 次）	案件数量（件）	频率
第 38 条	34	2.4%
第 46 条	31	2.2%
第 108 条	30	2.1%
第 36 条	21	1.5%
第 48 条	20	1.4%
其余所有引用条文	124	8.7%

第五，关于与宪法援引的相关审判程序。在涉及宪法援引案件的审判程序上，一审案件中的数量略多于二审案件的数量。在具体比例上，一审中涉及宪法援引的案件数量所占比例为 50.4%；二审中涉及宪法援引的案件数量所占比例为 44.7%。此外，还有审判监督程序中涉及宪法援引的案件数量所占比例为 4.9%。

由此可知，C 省的宪法援引案件数量在一审程序中所占据的比例较高，宪法援引案件的分布情况反映出该省基层人民法院和普通民众的宪法意识、法律意识更为突出，这与该地区的经济发展水平在全国一直处于较为发达、领先的状态，经济和社会生活氛围较为活跃的现实状况极为吻合。

表 2-21：与宪法援引相关的审判程序（C 省）

审判程序	案件数量（件）	所占比例
一审程序	993	50.4%
二审程序	882	44.7%
审判监督程序	97	4.9%

第六，关于进行宪法援引的主体。与 C 省宪法援引的审判程

序特点相对应，宪法援引案件的数量较多集中在一审程序中，原告或者公诉人进行宪法援引的案件数量所占比例为33.3%；被告或者辩护人在辩护意见中进行宪法援引的案件数量所占比例为7.4%。在二审程序中，上诉人答辩时进行宪法援引的案件数量所占比例为33.5%。与之相对应，被上诉人答辩时进行宪法援引的案件数量所占比例为5.4%。法院在判决书中的释法说理部分，或者在庭审过程中进行宪法援引的案件数量所占比例为17.7%。此外，还有少量的证据、事实以及材料等记载的内容中含有宪法援引内容的案件数量所占比例为2.6%，第三人或者赔偿请求人等提出的内容中包括宪法援引要素的案件数量所占比例仅为0.35%。

表2-22：提出宪法援引的主体（C省）

提出宪法援引的主体	案件数量（件）	所占比例
原告/公诉人提出	665	33.3%
被告/辩护人辩护意见	147	7.4%
上诉人答辩提出	669	33.5%
被上诉人答辩提出	108	5.4%
法院判决说理/庭审提出	353	17.7%
证据、事实、材料等记载	51	2.6%
第三人/赔偿请求人等提出	7	0.35%

3. 对B、C两省宪法援引实践的评析

通过对B、C两省涉及宪法援引的裁判文书进行大数据检索、梳理和分析后，可以发现两省的宪法援引案件的司法实践，既有

相同之处也有一些不同的特点。

第一，在涉及宪法援引的裁判文书类型上，B、C两省均是以判决书和裁定书的数量为最多，比例更是高达99%以上。不同的是，B省涉及宪法援引的判决书比裁定书多出8.6%；C省涉及宪法援引的判决书比裁定书则要多出33.3%。可见，C省在司法过程中的宪法援引实践更为常见，据此可以分析和判断该地区的人们，从法官到当事人的宪法意识、宪法观念以及运用宪法的积极性更为突出。

第二，在涉及宪法援引案件的性质上，B、C两省的民事案件数量和行政案件数量之和均分别达到了96%以上。比较来看，B省的行政案件数量更多一些，比民事案件数量所占比例要高出7%。C省则是民事案件数量比行政案件数量稍多，多出的比例为3.3%。B省的数据表明当地的宪法援引实践，更多由行政机关、公共权力与公民宪法权利、法律权利之间的紧张关系而引发。C省的数据则揭示了当地的宪法援引实践更多地是因不同公民之间的宪法权利和法律权利之间的相互性而引起。

第三，在涉及宪法援引的具体宪法条文和内容上，检视民事案件中援引的具体宪法条文，以现行宪法第13条、第10条被援引的次数为多。具体内容分别是公民合法的私有财产不受侵犯，通常被用来作为保护公民私有财产权的宪法依据。以土地所有权为核心内容的宪法条文，在土地承包等合同纠纷中发挥重要作用。现行宪法第二章公民基本权利与义务中关于保护公民的人格尊严、人身自由、住宅安全权、通信自由和秘密以及公民行使权利的边界等若干宪法条文，也是援引次数较多的宪法规范内容。相比之下，C省涉及宪法援引的民事案件数量更多一些，所以相关宪法条文被援引的频率也就更高。B省的行政案件中涉及宪法援引的案件数量相对突出，因此行政案件的裁判文书中被援引频率更高一些的宪法条文，较多涉及的是现行宪法第41条和第5条，主要是公民对国家机关及其工作人员的监督权，宪法具有最高法律效力，一切国家机关和武装力量、各政党和各社会团体、各企业事业组织都必须遵守宪法和法律等具体内容。

第四，在涉及宪法援引案件的审判程序上，B省的二审案件数量比一审案件数量在比例上要高出13%，C省的一审案件数量比二审案件数量在比例上则多了5.7%。在总体上，C省涉及宪法援引的案件数量在一审程序中占有较高的比例，根据其行政区域内涉及宪法援引的案件数量的分布情况，可以看出该省基层社会成员的宪法意识，呈现出普遍较强的地域性特点。由此也引发进一步的思考，在当下国家和社会快速发展的背景下，涉及公民的私有财产权、土地权益、人格权、人身自由、住宅安全权、通信自由和秘密等宪法权利和法律权利的利益纠纷和冲突比较突出，除了完善法律制度以外，还要从源头上去探究引发这些领域中权益冲突的深层原因，有的放矢地找到预防和解决问题的有效途径。

第五，在宪法援引的主体上，涉及宪法援引的案件多为在一审中由原告或公诉人提出，在二审中通常是上诉人在答辩时进行宪法援引，还有法院、法官在判决书的释法说理部分或者开庭审理时进行宪法援引的比例也不少见。只是被告或者辩护人提出辩护意见时进行宪法援引、二审中被上诉人答辩时进行宪法援引，这两种案件的数量所占的比例相对较低。此外，还有少量的证据、事实、材料等记载宪法规范内容以及由第三人或者赔偿请求人进行宪法援引的情形。与审判程序相对应，B省在二审程序中由上诉人答辩时进行宪法援引的案件数量所占比例为45.2%。C省则由于一审案件比二审案件的数量稍微多出，所以，在二审中上诉人答辩时进行宪法援引与一审中原告或者公诉人进行宪法援引的比例更为接近，分别为33.5%和33.3%。据此可以做出基本认定：二审中宪法援引案件数量所占的比例较高，反映出在二审程序中上诉人试图借助宪法的权威地位引起法官对其利益诉求的重视，争取法官对其诉讼请求的高度认同以及获得有利于自己一方的裁判结果的主观意图。

4. 对宪法援引案件中存在的问题之审视

在对宪法援引案件进行大数据统计与分析的过程中，发现了在涉及宪法援引的司法实践中存在的一些问题。从正向的意义上看，这些问题既是有益的提示也促进了本课题研究的进一步深化，至少从中可以得出一个研究心得，即推动宪法援引实践的规范化很有必要。尽管宪法援引与宪法适用相去甚远，但是，在保证宪法实施和宪法权威并增强裁判文书的释法说理效果及其合法性和合理性方面，宪法援引在现阶段发挥着具体的、不可替代的作用。

从B、C两省的宪法援引实践中可以观察到一个共同现象，具体表现为在进行宪法援引时并未指明援引的具体宪法条文。此类案件的数量及其比例在B省为28.7%，C省是27.6%，两省比例不相上下。这种比较有代表性的宪法援引不规范现象，通常在裁判文书里以"违反宪法原则"或者"违反宪法精神"的表述方式呈现出来，甚至有的裁判文书的表达更为简约，只笼统地说"违反宪法"，至于违反了哪一项宪法原则或何等宪法精神并没有明确的指向，导致宪法援引的语焉不详，实际效果并不理想。诸如此类的宪法援引至少在援引的形式上折射出进行宪法援引的主体对宪法条文、宪法原则和宪法精神的意涵缺乏认知和了解，或者欠缺进行精准表述的专业能力和自信，或者只是将宪法作为威慑对方或者当事人的工具而已。

广义上的宪法援引概念中的主体包括法官和当事人，不规范的宪法援引既可能来自当事人一方，也有可能来自法官。对于由宪法援引实践引发的问题，重点在于能否对现行宪法原则、宪法精神和宪法条文进行正确理解和解读，同时做到宪法援引从形式到内容的规范化，而这值得深入思考和系统研究。只有实现宪法援引的规范化才能达到维护宪法权威、增强裁判文书释法说理的说服力以及实现司法裁判的法律效果和社会效果有机统一等多重目的。

四、法官运用宪法援引实践的大数据统计与分析

法官在裁判文书中的宪法援引实践，不仅有助于发挥宪法对司法裁判结果的独特功能，也是法院的司法职能、法官的业务能力以及宪法实施现状的综合反映。通过全面的宪法实施促进并实现公正司法的目标是法治国家建设的具体途径之一。法官在裁判文书中运用宪法援引不仅可以增强裁判文书释法说理的论证效果，发挥对个案的裁判进行价值引领的示范作用，还有更为广泛的社会效果。因此针对法官的宪法援引做法展开深入研究，具有实际

意义。①

该组大数据检索同样来自"裁判文书网"。在"理由"部分选择以"中华人民共和国宪法"作为检索关键词，相比以"宪法"作为检索词能够增强所获得样本的可信度。② 检索时间设定为 2018 年 1 月 1 日—2020 年 12 月 31 日这一特定区间，以便更好地把握宪法援引实践的晚近动向以及判断未来的发展趋势。法律文书的类型确定为判决书，相比之下，判决书在体现法官运用宪法援引的专业技艺和宪法意识水平的效果方面，比调解书、裁定书更胜一筹。检索后获得研究样本共计 553 篇，剔除无效样本以后，③ 最终确定正式研究样本为 513 篇。

（一）宪法援引的表述形式

以宪法援引的表述形式为标准，可将法官的宪法援引实践分为四种类型。第一类为单纯提及"中华人民共和国宪法"名称（以下简称为"现行宪法名称"）；第二类为现行宪法名称加宪法条文序号，但是未提及具体内容；第三类为现行宪法名称加宪法规范

---

① 这组大数据统计结果由天津大学法学院 2021 届法学硕士研究生赵淼提供。
② 根据司法裁判惯例，法院在适用、援引具体法律条款时，经常提及宪法一词，例如"不得违背宪法的规定""宪法精神""宪法立法方向"等类似表述。从裁判文书的上下文之间的逻辑关系来看，法院的这些表述并非指向宪法文本和某一具体的宪法条文，更多的是表达一种相对抽象的宪法观念，或者是约定俗成地对"宪法"一词的运用，与本书中探讨的宪法援引主题无关。
③ 其中有由于网站自身原因导致重复上传的裁判文书 19 篇，其他不符合要求的裁判文书 21 篇，例如在中国某管理协会与西安某有限公司知识产权案（[2018]陕 0103 民初 4881 号）一案中法官援引的是律师法，其中含有"中华人民共和国宪法"字样，而与宪法援引无关。

内容，但是没有附加宪法条文序号；第四类为现行宪法名称加宪法条文序号再加宪法规范内容。具体情况如表2-23所示。

表 2-23：宪法援引的方式

类型	宪法名称	宪法名称+条款项序号	宪法名称+内容	宪法名称+条款项序号+内容	总计
样本数量	69	81	62	301	513
占比	13.45%	15.79%	12.09%	58.67%	—

上述四种类型中，判决书采取第四种宪法援引的表述形式——即"现行宪法名称加宪法条文序号再加宪法规范内容"的，数量为最多，可以证明这是法官运用宪法援引实践在表述形式上所采用的比较普遍的做法。采用其他三种表述形式的判决书数量合计所占比例也有将近50%之多，这说明宪法援引的表述形式在实践中还没有形成统一标准。如果对上述四类宪法援引的具体表述形式进行仔细推敲，不论是具体指明还是笼统地提及现行宪法名称和宪法规范，都不能简单地将其认定为一个形式上的问题。一方面是因为裁判文书的制作不规范的话，会更加有碍于法律公正与权威的实现。[①] 另一方面，如果裁判文书释法说理部分的宪法援引表述形式不规范，除了会让人们在最直观的印象上感觉到裁判文书的制作有瑕疵以外，还会导致运用宪法援引的做法不能发挥出应有的法律效果，甚至影响到宪法发挥最高法律效力和宪法权威的

---

① 胡仕浩、刘树德：《新时代裁判文书释法说理的制度建构与规范诠释（下）——〈关于加强和规范裁判文书释法说理的指导意见〉的理解与适用》，《法律适用（司法案例）》2018年第18期。

社会效果。这是来自大数据实证分析结果的提示之一，在宪法援引实践中注重表述形式的规范与严谨很有必要且重要。

（二）对被援引宪法条文的解释说明

就法官进行宪法援引时，是否对被援引的宪法条文作进一步解释说明的具体情况进行分析，在宪法援引的同时未作进一步解释说明的案件数量所占的比例大约为88%；在宪法援引的同时对被援引的宪法条文有所解释说明的案件数量所占的比例仅为12%。数据比例结果显示二者在数量上有较大差距。据此可以作一初步判断，通过考察目前的司法实践，大多数法官在进行宪法援引时，不对被援引的宪法条文作进一步解释说明，这种做法更为普遍。

分析个中原因，可能由以下若干情形导致。一是在最高人民法院发布的《关于印发人民法院民事裁判文书制作规范（民事诉讼文书样本）的通知》（以下简称为《通知》）中，为宪法援引实践确立了基本原则和立场，即法官在司法裁判中"可以"进行宪法援引，而非必须进行宪法援引，由此可见是否采用宪法援引的做法不具有强制性。进一步讲，如果运用宪法援引方法为必要的话，则以援引"宪法体现的原理和精神"为核心要义，并且以放置在裁判文书文本结构中的释法说理部分为宜。通过解析其中的精神可以看出，运用宪法援引实践的目的意在强化裁判文书的法律论证逻辑，使"裁判的法理"更为充分，取得令当事人接受的效果。所以，是否进行宪法援引并就此接受进一步解释说明等事项，属于法官的自由裁量范围。二是在传统司法审判实践中，宪法不进入诉讼、宪法不宜作为定罪科刑的依据等司法裁判观念根深蒂固，以致长期以来法官缺少运用宪法援引或者宪法适用的专业经验。因此法官不进行宪法援引的做法更为普遍，或者在进行宪法援引时选择对被援引的宪法条文不作进一步解释说明，既可以减少宪法援引不适格的风险，也可以降低作进一步解释带来的裁判难度。

表 2-24：法院运用宪法援引时是否进行解释说明

情况	案例数量（件）	占比
进行解释说明	62	12.09%
没有进行解释说明	451	87.91%
总计	513	100%

（三）相关宪法条文被援引的次数

按照宪法条文被援引的次数从高到低进行排序，位于前五位的宪法条文分别是现行宪法第 10 条、第 49 条、第 9 条、第 39 条和第 48 条，分别涉及土地制度中的土地资源所有权、婚姻家庭制度中的夫妻关系与亲子关系、自然资源的归属与配置制度、公民住宅安全权以及男女平等原则等条款。其中第 10 条是被法官援引最多的宪法条文（款），具体情况如表 2-25 所示。

表 2-25：被援引的宪法条文及其次数

宪法条文	次数	宪法条文	次数
第 10 条	101	第 35 条	3
第 49 条	78	第 40 条	3
第 9 条	67	第 107 条	3
第 39 条	25	第 6 条	2

(续表)

宪法条文	次数	宪法条文	次数
第 48 条	25	第 7 条	2
第 13 条	20	第 12 条	2
第 42 条	19	第 11 条	2
第 33 条	18	第 45 条	2
第 8 条	13	第 56 条	2
第 38 条	9	第 123 条	2
第 5 条	8	第 105 条	2
第 111 条	8	第 43 条	2
第 41 条	7	第 89 条	1
第 51 条	7	第 22 条	1
第 36 条	5	第 30 条	1
第 44 条	4	第 3 条	1
第 26 条	3	第 4 条	1
第 2 条	3	第 108 条	1
第 37 条	3	第 131 条	1

在研究宪法援引主题的过程中，既出乎预料又在情理之中的是，研究者得到了一项极其富有现实意义的"副产品"，通过检视被援引宪法条文的数量及其频率，可以推断出在经济快速发展的背景下及现阶段的国家发展与社会生活中，人们的利益冲突、矛盾纠葛比较集中的领域及其相关案件的类型，升华了大数据检索、统计和分析的实证研究意义。对于这些内容的进一步解析至少可以让人们在两个方面有所收获：一是使国家立法机关、政府职能部门获得来自实证研究成果的提示，对被援引的宪法条文集中涉及的领域及问题在观念上给予足够的重视；二是在具体行动力上大有可为，通过完善相关法律制度、制定有效措施，在预防和化

解机制上下功夫，有益于保持和谐稳定的社会关系，促进经济的平稳发展。

具体就宪法援引实践中被援引频率比较高的代表性宪法条文作进一步的分析。

第一，现行宪法第 10 条的核心内容是土地制度。来自宪法援引实践的提示是：在改革、发展和建设过程中，土地制度的完善与相关权益纠纷的妥善解决是必须予以高度重视的内容之一。首先需要正视土地权益纠纷增多的司法现实和社会现实。经济学的资源稀缺理论及其原理对于土地总量的有限性、土地利用的可持续性以及土地经济供给的稀缺性等特点早有论述，揭示了土地资源与其他生产和生活资料以及资源相比存在着巨大的差别，而且弥足珍贵。土地既是大自然的产物，也属于不可再生资源，同时兼具自然特性和经济特性。在法学视角下，土地属于典型的不动产，是极其重要的生产和生活资料。从古至今，土地资源及其相关权利的合理配置所涉及的社会关系具有复杂性。因此，以土地的归属与利用为核心的土地制度历来都是极其重要的，其中包含着国家、社会和个人的重大利益。从国家和社会发展的纵横两向轨迹来看，土地权益的变迁具有历史性，土地制度改革具有现实性。尤其在经济迅猛发展的现阶段，土地权益纠纷的数量与其他领域的矛盾纠纷相比显得更多。伴随着宏观经济体制改革、土地制度不断发展完善，土地所有权与土地使用权的分离以及土地权利归属的历史遗留问题的积攒，叠加现代化转型过程中的城市化趋势，特别是现代城市的地理扩张与城市规划的逐步推进，土地流转随之加快并且日益频繁，亦由此导致土地权益领域争执不断，矛盾冲突屡屡出现。其次要认识到法院、法官在审理和裁决土地权益诉讼案件时，需要解决的症结和当事人争议的焦点主要在于明确土地所有权。鉴于现行宪法第10条对土地制度、土地所有权的归属等相关内容有明确规定，因此宪法援引可以在这一类案件中大显身手，不仅使相关的法律适用获得来自宪法的支持，有直接的宪法依据，也使纠纷解决方案更为稳妥，更容易获得当事人的认可。由于现行宪法第10条在这一类案件中显示出宪法援引的便利及其工具性价值，因此其在裁判文书的释法说理部分被多次援引也是再自然不过的事情了。最后要考虑到的是土地资源与权益归属案件有其特殊性。与其他权益矛盾纠纷引发的案件相比，土地权益案件牵涉面广，与集体所有权密切相关，大都发生在村民个人或群体与集体经济组织之间，一经当事人起诉到法院通过司法程序解决，通常会引发多数人诉讼或获得更多人的共情，具有一定的社会影响力。在宪法援引研究主题下检视这类诉讼的特点可知，这类案件的判决书在内容上相差无几，特别是裁判文书的释法说理部分所援引的宪法条文都是相同的。此外，大数据检索结果表明，包含有宪法援引素材的土地权益纠纷案件的判决书的数量与其他案由的判决书的数量相比，明显呈现多数，自然也为宪法援引的主题研究提供了更多的样本。

第二，现行宪法第9条的核心内容涉及自然资源。大数据检索结果显示现行宪法第9条也属于被援引次数比较多的一条。究其原因主要还是自然资源与土地资源的密切相关性，在逻辑关系上，土地资源同样属于自然资源的范畴，而且还是自然资源中非常具有代表性的资源之一。同第10条一样，第9条被援引的次数多也与土地资源及其权利的合理配置、经济效益脱不了干系。随着国家和社会发展，在市场经济体制之下，人们的经济生活日益丰富，自然资源包括土地资源以及其他各类资源带给人们的经济效益和社会效益越来越显著，而且相当可观，由此引发对自然资源的占有、使用、收益与处分等不同环节中不同主体之间的竞争与博弈，进而产生矛盾冲突、利益纠葛在所难免。因此，第 9 条与第 10 条的宪法援引实践有异曲同工之处。

第三，现行宪法第 49 条的核心内容主要涉及婚姻家庭、亲子关系的主题，而第 48 条的主旨是男女平等原则，关涉女性平等权的内容。上述宪法条文在价值取向上提倡并强调保护妇女、儿童和老人等特殊群体的合法权益，在现实生活中，这类特殊群体通常由于生理上的自然特征，以及传统观念上的"傲慢与偏见"，导致他们在体力、智力和机会等方面处于不利地位。对此专门设定给予社会弱势群体（social vulnerable groups）以特殊关照和保护的宪法条款，忠实体现公平和正义的宪法精神。因此，法官在裁判文书中展开释法说理时援引这些宪法条文的目的和指向都是十分明确的，强调保护弱势群体合法权益的合宪性、正当性和合理性。在这一类案件中，宪法援引的目的不仅在于使针对个案的释法说理形成法理论证的逻辑自洽，更为重要的还在于借助个案将现行宪法所承载的对弱势群体的合法权益给予特殊保护的进步理念传输给当事人及全体社会成员。法官在个案中援引现行宪法第 49 条时，特别强调"子女对父母履行赡养扶助义务，是家庭和社会应尽的责任"。[①] 这一类案件在运用宪法援引时，结合被援引的宪法条文，充分阐明法理与情理，给法官提供了能够将法律的理性与人性伦理融合在一起并加以发挥的空间，以便帮助当事人更好地

[①] 参见单某与王某赡养纠纷一审民事判决书（2020）冀 1002 民初 1401。

理解宪法条文、宪法精神中蕴含着的朴素道理。这样的宪法援引实践不仅对当事人及其个案有实际意义，对在全社会范围内倡导社会主义核心价值观也有广泛且普遍的意义，让人们感受到宪法援引实践能够给社会成员的观念和行动带来现实、深远的影响。

（四）不同性质案件的宪法援引数量与比例

不同性质的案件是指对民事案件、刑事案件与行政案件的类型区分。在 513 份研究样本中，民事案件的判决书数量最多，共有 363 份，在全部宪法援引裁判文书中所占比例最大，大约为 70.76%。行政案件的判决书数量为 145 份，所占比例为 28.27%。刑事案件的判决书数量仅有 5 件，所占比例最低，还不到 1%。

比较而言，在民事裁判过程中开展释法说理时进行宪法援引的做法更为普遍一些，如此看来宪法精神和宪法条文在民事案件中有足够的援引和发挥空间。这主要可以归因于民事法律关系和具体利益诉求大都集中在婚姻家庭财产、亲子关系以及劳动纠纷领域，法官在适用与之相关的民事法律条文之外，还可以运用现行宪法所确立的基本原则、宪法精神以及社会主义核心价值观等涉及人伦情理的内容填补刚性法律条文之间可能存留的空隙，将情、理、法融为一体，促使裁判合情、合理、合法，这样一来判决的权威性和说服力自然蕴含于其中。当然法官在作出裁决之前，要做好一系列专业性、基础性的工作，包括仔细求证当事人主张的民事权益是否有来自现行宪法的有力支持；谨慎选择适格民事法律条文的适用，并在此基础上进一步论证法律依据的正当性和合宪性，以保证裁判结果的准确和无可辩驳。需要提醒注意的是，民事案件裁判中进行宪法援引做法的数量及其比例，始终呈现居高不下的情形，但是仅以此不足以作出法官对宪法援引的做法抱有较高积极性的判断，司法实践中民事案件的数量历来较多是一个不可忽略的影响因素。

在民事案件、刑事案件与行政案件中进行宪法援引做法的数量与比例的对比，参见表2-26所示。

表2-26：不同类型案件中宪法援引的数量与比例

案件类型	刑事案件	民事案件	行政案件
总数量(件)	2889834	15632839	436937
占比	15.24%	82.45%	2.30%
进行宪法援引的案件数量(件)	5	363	145
占比	0.97%	70.76%	28.27%
进行宪法援引的各类案件占各类案件总数的比值	0.02‰	0.23‰	3.32‰

在全部类型的判决书中，民事判决书的数量所占比例高达82.45%，同时进行宪法援引的民事判决书占全部宪法援引案件总样本数量的比例为70.76%。经过大数据统计测算后，宪法援引在民事判决中的运用概率为0.23‰，相当于每万份判决书中大约有23份。尽管行政判决书的数量不多，所占比例仅为2.3%，但是，行政案件运用宪法援引的概率却比民事案件更多，为3.32‰，相当于每万份判决书中大约有332份。刑事判决书中运用宪法援引的概率仅为0.02‰，这一数据比例明显少于民事判决书和行政判决书。据此可以得出一项基本结论，在三类不同性质案件的判决

书中，行政判决书中运用宪法援引的可能性为最大。

针对行政案件中相对较高的宪法援引概率，可以从以下两个方面入手做进一步分析。一是与民法、刑法相比较，行政法与宪法同属于公法范畴，二者关系极为密切。通常认为宪法是行政法的根基，行政法是宪法的具体化，行政法的发展既是对宪法基本原则的贯彻落实，对宪法进步理念的传播，也是推动宪法实施、宪法修改的源动力。作为行使行政权力的行政机关，在性质上是执法机关，执行职能就是它的核心职能。与立法机关、司法机关相比，行政职能部门的工作具有 24 小时全天候服务的特性，社会成员的日常都在行政职能覆盖范围之内，因此，行政机关工作人员在执行公务时侵害公民宪法权利和法律权利的可能性也就随之增加了。行政诉讼被通俗地形容为"民告官"的案件，这也是对二者所处地位的简要概括。法官运用宪法援引旨在对行政机关做出的具体行政行为进行司法审查，阐明其行为的正当性，是进行正确裁判的大前提。二是在样本案件中被援引频率最高的是现行宪法第 9 条和第 10 条，可以看出涉及自然资源、土地所有权条款中"国家""集体"归属的行政诉讼案件数量和比例较高，引发矛盾冲突的是自然资源和土地制度领域内的权益配置问题。三是行政法律规范缺位及其体系本身存在不足，导致法官在审理行政案件时单独适用行政法律规范时在裁判依据上显得说理不够充分，需要借助宪法援引的方式，在裁判文书的释法说理部分形成宪法和行政法律条文之间的有效衔接，弥补行政法律规范因其过于具体而可能存在的缝隙和漏洞，使裁判的法理更为充实。稍作严格审视即可看出，行政法律规范中重复、断层、逻辑不自洽等问题存在已久，[1]法院为了保证最终成型的司法裁判具有权威性和说服力，达到保障当事人合法权益的目的，援引法律原则或者宪法条文作为裁判依据未尝不可。

（五）不同地区的法官进行宪法援引的差异性

在513份样本中，广东省是在司法实践中运用宪法援引频率最高的地区，一共有48份判决书。按照数量由高到低的排列顺序，宪法援引数量较多且位列前三名的地区依次为广东省、辽宁省和湖南省。

表2-27：不同地区宪法援引的案件数量

省区市	样本量	省区市	样本量	省区市	样本量	省区市	样本量
广东	48	广西	23	山西	11	江苏	4
辽宁	47	河南	23	北京市	10	福建	3
湖南	38	内蒙古	21	吉林	9	宁夏	3
河北	34	湖北	20	陕西	9	上海市	2
浙江	32	云南	18	新疆	9	西藏	2
四川	28	重庆市	18	安徽	7	青海	1
江西	27	甘肃	15	黑龙江	6	海南	1
山东	25	贵州	14	天津市	5	-	-

---

[1] 张淑芳：《行政法规范衔接瑕疵及整合》，《法学杂志》2021年第3期。

表 2-28：东部、中部、西部地区宪法援引的案件数量

区划	东部地区	中部地区	西部地区
省区市	江苏、上海、浙江、福建、广东、山东、安徽、海南、黑龙江、辽宁、吉林、河北、天津、北京	河南、湖北、湖南、江西、山西、内蒙古	陕西、宁夏、甘肃、四川、重庆、贵州、广西、云南、西藏、青海、新疆
样本个数	233	140	140
占比	45.42%	27.29%	27.29%

表 2-29：不同地区宪法援引并说明的案件数量

省区市	样本量	省区市	样本量	省区市	样本量
内蒙古	12	山东	3	重庆	2
河北	6	云南	3	湖北	1
辽宁	6	安徽	2	吉林	1
广东	4	甘肃	2	江西	1
湖南	4	河南	2	青海	1
广西	3	天津	2	陕西	1
贵州	3	浙江	2	四川	1

如果仅就地区内部进行考察，在宪法援引的做法上并没有看出显著的规律性。而在数量上作一比较的话，东部地区的宪法援引案件样本数量所占比例约为 45.42%，明显高于中部地区和西部地区宪法援引案件样本数量之和的 27.29%。借此可作一基本推断，宪法援引案件数量及其比例的高低与所在地区的经济发达水平呈现正相关性，意味着经济越是发达，人们的宪法意识和法律意识也就更高一些。当然宪法援引案件数量多的原因不是单一的，具有综合性，还要考虑到其他相关因素。可以肯定的是，经济发达地区的案件数量本来相对就多一些，样本数量自然也会水涨船高。

还有经济发达地区的法院和法官在处理大量案件的过程中积累了较为丰富的司法裁判经验,业务水平亦随之提高。不论是当事人主张的宪法援引还是法官运用的宪法援引,都会促使法官不断提高宪法意识,以及对裁判文书中宪法角色的认知水平。法官的宪法素养到底如何,可以通过以下途径进行判断,即法官在司法裁判中运用宪法援引的能力和水平在一定意义上就是其宪法认知能力的变现。

表 2-30:东部、中部、西部宪法援引并说明的案件数量

区划	东部地区	中部地区	西部地区
省区市	江苏、上海、浙江、福建、广东、山东、安徽、海南、黑龙江、辽宁、吉林、河北、天津、北京	河南、湖北、湖南、江西、山西、内蒙古	陕西、宁夏、甘肃、四川、重庆、贵州、广西、云南、西藏、青海、新疆
样本个数	26	20	16
占比	41.94%	32.26%	25.81%

东部地区的法官在宪法援引时进行说明的数据比例为41.94%,同样高于中部和西部地区。一般认为,法官在进行宪法援引时作进一步说明是再自然不过的事情了,此举不仅能够释明援引宪法条文的正确性,使宪法援引的功能真正发挥作用,还能够体现法官对宪法精神和宪法条文的认知水准,显示法官运用宪法精神和宪法条文的娴熟的专业技术。在建设法治国家的视域中,宪法援引在事实上给法官开辟了一条宪法实施的途径,法官与当事人都可以从宪法援引实践中感受到宪法的实践价值。比较之下,东部地区法官的宪法援引做法并没有停留在象征性宪法援引的表面层次,而是更为注重在司法裁判中,通过对释法说理部分逻辑论证结构

的合理安排，使宪法援引的功能发挥出增强裁判文书说服力的实际作用和社会效果，实质性宪法援引的深度实践让人们有了与宪法近距离接触的机会，从而真切感受到司法过程中的宪法角色。

五、当事人运用宪法援引实践的大数据统计与分析

与前面所做的大数据检索不同，针对当事人运用宪法援引实践所做的大数据检索，采用的是"威科先行"数据库，截取的时间区间为2021年1月1日至2021年12月31日，以"中华人民共和国宪法"作为关键词进行检索，显示宪法援引案件数量为822件，剔除不适格案件34件，有效样本的数量为788件。其中当事人进行宪法援引的案件数量为692件，法官进行宪法援引的案件数量为107件，当事人与法官均进行宪法援引的案件数量为11件。

（一）当事人进行宪法援引案件的数量与比例

表 2-31：当事人、法官宪法援引的案件数量与比例

	全年宪法援引案件	当事人宪法援引案件	法院宪法援引案件
数量	788	692	107
占比	—	87.8%	13.6%

以数量和比例为标准进行考察，当事人进行宪法援引的案件数量明显高于法官进行宪法援引的案件数量。仅就数据显示的比例，至少可以推断出当事人进行宪法援引的主观能动性要更高一

些，从宏观上看，与社会成员的宪法意识有所增强、法治国家的建设由初级阶段向高级阶段的发展具有相关性。

（二）当事人进行宪法援引的案件案由、法院层级和裁判文书类型

表2-32：当事人进行宪法援引案件的案由、法院层级、裁判文书类型

类型	案由划分			法院层级划分				文书类型划分		
	民事案由	刑事案由	行政案由	最高人民法院	高级人民法院	中级人民法院	基层法院	判决书	裁定书	其他
数量	449	7	236	–	65	404	223	449	242	1
占比	64.9%	1.0%	34.1%	–	9.4%	58.4%	32.2%	64.9%	35.0%	0.1%

以案由为标准进行考察，民事案由中的当事人进行宪法援引的案件数量和比例最高，数量为449件，所占比例为64.9%；行政案件次之，数量为236件，所占比例为34.1%；刑事案件最少，数量为7件，所占比例仅为1%。

以法院层级为标准进行考察，按照当事人进行宪法援引的案件数量由高到低的排列顺序，依次为中级人民法院、基层人民法院、高级人民法院、最高人民法院。数据表明，当事人进行宪法援引的案件数量明显向基层人民法院倾斜，在程序上以一审、二审为主。如此看来，宪法援引实践对基层人民法院的法官来说，是必须面对且不能回避的问题，并且还是很具有挑战性的问题，

107

或者从一个侧面反映出基层人民法院的案件审理过程,为法官提供了更多的机会和空间来尝试宪法援引实践。

在裁判文书类型上,含有宪法援引因素的判决书相比其他法律文书,在数量上占据绝对优势。

(三)当事人进行宪法援引案件的地区特点

在地区特点上,大数据检索结果显示,在绝大部分地区中,由当事人进行宪法援引的案件数量高于法官进行宪法援引的案件数量。至于地区经济发达水平与宪法援引实践之间是否具有正相关关系,则有待于进一步的观察和分析,至少依靠目前的数据还不足以支持该研究对此作出一个相对确定性的判断,同时也没有显示出规律性的内容。但是,可以印证的基本事实是,在司法过程中当事人试图通过宪法援引强化自己一方利益诉求的正当性,以及争取判决向自己一方倾斜的积极性,是远远高于法官的。

表2-33:当事人进行宪法援引案件的地区分布

省区市	案件数量	当事人/占比		法院/占比		省区市	案件数量	当事人/占比		法院/占比	
北京市	132	128	97%	4	3%	云南	16	13	81.3%	4	2.5%
山东	64	57	89%	8	12.5%	江西	12	10	83.3%	2	16.7%
广东	61	58	95%	3	5%	上海市	12	12	100%	-	-
广西	55	53	96.4%	2	3.6%	吉林	11	11	100%	-	-
湖南	53	49	92.5%	4	7.5%	湖北	11	10	90.9%	1	9.1%
浙江	41	30	73.2%	13	31.7%	陕西	11	1	9.1%	10	90.9%
辽宁	34	32	94.1%	2	6.3%	重庆市	10	9	90%	2	20%
四川	32	27	84.4%	5	15.6%	山西	10	8	80%	2	20%

（续表）

省区市	案件数量	当事人/占比		法院/占比		省区市	案件数量	当事人/占比		法院/占比	
河南	30	28	93.3%	3	10%	天津市	7	6	85.7%	1	14.3%
河北	29	27	93.1%	4	13.8%	新疆	7	4	57.1%	3	42.9%
福建	26	24	92.3%	2	8.3%	甘肃	6	6	100%	–	–
贵州	26	26	100%	–	–	内蒙古	4	3	75%	1	25%
黑龙江	26	5	19.2%	21	80.8%	宁夏	2	–	–	2	100%
江苏	21	19	90.5%	3	14.3%	青海	2	2	100%	–	–
安徽	19	19	100%	1	5.3%	西藏	1	–	–	1	100%
海南	17	15	88.2%	3	17.6%						

（四）当事人进行宪法援引时提及宪法条文的方式

当事人进行宪法援引时必然要提及现行宪法，这一类数据意在观察当事人提及宪法条文时的方式，具体考察的内容主要是当事人对援引的宪法条文有无说明，以及在提及现行宪法时使用的语词和具体表述形式。

数据显示，针对被援引的宪法条文，当事人没有作进一步说明的占绝大多数。这表明当事人进行宪法援引的做法具有很大的局限性，目前大都停留在对现行宪法、宪法精神和宪法条文理解的表层，属于形式意义上的宪法援引，而非实质意义上的宪法援引。这一特点的呈现是可以理解的，宪法是根本法，与法律条文相比具有原则性和概括性特征，而原则性的规范往往蕴含有丰富的内涵，理解起来有难度，对其作精准把握更需要较高水平的宪法素养。即使是法律专业人士对于宪法的原则性规范的认知恐怕也很有可能是"仁者见仁，智者见智"，更何况那些仅掌握常识性宪法知识和法律知识的普通民众，要求其准确阐释宪法规范的难度可想而知。所以，当事人在进行宪法援引时最为常见的表述方式，就是笼统地使用"宪法""宪法原则""宪法精神""宪法权威"等高度概括性的词语。从积极的角度来说，此类做法也可以被视为是宪法意识和法律意识进步的表现。

表 2-34：当事人对被援引的宪法条文的说明情况

当事人	案件数量	占比
加以说明的	46	6.6%
未做说明的	646	93.4%

对当事人进行宪法援引时使用的措辞进行模式化分类，可以概括出五种类型，一是仅提及现行宪法名称，二是提及现行宪法名称加宪法条文（款）序号，三是提及现行宪法名称加宪法条文内容，四是提及现行宪法名称加宪法条文（款）序号加宪法条文内容，五是只概括提及"宪法原则""宪法精神""宪法权威"等语词。既提及现行宪法名称，又标明宪法条款及其内容的案件数量及其所占比例为最高。就此可以认为，当事人在进行宪法援引之前，在宪法规范的相关规定方面具有一定的知识储备，属于有备而来，这种宪法援引的情形对法官的宪法素养和认知水平更具有挑战性。

表 2-35：当事人进行宪法援引的表述形式

	现行宪法名称	现行宪法名称+条文(款)序号	现行宪法名称+内容	现行宪法名称+条文(款)序号+内容	宪法原则和宪法精神
当事人进行宪法援引的案件数量及占比	184（23.4%）	207（26.3%）	81（10.3）	249（31.6%）	67（8.5%）

（五）法官对当事人运用宪法援引做法的回应情况

当事人进行宪法援引的案件总数为 692 件，法官未予以回应的案件数量为 681 件，所占比例高达 98.41%；法官给予回应的案件数量是 11 件，所占比例仅为 1.59%。按照法官回应的方式再作进一步区分，显示分别有"不予支持""告知错误""认可援引"等三种具体措辞类型。

表 2-36：法院对当事人运用宪法援引做法的回应情况

	当事人运用宪法援引的案件总数	法院不予回应的案件数量	法院作出回应的案件数量		
			不予支持	告知错误	认可
数量	692	681	8	2	1
占比	—	98.41%	1.16%	0.29%	0.14%

从数据显示的情况看来，法官回应当事人运用宪法援引做法的积极性不是很高。可以作为佐证的情形包括，法官不予回应的案件数量远远高于其给予回应的案件数量。在法官作出回应的案件中，法官认可当事人运用宪法援引做法的案件数量只有 1 件，

对当事人运用宪法援引做法不予支持的案件数量为8件，告知当事人宪法援引错误的案件数量有2件。

分析法官回应的具体情形，针对当事人运用宪法援引的做法，法官给予回应还是很有必要的，不论是"认可""不予支持"还是"告知错误"，都可以在一定程度上纠正当事人对于现行宪法的认知偏差甚至认知错误。社会成员的宪法意识和法律意识是衡量一个国家法治建设水平的指标之一，也是法治国家建设的社会基础条件之一，因此，法官的回应不仅是在对当事人进行宪法宣传和法治教育，也是在忠实地履行司法机关的宪法实施义务，更是在为法治国家的建设夯实社会基础。

第三章
宪法援引实践的多维度检视

本章导读：本章的主要内容是在由大数据检索所提供的宪法援引案件形式特征的基础上，选取典型个案并结合案件的具体情节，以广义上的宪法援引为前提，以宪法援引的主体为区分标准，全面检视法官、当事人在司法过程中的宪法援引做法。以宪法学理论为分析工具，总结和概括宪法援引的主要特点和实践价值，同时指出其中存在的不足之处，在宪法学视角下思考宪法援引的规范化路径并提出可行性建议。

在广义宪法援引的视角下，人们可以看到宪法援引的多重实践价值，以此为主题展开深入研讨、分析和总结，不仅具有学理意义，也具有现实意义。对宪法援引实践的广泛关注，有助于丰富宪法学理论的内容，同时促进宪法援引实践的规范化。从司法过程来看，有益于使现行宪法发挥更加积极的作用，并带动全面的宪法实施。借助裁判文书中的宪法角色，向包括当事人在内的全体社会成员传输宪法精神和宪法条文中隐含着的先进理念，使当事人通过个案真切地感受到看得见、摸得着的司法公正，使其他社会成员可以借此感受到实实在在的社会正义，同时法院和法官通过专业性工作将宪法统领下的社会主义法律体系的制度优势转换成可靠的司法裁判。

一、宪法援引实践的时间维度

为考察司法裁判中宪法援引实践的肇始及其流变，通过"北大法宝"网站[①]进行大数据检索，尽最大可能挖掘出较早的含有宪法援引要素的个案。现存数据中，最早出现的是 1985 年"杨某民

[①] 此处之所以选用"北大法宝"数据库，是因为"裁判文书网"的宪法援引案件数据仅包括 2007 年之后的数据，无法有效揭示宪法援引案件的发展历程。"北大法宝"数据库则保存有较早的宪法援引裁判文书数据。

案",① 被害人亲属在申诉理由中尝试了宪法援引的做法。1988年，又有两例含宪法援引要素的裁判文书，均为法官在阐明裁判理由时主动进行的宪法援引，这两个案件分别涉及公民的言论自由②和劳动权利保护。③ 大数据检索结果显示的历年宪法援引裁判文书数据统计，如表3-1、图3-1所示：

表3-1：1985—2020年涉及宪法援引的裁判文书数量

年份	数量（份）	年份	数量（份）	年份	数量（份）
1985	1	1997	3	2009	352
1986	0	1998	5	2010	588
1987	0	1999	18	2011	606
1988	2	2000	23	2012	849
1989	1	2001	28	2013	1819
1990	0	2002	38	2014	6253
1991	7	2003	74	2015	10400
1992	4	2004	72	2016	11282
1993	1	2005	68	2017	12529
1994	5	2006	89	2018	14445
1995	3	2007	75	2019	16192
1996	3	2008	127	2020	13118

---

① "杨某民故意杀人案"，青海省高级人民法院刑事裁定书（85）青法刑一字第37号。
② "沈某某，牟某某诽谤案"，《最高人民法院公报》1988年第2号（总:14号）。
③ "张某起、张某莉诉张某珍损害赔偿纠纷案"，《最高人民法院公报》1989年第1号（总:17号）。

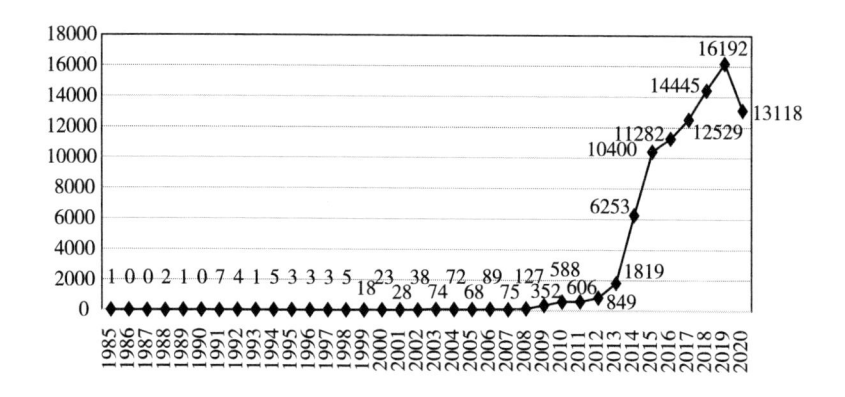

图3-1：1985年—2020年宪法援引裁判文书数量图

从上述图表陈列的数据情况可知，在司法裁判中进行宪法援引的案件数量基本处于上升趋势，其中反映出公民宪法意识水平及其在宪法实施过程中的转变。[1] 根据具体数量及其对应的历史背景，可以将宪法援引实践划分为三个阶段。[2]

第一个时间段是1985年至1998年。宪法援引案件开始零星出现，在全国范围内尚未形成普遍的宪法援引实践，此时宪法援引的案件数量基本保持在个位数，没有形成足够的研究样本规模。因此，可以将这一阶段概括为宪法援引实践的萌芽阶段。

第二个时间段是1999年至2012年。宪法援引的案件数量出现了较为明显的增加，可以看到其接连突破十位数和百位数的上升趋势。在1999年颁布实施的宪法修正案中，[3] 其中一项极其重要

---

[1] 魏健馨、张瑞黎：《宪法实施视域中宪法援引典型案例分析》，《沈阳工业大学学报（社会科学版）》2021年第2期。

[2] 魏健馨、田圣文：《宪法实施视域中司法裁判宪法援引的实证分析》，《北京行政学院学报》2022年第1期。

[3] 1999年宪法修正案是对现行宪法的第三次修改。

的内容就是将"实行依法治国,建设社会主义法治国家"写入了宪法,将治国方略写进宪法,这在世界宪法实践中都属于具有创新性的做法。在阶段性背景下,表明人们的法治观念又进一步,国家和社会的思想开放程度不断深化,并以修改宪法的方式集中体现出来。1999年发生的"齐某苓案"[1]在当时引发了社会层面以及学术界关于宪法适用以及在司法领域如何展开宪法适用问题的广泛讨论,这也是现行宪法第一次在如此近的距离与社会进行对话。2001年,中共中央、国务院决定将现行宪法实施日12月4日作为"全国法制宣传日",以弘扬宪法精神、建设法治中国为宗旨,致力于在全社会范围内形成尊重宪法、宪法至上、用宪法维护人民权益的社会氛围。2004年颁布实施的宪法修正案,[2]进一步明确"公民的合法的私有财产不受侵犯",建立健全同经济发展水平相适应的社会保障制度,增设"国家尊重和保障人权"条款等,这些宪法原则和宪法规范都成为此后法官和当事人在宪法援引实践中援引的主要内容。2012年12月4日,在现行宪法颁布30周年之际,国家重申"要坚持不懈抓好宪法实施工作,把全面贯彻实施宪法提高到一个新水平"。[3]全面推动宪法实施进入新阶段,在确立宪法实施工作基调的同时,也为司法裁判中的宪法援引实践提供了充分的思想准备和制度基础。这一阶段属于宪法援引实践的蓄力阶段。

---

[1] 即"齐某苓诉陈某琪、陈某政、某省某市商业学校、某省某市某中学、某省某市教育委员会姓名权纠纷案"。

[2] 2004年宪法修正案是对现行宪法的第四次修改。

[3] 习近平:《在首都各界纪念现行宪法公布施行30周年大会上的讲话》,《人民日报》2012年12月5日第2版。

第三个时间段是 2013 年至今。由图 3-1 可以直观地看到 2013 年至 2015 年，宪法援引的案件数量增幅最大，分别突破了千位数和万位数，法官和当事人进行宪法援引的自觉意识不断提升，在司法裁判中进行宪法援引的做法对当事人的心理有所触动，逐渐被当事人接纳，并在具体行动中积极尝试。2014 年 11 月 1 日，第十二届全国人民代表大会常务委员会第十一次会议决定，将每年的"12 月 4 日"设立为"国家宪法日"。2015 年，全国人大常委会发布了《关于实行宪法宣誓制度的决定》。2018 年颁布实施的宪法修正案，[①] 将宪法宣誓制度正式写入宪法，从观念到实践极大地提升了全面宪法实施的社会效果，现行宪法对国家的动态建构作用从抽象朝向具体。这一转变也体现在最高人民法院有关宪法援引的相关规定上，2016 年最高人民法院发布的《人民法院民事裁判文书制作规范》（以下简称为《制作规范》）明确规定，"裁判文书不得引用宪法作为裁判依据，但是其体现的原则和精神可以在说理部分予以阐述"。[②] 这既对法院在裁判文书中运用宪法援引开展释法说理的做法给予了肯定，又对宪法援引实践设定了严格的前提。

值得注意的是，在《制作规范》发布后，仍然可以看到在司法实践中有法院将现行宪法精神或宪法规范直接作为裁判依据的个别情形。以 2020 年的大数据检索结果为佐证，有 43 份裁判文书涉及这种情况，这些案件均属于民事案件，这起码可以说明法官和当事人对宪法援引在态度上的转变，由此带来宪法援引实践的

---

① 2018 年宪法修正案是对现行宪法的第五次修改。
② 参见最高人民法院《人民法院民事裁判文书制作规范》第（七）项第 4 条。

逐渐泛化，没有因为《制作规范》的限制性规定而有所消弭。到目前为止，对于运用宪法援引的形式与内容尚未形成规范化标准，实践中的具体做法各不相同，如何促进并实现宪法精神和宪法条文在司法领域的适用和实施仍有待更为全面的考察和研究。这一阶段属于宪法援引的发展与研讨阶段。

二、宪法援引实践的价值维度

价值维度其实就是价值视角，即从价值的角度和层次来考察宪法援引的理论与实践意义。众所周知，"价值"一词在哲学视域中有若干说法，这里只选取其中表达客体与主体之间相互关系的解读方法。价值揭示事物的属性，在主、客体关系中，价值就是客体满足主体需要的对应关系，其前提是基于客观事物本身的属性。主体根据自己的需要，使客体的属性满足了主体的现实需要，价值反映了主体对客体的态度。简而言之，价值就是基于事物本身的属性，使其具有一定的功能，满足了特定主体的需要，那么该事物对于这个主体而言也就具有了价值的意义。从这个角度出发，价值也可以简洁直观地被解释为事物具有的积极作用。从价值维度解析宪法援引实践意在秉持理性的学术立场，使宪法援引的认知更加全面和深入；通过客观审视宪法援引的规范化，更好地满足法治国家建设、司法公正、维护公民合法权益的现实需要。因此，不可低估宪法援引给这些领域带来的实际影响、功能和效果。

（一）有助于增强裁判文书的说服力和权威性

宪法援引可以增强裁判文书的说服力和权威性，这是法官进行宪法援引要达到的主要目的之一。法官通过在裁判文书的释法说理部分运用宪法援引方法，以便明晰释法说理的法理论证逻辑，强化裁判文书的说服力和权威性，使当事人能够对裁判文书记载的最终判决所依据的法律条文和裁判结果心悦诚服。

宪法援引之所以能够在增强裁判文书的说服力和权威性方面发挥积极效果，源自形式和内容两个方面的支持。一方面，宪法作为高级法，具有最高法律效力，并在整个法律体系中位居统领地位。无论在理论上，还是在现实生活中，全体社会成员已经积累了越来越多的宪法知识，宪法是根本法、宪法至上的观念和法治意识深植于人们心中，已是人尽皆知的常识性认知。法官从法律工作者的职业操守还有司法公正的初心出发，基于个案司法裁判的需要，运用宪法援引的方式展开释法说理，直接受众首先是特定案件的当事人，其次是作为间接获益者的其他不特定的社会成员。在释法说理时，法官的专业能力体现为将相对抽象的宪法精神和法律条文，转换成具有一般认知水平的当事人能够接受和理解的内容，形成宪法规范与法律条文之间的有效贯通。

在确实必要的情况下，借助于宪法援引无疑可以展现司法裁判的积极效果。法官对裁判文书中释法说理部分提供的有限空间加以充分利用，通过宪法援引使"裁判的法理"更加充分。在释法说理的逻辑论证中嵌入宪法精神或宪法条文，不仅为个案的法律适用提供合宪性依据，还能够展示充足的法律论证逻辑以及法律适用的正确性和准确性。在宪法统领的庞大法律规范体系中，具有原则性特征的宪法规范总是要经由各个部门法的法律条文使之具体化,宪法与部门法之间的内在联系是宪法规范具有可援引价值的基础所在。法官在裁判文书中进行释法说理的论证逻辑,通常表现为从宪法规范到法律条文的排列顺序,从大前提到小前提再到结论的逐级递进、环环相扣,全面展示裁判文书的释法、说理、服人的法律功能和社会效果。

(二)为当事人主张的权利和诉求提供宪法支持

对当事人来说,运用宪法援引意在强化自己一方在诉讼案件中的权利主张和利益诉求的重要性和正当性,以便提高胜诉的概率。在整个国家已经从"有法可依,有法必依、执法必严、违法必究"的法治建设初级阶段,进阶到"科学立法、严格执法、公正司法、全民守法"的高级阶段以后,越来越多的诉讼当事人早已摆脱了"息讼""无讼"等消极法律文化传统观念的桎梏,同时也逐渐祛除了"法盲"的愚鲁,从"一五普法"到"八五普法"的法治建设氛围中,感受着宪法和法律的熏陶,个体的法治意识、认知能力与法治国家的建设水平在同步提高。一个即使没有接受过法学专业训练的个体,也足以知晓宪法的属性与角色。这就证明了一个事实,当事人一旦决定诉诸正当法律程序解决权益冲突,往往比法官更加倾向于运用宪法援引的方法,以现行宪法作为后盾,寻求宪法的支持,使当事人信心十足。

客观地分析,当事人进行宪法援引具有主观性特征。当事人的宪法援引做法势必受权益诉求的驱动,其往往是在个案的场景中,对宪法精神或宪法条文的内涵作有利于自己的解读,以宪法作为维护自己权益之盾，利益指向性极为鲜明。当事人的宪法援引还具有局限性特征。宪法以深奥的公法理论为基础，宪法规范具有原则性，理念内涵极其丰富，对其进行准确解读需以具备一定的理解和认知能力为基础。由此观之，当事人的宪法援引受其宪法素养的限制，客观存在局限性。而且不同案件的当事人对宪法规范的认知能力参差不齐，解读水平有高有低，甚至极个别者的宪法援引还有牵强附会之嫌，以致加重了法官在案件审理过程中的宪法思考负担以及回应宪法援引的工作量。但是，从积极心理学的视角看，宪法援引实践及其对全面实施宪法的推动意义更为显而易见。当事人作为公民是宪法关系的基本主体之一，根据现行宪法，公民不仅享有宪法赋予的基本权利，同时还应当履行遵守宪法的义务，其中包括推动宪法实施的义务，当事人可以被视为是基于个案中的立场，推动国家法治进步的社会基础力量。

针对当事人进行宪法援引的特点，法官可以因势利导，充分利用个案的审理过程，提供专业化、规范化的宪法规范解读和法学原理阐释。法院系统还可以借助指导性案例的示范效应来正本清源，通过法官的专业化操作方法和途径，提高当事人乃至全体社会成员的宪法认知水平。

（三）弥补部门法的法律条文中可能存在的空隙

从宪法与部门法的关系出发，宪法援引可以在一定程度上弥补部门法中的法律条文因过于具体而可能存在的法律真空，通过宪法与法律的融通互补，达成"法网恢恢，疏而不漏"的严谨状态。"良法""善治"首先意味着以宪法为统领的法律规范体系在结构上的齐备以及隶属于不同部门法的法律条文之间的和谐。但是，在人类智识存在先天不足这一局限性的情况下，完美的制度只是理论上的，法律条文设计得再完美恐怕也难以做到天衣无缝，正所谓"智者千虑，必有一失"。如此看来，甄别制度好与坏的标准，主要看制度能否有效地解决现实问题。能够解决现实问题的就是好制度，否则就不是好制度。此外，制度是动态的、发展的，与社会变迁同步并及时进行调整和改变，同时也是不断试错的过程，亦如法律的滞后性，法律一经制定就意味着确定性，而社会是在向前发展的，因此法律规则的确定性是相对的，动态发展和完善才是常态，如此才能满足规则体系的逻辑自洽。

随着宏观格局和形势的改变，国家发展和社会变迁，已经生效实施的法律会暴露出设计上的欠缺，以致难以有效调整当下的新型社会关系，于是在立法领域展开的立、改、废等工作是必然的。鉴于社会秩序和社会生活对制度和规则稳定性的客观需要，宪法和法律的修改或废止要遵守严格的程序，宪法的刚性使得宪法的修改比普通法律要受到更为严格的程序性限制。制定得再完备的法律条文，也会在不经意间留下可乘之缝隙，而别有用心的人擅长于利用法律的漏洞谋取私利，为此付出代价的却是整个社会，这对守法者群体来说显然是极其不公平的结果。根据法律经济学的基本原理，在任何情况下交易成本总是为正。宪法秩序和社会秩序的形成与维护总会需要全体社会成员为之付出代价，关键的问题是需要付出多大的代价以及由谁来承担这个代价。所以，宪法援引实践追求的不仅仅是个案的效果，其终极目标实际上是通过个案的司法裁判来实现最大化的社会效益。

在宪法援引实践中，法官在审理案件时该当如何正确决断、公正裁判,同时赋予宪法以正确的角色定位,这需要具备足够的宪法智慧,包括宪法认知的主观能力和客观行动力。个案中的宪法援引做法,为发挥宪法精神和宪法条文在司法过程中的独特作用提供了具体路径。宪法规范的原则性包含着极其丰富的内涵,只有当它与法律条文的具体内容相结合时,原则性的意涵才能转化为确定性的共识,即清晰的意向和明确的指向。宪法援引的实践价值不仅在于弥合法律条文可能存在的缝隙,也在于通过宪法和法律的互补,努力契合当下的语境和社会发展的现实需要。

三、宪法援引的个案效果

鉴于到目前为止,司法过程中宪法援引的做法并不统一,所以个案效果也不尽相同,再加上案件本身的性质也各不相同。但是,就同一性质的案件来说,如民事案件,或者刑事案件,或者行政案件,在特定范围内的宪法援引实践,具有规范意义上的考察价值。

(一)宪法援引与宪法规范内涵及对其特定词语的解读

法官在司法裁判中进行释法说理,涉及对宪法精神或宪法条文内涵的领会与解读,这是法官专业工作中的一项重要内容。法官对宪法规范的认知水平,取决于自身的宪法学养与法学理论知识功底,当面对宪法规范经由法律条文的具体展开时,无论哪一个层级法院的法官都需要持谨慎的态度。

在"马某某诉某县森林公安局治安管理行政处罚案"[①]中,当事人双方争议的焦点集中在行使紧急状态权的主体、紧急状态涵盖的具体情形等,对此各方观点截然不同。

原告认为被告在森林草原防火期内野外用火的行为,违反《治安管理处罚法》第 50 条第 1 款第 1 项"拒不执行人民政府在紧急状态情况下依法发布的决定、命令"的规定,给予其行政拘留 10 日的行政处罚违法。原告的理由是,根据现行宪法第 67 条、第 80 条、第 89 条规定以及 2019 年初至 2019 年 6 月 4 日期间的政府公开信息,是否进入紧急状态应由全国人大常委会、国务院决定,县级政府没有这项权力,县级政府颁布的"禁火令""防火公告",不属于"政府在紧急状态情况下依法发布的决定、命令",对《治安管理处罚法》中"紧急状态"条款的理解应遵循宪法精神。野外用火行为属于《森林法》《国务院森林防火条例》《某省森林防火条例》《关于进一步强化火源管理工作的意见》等法律法规的调整范围。根据《立法法》确立的"特别法优于一般法"原则,应适用《森林法》,而该法中没有对森林火灾违法行为处以行政拘留的规定,因此依据《治安管理处罚法》处罚,为法律适用错误。被告将防火禁火期认定为紧急状态是对法律的片面理解。《突发事件应对法》《反恐怖主义法》《国家安全法》《戒严法》《香港特别行政区基本法》《澳门特别行政区基本法》《香港特别行政区驻军法》《澳门特别行政区驻军法》等法律中的"紧急状态"条款,与现行宪法中"紧急状态"的决定、宣布和进入程序完全一致,同时依据全国人大常委会法制工作委员会刑法室编著的《〈治安管理处罚法〉

---

① 参见四川省会东县人民法院 (2019) 川 3426 行初 11 号行政判决书。

释义及实用指南》中有关"紧急状态"的定义，对《治安管理处罚法》中的"紧急状态"条款的理解应遵循宪法精神。该案中的原告进行宪法援引的目的明确，意在给自己提供抗辩理由。

尽管一审、二审法院都没有支持原告的主张，但是，法官对原告方运用宪法援引的做法做出了回应，该宪法援引实践涉及的宪法条文分别是第 67 条、第 80 条和第 89 条，相关阐述集中在裁判文书的案件事实部分和裁判理由部分。裁判的法理体现了宪法援引的实践价值以及在司法裁判中的宪法角色。第一，宪法援引的逻辑在于对涉及的相关宪法精神、宪法条文与法律条文的一体化解读，从现行宪法到相关法律再到《治安管理处罚法》，形成关于"紧急状态"的法律逻辑。第二，根据现行宪法和法律法规，县级以上人民政府可以根据实际需要，以决定、命令或通告等形式，发布规范性文件以及在紧急状态下发布决定、命令。该案中依据的《森林防火条例》《某县 2019 年森林草原防火禁火令》《关于划定全县森林防火区的通告》规定了禁止野外用火行为。各级人民政府发布的规范性文件，既包括针对国家的"紧急状态"情形，也涵盖本辖区内出现的公共卫生灾难、生态环境灾难、事故灾难、经济危机、社会公共安全事件等紧急情况。依据《治安管理处罚法》的规定，采取限制人身自由的措施，与野外违规用火可能造成的社会危害的性质、程度和范围是相适应的。第三，根据"特别法优于一般法"原则，在针对野外用火行为存在适用规范冲突的情况下，优先适用作为特别法的《森林法》。在不存在适用规范冲突的情况下，依据《治安管理处罚法》进行行政处罚，不属于法律适用错误。

该案涉及对"紧急状态"的判断基准。从立法上可以看到确立"紧急状态"的时间线索,1992年《专利法》修改时增加了紧急状态下公益性强制许可的规定。① 1996年《戒严法》的第2条、第12条有关于紧急状态的规定。② 1997年《香港特别行政区基本法》第18条第4款涉及特别行政区的紧急状态决定权。③ 2004年宪法修正案采用"紧急状态"一词来替换"戒严",使其涵盖范围更为宽泛。在法学视域中,"紧急状态"不论是作为法律概念,还是表明一种法律状态,其确认需经正当法律程序。在不同基准下,对"紧急状态"的判断有所不同,基于事实判定的"紧急状态",是自然和社会发展中客观形成的状态;基于法律判定的"紧急状态",则是由法律设定的、在特殊情况下启动的法律制度。④ 在司法实践中,对《治安管理处罚法》中"紧急状态"的判定,兼具事实判定与法律判定的性质,这应主要归因于客观情况、社会现实的复杂性,对其标准的确立相对容易,但是,结合实际情况进行精准判定往往有一定的难度。通常情况下,按照社会危害程度和影响范围的不同,将紧急状态区分为特别重大、重大、较大

---

① 即在国家出现紧急状态或者非常情况时,或者为了保护公共利益,专利局可以给予实施发明专利或者实用新型的强制许可。

② 《戒严法》第2条规定,在发生严重危及国家的统一、安全或者社会公共安全的动乱、暴乱或者严重骚乱,不采取非常措施不足以维护社会秩序、保护人民的生命和财产安全的紧急状态时,国家可以决定实施戒严。第12条规定,根据本法第2条规定实行戒严的紧急状态消除后,应当及时解除戒严。解除戒严的程序与决定戒严的程序相同。

③ 《香港特别行政区基本法》第18条第4款规定,全国人民代表大会常务委员会决定宣布战争状态或因香港特别行政区内发生香港特别行政区政府不能控制的危及国家统一或安全的动乱而决定香港特别行政区进入紧急状态,中央人民政府可发布命令将有关全国性法律在香港特别行政区实施。

④ 陈聪:《"紧急状态"的事实判定与法律规定》,《理论探索》2015年第1期。

和一般四级，并对应设置不同的应急处置措施。实践中最容易引发问题的是如何正确抉择进入紧急状态后的法律适用。目前包含"紧急状态"条款的规范性文件以及司法解释已不在少数，只不过在 2004 年宪法修正案确立"紧急状态"一词后，还没有发生实际案例。

对于来自该案的提示作一简要概括，宪法援引不可避免地牵涉对宪法精神、宪法条文及其特定词语的理解。宪法援引不是对宪法精神或宪法条文的简单、象征性运用，而是建立在对宪法精神、宪法条文与法律规定之间系统化认知能力的基础上，结合个案的具体情节，揭示出宪法精神或宪法条文与相关法律条文之间的内在逻辑关系，形成合理的裁判法理。只有当宪法援引具有实际论证效果时，才能为个案中的利益诉求提供预期且有力的宪法支持，否则徒具形式意义。

（二）宪法援引往往涉及公民基本权利和公共权力及其关系

在个案的司法裁判中，法官对公民基本权利、公共权力的解读各具特色，各有理解的偏好和侧重。或者强调"婚姻自由系《中华人民共和国宪法》规定的公民基本权利之一"；[1] 或者申明"宪法规定公民享有平等就业的权利"；[2] 或者阐述诉权是宪法赋予每一位公民的基本权利，但无论是婚姻自由、平等就业权或是诉权

---

[1] "张某某诉某市民政局民政行政管理案"，浙江省临海市人民法院（2019）浙 1082 行初 41 号行政判决书。

[2] "王某某诉某市 1 教育局、某市 2 教育局教育行政管理案"，浙江省金华市婺城区人民法院（2018）浙 0702 行初 357 号行政判决书。

均非我国宪法赋予公民的基本权利。① 在涉及基层人民政府行使相应职权、职责资格的案件中，法官认为"宪法虽然是根本法，但是不提供具体的行为准则，县政府是否具有某些职权应当由具体的法律规定"。② 当个案中的原告基于组织法请求政府履行职责时，法官的回应是，"宪法和组织法规定中为行政机关设定的是一种宏观上的职责，这种职责不具有履行的可期待性，因为没有指明职责的行使方式和具体领域。原告的履行职责申请仅依靠这一宏观的制度，内容不明确，法律依据缺位，故被告未履行不具有可责性"。③

综合上述个案中对宪法精神或宪法条文的具体解读可以看出，运用宪法援引的案例中需要重点理解和阐释的内容，大都涉及公民基本权利以及对政府行使公共权力的正当性、合宪性和合法性的追问。有鉴于此，法官进行宪法援引时对宪法精神或宪法条文的内容作出阐释既是司法过程中的必然要求，也是增强释法说理积极效果的客观需要。但是，在具体个案中，法官对宪法精神和宪法条文的阐释水平以及内容是否恰如其分则另当别论。而且从目前的宪法援引实践来看，更多的是一审案件的当事人或二审案

---

① "某村民小组诉崔某某农村土地承包合同案"，广西壮族自治区南宁市中级人民法院（2018）桂01民终7374号民事判决书。

② "某县人民政府诉吴某某行政撤销案"，福建省高级人民法院（2019）闽行终1275号行政判决书。基于上诉人在上诉理由中提及依据现行宪法第108条规定，某县政府有资格作出撤销内设机构决定的行政行为，不属于一审法院认定的超越职权，基于此上诉请求撤销判决。法院在释法说理部分对某县人民政府是否具有作出撤销决定的资格进行了回应，其涉及宪法援引。其后法院根据《不动产登记暂行条例》的规定，认定某县政府不享有撤销不动产登记的职权。

③ "王某某诉某省人民政府行政复议案"，郑州铁路运输中级人民法院（2019）豫71行初249号行政判决书。

件中的上诉人，在提出诉讼请求、利益诉求、申诉理由和抗辩意见时运用宪法援引。法官的宪法援引实践往往表现为是对当事人进行宪法援引的回应，当然也有法官不予回应的情形。在本书的研究分析中，将这两种被动的情形都归结为消极的宪法援引类型，其中涉及的原因有待进行全面考察和客观分析。就裁判文书中法官回应当事人的宪法援引时的具体表述来看，法官的回应是被动的，法官在这种情况下所作的宪法援引基本上属于不得已而为之。

（三）被援引的宪法条文与相关法律条文的内容几乎一致

有时在某些判决书中的宪法援引存在这样的情况，即被援引的宪法条文与相关法律条文的规定在内容上几乎是一致的，如此援引从实际效果上来看并不突出。进一步讲，宪法援引实践在这类裁判文书中的作用，往往局限于作为裁决依据的法律条文具有来自现行宪法的正当性证明，意在向当事人表达裁判所适用的法律条文具有较为充分的合宪性、合法性，进而表明裁判结果的合理性。众所周知，在目前的宏观体制机制下，法院和法官对已经颁布实施的法律没有合宪性审查权。但是，法官在审理案件过程中有选择适用法律条文的权力，其中便隐含着适用合宪性法律条文的大前提，对于有不同理解或者存有疑虑、难于定夺的法律条文，法官自然会避免适用，以防止出现裁判结果上的纰漏。运用宪法援引实质上是从激发现行宪法与部门法及其法律条文之间协同效应的立场出发，通过严谨的法律逻辑形成正确的裁判思路，最终目标导向裁判结果的无懈可击。裁判文书以法官运用专业理论通过自由心证的技术能力为基础，将法理、情理融为一体，使当事人对裁判结果怀有发自内心的认同,如此一来发挥宪法援引的积极效果便是自然而然的事情了。

法官进行宪法援引时所持的心态不同,对宪法援引实践、裁判文书释法说理的整体效果都会产生一定影响。在此稍作分析可以发现,法官运用宪法援引实践可以区分为两大类型,主动型宪法援引与被动型宪法援引。主动型宪法援引属于有备而来,法官对宪法精神和宪法条文的理解和解读相对较为充分,有较为明显的追求宪法援引积极效果的主观意愿。被动型宪法援引属于对当事人的回应,法官在心态上相对消极。例如,有的法官对当事人的宪法援引根本不予回应,就是这种消极心理的典型反映;或者法官给予回应,但是,其遣词造句大都较为抽象、模糊和笼统,一般都是借用宪法的公法属性、根本法属性,来反驳当事人在案件中提出的主张和理由。裁判文书释法说理部分的重点集中在相关的法律条文上,而非宪法规范,总体上会给人一种不得已而为之的直观印象。因此,通过宪法援引来增强裁判文书释法说理的实际效果不能一概而论,还要针对个案的实际情况具体问题具体分析。

(四)当事人的宪法援引做法存在诸多问题

检视当事人运用宪法援引的做法,可以发现其中存在着个别问题,以大数据统计的类型为客观依据,可将其概括为以下几种情况。

第一,当事人主张的权利缺乏直接的宪法依据。大部分当事人在进行宪法援引时,偏向于援引现行宪法文本中公民基本权利的相关条款，意在说明自己遭受侵害的权益具有宪法保护的高度，为自己提出的具体诉讼请求提供来自现行宪法的依据，最终获得法官在裁决结果上的有力支持，至于该项权利是否属于宪法基本权利保护的范围则另当别论。例如，在"胡某某、某财产保险有限公司某某支公司诉蒋某某1、蒋某某2等机动车交通事故责任纠纷案"①中，当事人一方主张宪法上的生命权。在"孙某诉某市人民医院医疗损害责任案"②中，原告认为根据现行宪法自己享有生育权。"刘某某诉某街道办事处信访行政行为违法及赔偿案"③中，原告诉称信访权是宪法赋予公民的神圣权利。在"杨某某诉某市公安局某某分局行政处罚案"④中，上诉人坚称原审法院侵害了现行宪法赋予上诉人最后的司法救济权利等。

个案的具体诉讼情节表明，当事人有尽最大可能将自己的权

---

① "胡某某、某财产保险有限公司某某支公司诉蒋某某1、蒋某某2等机动车交通事故责任纠纷案"，江苏省扬州市中级人民法院（2017）苏10民终3222号民事判决书，见裁判文书网，https://wenshu.court.gov.cn/website/wenshu/181107ANFZ0BXSK4/index.html?docId=b1097e8c54a840bf9905a8be00b9eaa9，访问时间：2021年10月10日。

② "孙某诉某市人民医院医疗损害责任案"，江苏省靖江市人民法院（2014）泰靖民初字第2616号民事判决书，见裁判文书网，https://wenshu.court.gov.cn/website/wenshu/181107ANFZ0BXSK4/index.html?docId=5f5f4a4f2d9b4818818c8fa300e5bd8b，访问时间：2021年10月10日。

③ "刘某某诉某市某街道办事处信访行政行为违法及赔偿案"，江苏省扬州市中级人民法院（2020）苏10行终69号行政判决书，见裁判文书网，https://wenshu.court.gov.cn/website/wenshu/181107ANFZ0BXSK4/index.html?docId=bb49d9a5ed7a4ba3baf9ac0800f73af9，访问时间：2021年10月10日。

④ "杨某某诉某市公安局某某分局行政处罚案"，江苏省南京市中级人民法院（2019）苏01行终227号行政判决书，见裁判文书网，https://wenshu.court.gov.cn/website/wenshu/181107ANFZ0BXSK4/index.html?docId=b5abf3989ae54e4c8845aa6f00e6041f，访问时间：2021年10月10日。

利诉求归属于宪法基本权利范围的倾向。分析个中缘由，可将其归因于当事人在认知层面对宪法具有最高法律效力的主观认可。宪法是一张写着人民权利的纸（列宁语），基本上是人尽皆知的通识概念，如果当事人主张的利益诉求和权利救济能够寻求到直接的宪法依据，那么任何人都会毫不犹豫地进行宪法援引。根据宪法学原理，宪法上的公民基本权利被描述为母体性权利，法律权利则是派生性权利；公民基本权利是一束权利，法律权利是宪法基本权利在特定领域的延伸和具体化，当事人的权益主张在通常意义上会有宪法规范依据可循。但是，运用宪法援引不仅需要遵循基本原则，还要符合法律适用的法理逻辑，并非当事人主观臆想的结果。

第二，当事人对宪法规范内涵的理解带有个人倾向性。当法律条文不能有效支持自己的诉讼请求时，当事人通过对宪法精神或宪法条文作出有利于自己一方的解释，以强调诉讼请求的合宪性、合法性和正当性。但是，在当事人的宪法知识储备不足的情况下，其对于宪法规范内涵的解读难免存在偏颇。例如，在"郑某某诉某县公安局、某县人民政府的行政复议案"[①]中，上诉人郑某某称检举村干部是宪法赋予公民的权利。在"某小区业主大会业主管理委员会诉某物业服务有限公司排除妨

---

① "郑某某诉某县公安局、某县人民政府的行政复议案"，江苏省连云港市中级人民法院（2019）苏 07 行终 94 号行政判决书，见裁判文书网，https://wenshu.court.gov.cn/website/wenshu/181107ANFZ0BXSK4/index.html?docId=508164dcbd98473bbca4aaae00aaa96a，访问时间：2021 年 10 月 10 日。

害纠纷案"[①]中,被告辩称小区业主通过选举成为业主委员会委员,是宪法赋予公民的基本权利。这些个案分别涉及监督权中的检举权、选举权等。针对检举权,根据现行宪法第 41 条第 1 款的规定,公民对于任何国家机关和国家工作人员,有提出批评和建议的权利;对于任何国家机关和国家工作人员的违法失职行为,有向有关国家机关提出申诉、控告或者检举的权利,但是不得捏造或者歪曲事实进行诬告陷害。该条款的适用对象为国家机关及其工作人员。根据《村民委员会组织法》的规定,村干部是由村民直接选举产生的、组成基层群众性自治组织;村民委员会的工作人员,属于非国家工作人员序列,不能满足现行宪法中相关条款的适用条件。再就选举权来说,现行宪法第 34 条规定,选举权是公民享有的一项政治权利,是公民按照自己的意愿选举产生各级国家权力机关代表和国家公职人员的权利。业主委员会则是指在特定的物业管理区域内,由业主选举的业主代表组成,通过并执行业主大会的决定,代表业主的利益向社会各方反映业主的意愿和要求,以及监督和协助物业服务企业或其他管理人履行物业服务合同的业主大会执行机构,它是不具备独立法人资格的民间性组织。比较而言,业主选举业主委员会委员是基于其业主身份,宪法上的选举权则是源自公民身份,业主和公民显然不是同一概念。

在"谢某某诉市社会保险基金管理局、市人力资源和社会

[①] "某小区业主大会业主管理委员会诉某物业服务有限公司排除妨害纠纷案",江苏省涟水县人民法院(2016)苏 0826 民初 7552 号民事判决书,见裁判文书网,https://wenshu.court.gov.cn/website/wenshu/181107ANFZ0BXSK4/index.html?docId=491b12daf93c4778b954a7a80114a492,访问时间:2021 年 10 月 10 日。

保障局社会养老保险行政管理案"①中,原告提出诉讼请求并分别援引了现行宪法第 55 条第 2 款、第 5 条第 3 款的规定,认为自己履行了宪法上公民的服兵役义务,服役期间应当依法属于工作、劳动期间。被告作出的行政决定所依据的行政法规、地方性法规,不能将原告的服役期间排除在视同缴费的年限之外。从原告援引的宪法条文中不能直接推导出他的权利请求,法院适用的是对当事人的权利请求有具体规定的相关法律法规,最终判决驳回原告的全部诉讼请求。在该案中法院没有对原告的宪法援引做出回应,最终裁决的法律依据是行政规范性文件,而且一审、二审法院的判决结果是一致的。但是,在对规范性文件的认定上,两审法院的立场有明显差异,涉及行政规范性文件及其范围的确定基准问题,仍有待专题学术研究的深入探讨,在此不做展开。

还有在"陈某某诉被告市人力资源和社会保障局、某市人民政府工伤行政确认及行政复议案"②中,当事人双方的争执焦点在于,原告在担任市某届人大代表工作期间染病的情形,是否可以作为具有法律意义的工伤认定。被告不予认定的依据是现行宪法第 2 条第 2 款、第 3 条第 2 款以及《全国人民代表大会和地方各级人民代表大会代表法》第 2 条的规定。人大代表在履行职责时,与人大之间不存在劳动法意义上的劳动雇佣关系,各级人大也不是劳动法意义上的用工单位。同时根据《工伤保险条例》第 2 条、第 18 条的规定,具备用工单位资格以及双方之间存在劳动雇佣

---

① 参见广东省清远市中级人民法院(2020)粤 18 行终 19 号行政判决书。
② 参见浙江省苍南县人民法院(2020)浙 0327 行初 120 号行政判决书。

关系，是受理工伤认定申请的前提条件。在该案中，被告所做的宪法援引以及法官在阐述裁判理由时对宪法援引的回应，对该案的判决具有实际意义。在"肖某诉某民爆器材有限公司劳动争议案"①中，原告主动进行了宪法援引，根据现行宪法第42条的规定，主张自己作为公民享有劳动的权利，要求法院为此项权利的实现提供有效司法救济。法院经审理认为，原告要求确认被告行为违宪的请求，不属于法院受理的劳动争议案件范围，不予支持。

从上述代表性案件中可以概括出宪法援引做法的共同之处。当事人进行宪法援引的动因主要是基于利益诉求，但是，根据宪法解释方法论，不论是文义解释方法还是目的解释方法，都不会推导出当事人所主张的内容。在司法实践中，这类宪法援引做法的确不在少数，徒具宪法援引的形式而没有宪法援引的实质。针对此类做法，法官可以给予回应，指出并纠正其中的谬误，督促当事人正确理解宪法，不放过任何一个宣传宪法的机会。

第三，当事人进行宪法援引的内容模糊化。当事人进行宪法援引存在这样一种情况，即当事人只是笼统地提及"宪法和法

---

① "肖某诉某民爆器材有限公司劳动争议案"，北京市东城区人民法院（2016）京0101民初9326号民事判决书，其中案件简介、原与被告的诉辩理由、法院的审理及判决均源于对该案裁判文书的整理摘录。见裁判文书网，https://wenshu.court.gov.cn/website/wenshu/181107ANFZ0BXSK4/index.html?docId=e091c00104754c2ca205fd6f1ec0ebe1，访问时间：2021年1月31日。该案为系列案件，在"中国裁判文书网"进行检索时，显示相关裁判文书有74篇，涉及民事、行政、申诉申请、再审审查及审判监督等程序，其围绕原告肖某与被告某民爆器材有限公司的劳动争议纠纷展开，其间又衍生出肖某与某市某区社会保险基金管理中心、某市某区人力资源和社会保障局、某工业协会之间的纠纷，时间跨度始自2014年直至2020年。尽管原告提起的诉讼较多，但是个案的争议焦点大同小异。在认真筛选后，以原告援引现行宪法第42条的个案作为研究分析的对象。

律""根据宪法规定""宪法精神""宪法原则""违反了宪法和法律"等，宪法援引的具体内容不清晰、模糊化，以致宪法援引语焉不详，难以发挥宪法援引的预期效用。例如，在"李某某1诉与李某某2返还原物纠纷案"[①]中，原告在证据清单中列明相关事项，只是提及"按照国家宪法规定……"，没有进一步展开说明现行宪法的哪一条、哪一款规定为其诉愿提供支持。实际上该案中当事人的宪法援引根本就不能解决涉案房屋的继承权归属问题，现行宪法第13条仅规定了依法保护公民继承权的一般原则，而应当如何继承以及被继承财产的归属问题则属于民法典的调整范围。而该案的争议焦点并不在当事人是否享有继承权的问题上，在当事人双方均享有宪法保护的合法继承权的前提下，由于宪法援引的内容模糊化使其难以产生实际效果。诚然，对这一特点要具体问题具体分析，是否进行宪法援引取决于当事人的主观意愿，有瑕疵的宪法援引做法中也存在积极的一面，至少表明作为当事人的个体已经有了基本的宪法意识。在当事人曲解宪法规范的本意或者宪法援引有瑕疵的情况下，法官应当为其提供正确的认知示范。

在"张某某机动车交通事故责任纠纷案"[②]中，双方当事人的争议焦点是被告之一某保险公司在超出交强险赔偿范围之外的部分，所要承担的赔偿责任比例和精神损害抚慰金的数额。被告以

---

① "李某某1诉李某某2返还原物纠纷案"，盐城市盐都区人民法院（2014）都潘民初字00332号民事判决书，见裁判文书网，https://wenshu.court.gov.cn/website/wenshu/181107ANFZ0BXSK4/index.html?docId=71e5a7adf3dc4807bd19c1b069bd624e，访问时间：2021年10月10日。

② "张某某机动车交通事故责任纠纷案"，河北省邢台市中级人民法院（2017）冀05号终588号民事判决书。

一审法院依据的地方性法规"违反了宪法和法律"为由,要求二审法院改判。在"黄某某与某市某区市容环境卫生管理局劳动争议案"[①]中,原告认为,原审法院认定部分事实和适用法律有误,其理由是它们不符合"宪法精神"和规范性文件的相关规定,超越了上位法的规定,不应当被适用。在诉讼活动中,当事人若能够主动进行宪法援引,以不符合"宪法精神""违反了宪法和法律"为依据,指出适用的相关规定不符合宪法精神,表明当事人具有基本的"学宪法、用宪法"的积极性以及维护自己合法权益的法治意识。但是,使用这一类措辞来反驳另一方当事人的主张,不仅难以成功也不能对自己主张的利益诉求形成有效支撑。因为原则性、概括性愈强的概念,其内涵愈加丰富,尤其在关涉价值判断时,双方极易产生分歧,难以达成共识。只有与体现"宪法精神"的更为具体的法律条文相结合,形成严谨的法律逻辑,方能显示宪法精神作为裁判依据的实践性价值。

借助上述典型案件,可以梳理出关于宪法援引实践的几点体会。首先,宪法援引有一定的必要性,应该本着肯定的基本立场。与法官的宪法援引实践相比,当事人对宪法知识、宪法精神和法律条文的掌握很难做到全面和精准,不能用专业化的标准去衡量。所以对当事人来说最为重要的是重视现行宪法和法律的态度,具有基本的宪法意识以及对法律的尊重。当事人能够在个案的诉讼中以现行宪法作为其诉讼请求、权利主张的理由和依据,表明其具备基本的宪法意识,这也是法治国家建设在不断进步的真实表

[①] "黄某某与某市某区市容环境卫生管理局劳动争议案",湖南省长沙市中级人民法院(2015)长中民四终字第05429号民事判决书。

现。其次，严格地讲，这种宪法援引方式的形式意义大于实质意义，当事人笼统地提及宪法以便使自己一方的主张看起来有更为充分的法律依据，主张的权利和理由更加具有说服力，期待在一定程度上获得使法院、主审法官以及合议庭重视的效果。尽管形式上的宪法援引较为简单，实际效果并不能尽如人意。但是，当事人尝试运用现行宪法，必然激发其学习宪法的热情，并借助这个过程不断积累宪法知识。同时也会促使法院和法官认真思考现行宪法的精神及其相关规范，至少在个案审理中，法官要在裁判文书的释法说理部分对当事人在宪法援引中涉及的宪法精神或者宪法的条文有所回应，在有意与无意之间加强了法官重视现行宪法的意识。即使法官对当事人的宪法援引做法没有回应，也会提醒法官选择作为裁判依据的法律条文时要更加审慎，使裁判文书释法说理部分的法律论证逻辑更为严谨，进而使最终的裁判结果更加具有权威性和符合法理，以保证裁判文书有较高的专业水准。最后，法官对当事人的宪法援引做法的回应，在主观上既可能是积极的也可能是消极的，即使法官的回应是被动的，也不排除获得积极裁判效果的可能。在释法说理部分融入宪法元素，可以形成法律条文和规范体系的一体化，显然要比依据单独的一个或几个适格的法律条文作出判决的效果更好一些。法官如果能够在当事人采用宪法援引做法时都给予积极回应是再好不过的了，是值得鼓励的做法。在强化对宪法的法律属性认知的前提下，可以结合个案的具体情节，将宪法规范和法律条文有机串联起来，形成严谨的法律逻辑和法律条文的体系化表达，这不仅可以展示法官的专业水平，也可以引导当事人，使其拥有正确的宪法意识和法律意识，对当事人认同和接受司法裁判的结果裨益多多。个案中有的法官在裁判文书释法说理部分回避了当事人主张的有关违背了"宪法精神"的说辞，此举足以表明法官的基本立场。事实上法官对当事人的宪法援引做法不予回应，当事人也不会因此打消对适用的法律不符合宪法精神的疑虑。面对越来越多的当事人采用宪法援引的做法，法官给予回应有诸多正向意义，比如提高司法裁判的专业水准，增强裁判结果的说服力，促进司法公正，同时自然会提高当事人对法官的职业认同感。

（五）刑事案件中的宪法援引实践

比较而言，刑事案件中的宪法援引做法向来少见。"姚某某、赖某某挪用公款、贪污案"[①]中的被告人赖某某系村委会委员，其与该案另一被告人姚某某负责协助某高速公路某段至某段某县建设协调指挥部在本村的建设用地的征地拆迁等补偿工作。该案的公诉机关认为，被告人赖某某在协助政府开展土地征用补偿费管理工作中，利用职务便利，挪用公款进行营利活动，数额较大，其行为已触犯《刑法》第384条第1款、第382第2款之规定，应当以挪用公款罪、贪污罪追究其刑事责任。被告人赖某某及其辩护人在辩护意见中运用宪法援引的目的明确，希望借助现行宪法第10条第2款的规定，说明涉案土地的性质属于集体财产，并延

---

① "姚某某、赖某某挪用公款、贪污案"，湖北省崇阳县人民法院（2020）鄂1223刑初16号刑事判决书。其中案件简介、控辩方观点、法院的审理及判决三部分为通过对该案裁判文书的整理摘录所得。见裁判文书网，https://wenshu.court.gov.cn/website/wenshu/181107ANFZ0BXSK4/index.html?docId=86fdcabaec2d4cb58186ac680096751c，访问时间：2021年1月13日。

及征地补偿款的性质认定，以避开贪污罪的认定。

尽管诉讼当事人不能代表全体社会成员，但是个案中当事人的宪法援引做法在一定程度上能够印证一个事实，即随着社会成员的宪法意识、法律意识不断提高，越来越多的当事人试图在诉讼中进行宪法援引、运用宪法精神和宪法条文来支持自己的诉讼请求。分析来看，当事人进行宪法援引的动机不难理解，使当事人的诉权、诉求以及主张的权利更加具有正当性，突出利益主张的重要性。那么在法治国家建设水平不断提高的背景下，对未来司法实践中的宪法援引实践不妨作一基本判断，涉及宪法援引的案件会在数量上保持平稳上升趋势。因为宪法规范的内涵极其丰富，为当事人通过宪法援引、借助宪法规范表达其主张，提供了充分发挥的空间。

面对当事人的宪法援引做法，法官作为专业人士持有态度和立场无疑具有举足轻重的意义。在裁判过程中给予回应，不仅是法院和法官的司法职责所在，也是维护司法权威专业性水准的体现以及履行全面推进宪法实施的义务。尤其在当事人的宪法援引做法中存在认知偏差、理解谬误时，法院和法官做出的宪法性回应，更加具有司法价值和社会效用。通过司法裁判活动帮助当事人正确地进行宪法援引和运用宪法，是法院和法官的司法职责。事实上，在代表性案例中，法官已经注意到了当事人宪法援引做法中存在的问题，法官在有些判决中没有支持当事人诉讼请求的，主要是由当事人所主张的所谓宪法权利既不具体亦不明确导致的。

（六）对法官的宪法援引实践的审视

总体而言，对法官与当事人的宪法援引做法的评价标准应当是有所区别的。法院和法官作为专门的司法机关和工作人员，与当事人相比具有职业和专业上的比较优势。法官都是接受过专业教育、经过专业训练的专职工作人员，衡量他们的宪法援引实践的应当是专业标准，显然要高于对当事人的宪法援引做法的评价标准。相对于当事人宪法援引做法中的不规范现象，法官运用宪法援引时的不规范做法带来的后果会更为负面。这一方面暴露出法官的宪法素养和法律修为不足，另一方面证明宪法援引实践需要规范化以及宪法援引典型案例的示范和引导。只有这样才能做到宪法援引实践在形式与内容上的统一，使宪法权威得以维护。

通过检视涉及宪法援引要素的裁判文书，可以发现法官的宪法援引实践并非十分完美，同样存在不规范的现象，法官群体运用宪法援引的观念和实践能力有待于进一步提高。

第一，法官在进行宪法援引时，存在着将宪法规范作为裁判依据并不充分的情形。在"王某诉韩某离婚纠纷案"[1]中，对于原告要求更改子女的姓名的诉讼请求，法官在裁判文书的释法说理部分认为，姓名权是公民的宪法基本权利，并就此支持了原告的诉讼请求。在"巩某某、刘某诉某家具有限公司股东知情权纠纷

---

[1] "王某诉韩某离婚纠纷案"，江苏省宝应县人民法院（2015）宝民初字第2950号民事判决书，见裁判文书网，https://wenshu.court.gov.cn/website/wenshu/181107ANFZ0BXSK4/index.html?docId=110ba5e40e27430697522f1570fcfcfa，访问时间：2021年10月10日。

案"①中，一审法院在裁判文书的说理部分阐明，被告辩称原告以向税务机关举报为要挟，要求查阅被告公司账簿的目的不正当。法院认为举报系宪法赋予公民的基本权利，因此对被告的辩称意见不予采纳。法官在裁判文书的释法说理部分进行宪法援引以阐明裁判理由是没有问题的。但是，存在的主要问题是，其援引的内容缺乏直接的宪法规范依据以及对宪法条文的运用模糊不清。在涉及姓名权的个案中，《民法典》对姓名权的规定是明确的，可以通过现行宪法中的人格权条款为《民法典》上的姓名权提供支持，在宪法规范本身不存在有关"姓名权"具体规定的情况下，直接进行宪法援引未免显得有些牵强。对于涉及检举权的个案，现行宪法第41条第1款关于检举权的规定是公民针对国家机关及其工作人员的违法犯罪行为有检举揭发的权利，并非指针对非公共权力机关或其他组织的检举。法官作为从事审判工作的专业人士，应当对宪法精神和宪法条文有更为专业的认知水平和运用能力。

第二，通过宪法援引实践进一步明确上位法与下位法之间的关系，排解法律适用的冲突。在"杨某某诉某区市场监督管理局食品安全监管案"②中，针对2012年《某市奖励办法》、2017年《国家奖励办法》以及2019年《某省奖励办法》三部相关的规范性文件，原告、被告各执一词。法官在阐明裁判理由时援引了现行宪法第89条的规定，旨在厘清现行宪法与相关法律法规规章之间的

---

① "巩某某、刘某诉某家具有限公司股东知情权纠纷案"，江苏省徐州市中级人民法院（2017）苏03民终7742号民事判决书，见裁判文书网，https://wenshu.court.gov.cn/website/wenshu/181107ANFZ0BXSK4/index.html?docId=e94f1a8ecb8c4f5aa5e6a8a500f92743，访问时间：2021年10月10日。

② 参见南昌铁路运输法院（2020）赣7101行初215号行政判决书。

关系，在涉及同一内容的相关规范存在冲突的情况下，支持了原告的诉讼请求，明确应当优先适用 2017 年《国家奖励办法》或者 2019 年《某省奖励办法》。该案的判决涉及不同层级政府规章的关系以及确立上位法与下位法之间应遵循的基本原理。该案是为数不多的法官主动进行宪法援引的代表性案例，从实际效果来看，法官的做法有助于当事人明晰不同层级政府所颁布的规章之间的关系，引导政府职能部门通过正确的法律适用做出具体行政行为，纠正不适当的行政决定。

第三，将现行宪法规范作为直接的裁判依据。在"李某某诉师某某赡养案"[①]中，针对原告与被告的赡养费纠纷，一审、二审法院依照现行宪法第 49 条、《婚姻法》第 21 条、《老年人权益保障法》第 19 条、《民事诉讼法》第 170 条第 1 款第 2 项的规定，阐明父母子女关系的法理和情理。法官在作出判决时将现行宪法第 49 条直接作为裁判的法律依据，与《婚姻法》第 21 条的规定共同形成相对完整的法律逻辑，现行宪法的原则性规范借助《婚姻法》中的具体法律条文进一步展开，突出了亲子关系的立法原意。从裁判的实际效果看，宪法援引不仅为《婚姻法》第 21 条提供了较为充分的宪法依据，同时也极大地增强了司法裁判的说服力。"武某某诉王某某确认合同无效案"[②]的审理和判决，也是法官主动进行宪法援引的范例。法官将现行宪法第 44 条、第 45 条与《合同法》第 52 条、第 58 条以及《民事诉讼法》第 64 条一并作为裁判的依据，使宪法规范与相关法律条文的适用相互呼应，同样获得了使

---

① 参见河北省石家庄市中级人民法院（2020）冀 01 民终 1426 号民事判决书。
② 参见河南省周口市淮阳区人民法院（2020）豫 1626 民初 1843 号民事判决书。

判决的法律依据更为充分、裁判文书更具说服力的良好效果。在"张某起、张某莉诉张某珍损害赔偿案"①中,当被告搬出"工伤概不负责"的合同条款,拒绝承担原告之子在施工过程中受伤后医治无效死亡的法律责任时,法官依据现行宪法第42条第1款、第2款,《民法通则》第106条第2款、第119条,《民事诉讼法(试行)》第97条,认定该合同条款不仅违反现行宪法和劳动法规,也严重违反了社会主义公德,属于无效合同条款和无效民事行为。借助宪法援引的实践力,从而使要求被告承担法律责任的论证逻辑格外清晰和明确,这对涉及劳动权的劳动合同纠纷案件有一定的示范作用。值得一提的是,该案发生的时间较早,是法官进行宪法援引并产生了广泛社会影响的个案,在法学专业使用的宪法学案例教材中几乎都有关于该案基本情况的介绍和专业评析。

第四,使现行宪法与作为裁判依据的法律条文共同发挥协同作用。在"项某强、项某利诉某镇人民政府土地确权案"②中,原告二人向被告递交《要求宅基地确权申请书》,因不服被告作出的《决定书》以及区政府作出的《行政复议决定书》,向法院提起行政诉讼。法官依据《土地管理法》《确定土地所有权和使用权的若干规定》《土地权属争议调查处理办法》等相关法律法规的规定,判决撤销被诉行政处理决定,责令镇政府对原告的申请重新作出处理,并对区政府作出的行政复议决定予以撤销。法官在裁判文书的释法说理部分援引现行宪法中关于农村土地所有权的宪法条文,意在指出镇政府工作人员在行政复议中作出违反现行宪法规

---

① 参见《张连起、张国莉诉张学珍损害赔偿纠纷案》,《中华人民共和国最高人民法院公报》1989年第1期。
② 参见北京市第二中级人民法院(2014)二中行终字第1208号行政判决书。

定的失职行为，同时为适用《土地管理法》第11条"农民集体所有的土地，由县级人民政府登记造册，核发证书，确认所有权"作为判案依据提供正当性基础，注重现行宪法与《土地权属争议调查处理办法》的相关规定发挥协同作用。在"张某某、李某某组织、利用会道门、邪教组织、利用迷信破坏法律实施案"[①]中，被告人因信仰"法轮功"邪教，先后被行政拘留、刑事拘留。公诉机关认为被告人的行为已触犯《刑法》第300条第1款，应当以利用邪教组织破坏法律实施罪追究其刑事责任。被告人对公诉机关指控的事实没有异议，但是不认为这是犯罪行为而是自己的信仰。法官依据《刑法》以及最高人民法院、最高人民检察院《关于办理组织、利用邪教组织破坏法律实施等刑事案件适用法律若干问题的解释》《刑事诉讼法》的规定，判决被告人利用邪教组织破坏法律实施罪。在该案中法官援引了现行宪法第36条关于宗教信仰自由的规定，同时明确"任何人不得利用宗教进行破坏社会秩序、损害公民身体健康、妨碍国家教育制度的活动"，充分阐释了宪法基本权利和自由及其合理限制的基本原理。

第五，通过宪法援引及时纠正和弥补裁判中的漏洞。在"李某某贩卖毒品案"[②]中，被告人李某某等四名被告共谋贩卖毒品牟利，法院认为四名被告人的行为均已构成贩卖毒品罪。依据《刑法》以及《关于处理自首和立功具体应用法律若干问题的解释》的

[①] "张某某、李某某组织、利用会道门、邪教组织、利用迷信破坏法律实施案"，吉林省辽源市西安区人民法院（2020）吉0403刑初141号刑事判决书。其中案件简介、控辩方观点、法院的审理及判决三部分为通过对该案裁判文书的整理摘录所得。见裁判文书网：https://wenshu.court.gov.cn/website/wenshu/181107ANFZ0BXSK4/index.html?docId=ab5d19a5198f48f3aa97ac8b007edff9。访问时间：2021年1月13日。

[②] 参见北京市第二中级人民法院（2014）二中行终字第1208号行政判决书。

规定，以贩卖毒品罪判处被告人李某某无期徒刑，剥夺政治权利终身，并处没收财产10万元，驱逐出境。一审法院宣判后，被告人李某某提出上诉。二审法院认为，我国刑法所列举的政治权利是现行宪法赋予我国公民的权利，李某某是韩国国籍，原审判决判处剥夺其政治权利不当。该案为认真筛选出来的、具有一定代表性的涉及宪法援引实践的刑事案例，而且还是具有涉外因素的案件，被告人李某某是韩国人，属于外国人在内国的刑事犯罪。一审法院在判决时疏忽了被告人的国籍，李某某被判处主刑同时附加剥夺政治权利属于明显不当。根据现行宪法的规定，政治权利属于中国公民享有的宪法基本权利之一，该项权利的主体是公民，因此中国公民身份是享有宪法基本权利的前提，同时根据《国籍法》的规定，具有中国国籍的自然人才是中国公民。外国人不享有本国公民享有的宪法基本权利，附加剥夺其政治权利的刑事处罚不会产生任何法律效果，亦无执行效力。二审法院发现并弥补了这个漏洞，指出"刑法所列举的政治权利是我国宪法赋予我国公民的权利"，"原审判决判处剥夺政治权利不当"，使最终判决结果与现行宪法规范相契合。

通过进一步审视一审的裁判结果，不排除存在"机械性司法"[1]的思维定式以及回避适用现行宪法规范的潜在意识。刑事案件通常不涉及宪法适用，这是司法实践中长期以来的习惯做法，因此宪法援引也极为少见，宪法观照明显不足。该案对此给出了很好的提示，无论司法裁判是否涉及宪法援引或者以宪法为裁判依据的情况，法官的宪法意识都不能缺席，否则有可能导致不好

---

[1] 孙皓：《论公诉权运行的机械性逻辑》，《法制与社会发展》2017年第5期。

的裁判结果。如果在案件事实与法律规范之间不能达成缜密的对应关系，不仅会在法律论证逻辑上出现瑕疵，也会影响到预期的社会效果。法官的宪法意识在任何性质案件的裁判中都不是可有可无的，与具体个案是否需要适用宪法或援引宪法精神、宪法条文无关。法官的宪法意识有助于提升司法裁判的专业水平，实现形式法治与实质法治的统一。由此观之，宪法援引实践是法官对现行宪法规范的认知能力在个案中的变现，从而实现从宪法规范到部门法规范的有效链接，形成法律逻辑的自洽。宪法援引实践向外传输的能力正是宪法的最高法律效力、对权利给予有效的司法救济以及普世的社会正义的体现。

（七）法官与当事人均进行宪法援引的典型案例

这类案件主要表达的是当事人进行宪法援引、法官对此给予积极回应的情形。在"宋某某、曹某某夫妇诉某电视台侵犯肖像权、名誉权、隐私权、住宅权案"[1]中，两原告认为，被告进入家中采访、录制并播放的施工事故节目侵犯了他们的肖像权、名誉权、隐私权和住宅权，为此起诉至法院，提出被告停止侵害，排除妨碍，消除影响、恢复名誉、赔礼道歉、赔偿损失等若干项诉讼请求，要求法院依法保护其合法权益。法院依据现行宪法第 39 条，《民法总则》第 110 条，《侵权责任法》第 2 条、第 6 条，《最高人民法院关于民事诉讼证据的若干规定》第 2 条，《民法总则》第 110 条，《侵权责任法》第 2 条、第 6 条的规定，判决驳回原告的全部诉讼

---

[1] 参见山东省博兴县人民法院（2018）鲁 1625 民初 3024 号民事判决书。

请求。与其他案件相比,该案有两点不同之处,一是原、被告双方都援引了现行宪法第 39 条的住宅安全权条款作为维护自己合法权利的宪法依据,孰是孰非,需要正确解读相关宪法规范的内涵。二是与以往当事人进行宪法援引时法官多采取回避态度的案例不同,该案中的法官对当事人的宪法援引给予了积极回应,并直接援引宪法文本中的住宅权条款进行释法说理,明确基于"了解情况进入原告院内进行采访,是记者进行现场采访的正当程序",不属于非法搜查或者非法侵入住宅的情形。总体上看,法官选择回应的方式至少在三个方面有积极意义。一是对法官的专业意义,可以从理论和实践层面强化法官对宪法的认知,结合具体案情对宪法条文的专业化解读使法官获得了提高运用宪法援引能力的机会,在个案中融入宪法宣传和宪法教育,履行法院和法官的宪法实施义务。二是对当事人的意义,有助于当事人正确理解住宅安全权的基本权利属性以及宪法精神和宪法条文,纠正认识上的偏差,矫正当事人已有的对于宪法的刻板印象。三是对现行宪法的意义,法官和当事人乃至全体社会成员能够在个案中感受到宪法的生命力,促使宪法成为"活的机关"。在"张某某诉王某某名誉权纠纷案"[①]中,原告起诉至法院,认为被告发送含有辱骂词语短信的行为,严重侵犯自己的名誉权、生命权和健康权,要求其支付精神损害赔偿金 1 万元。依据现行宪法第 33 条、第 38 条、第 51 条和第 53 条,《民法总则》第 3 条、第 8 条、第 109 条、第 110 条和第 120 条,《侵权责任法》第 2 条、第 3 条、第 15 条,以及《最高人民法院关于确定民事侵权精神损害赔偿责任若干问题的解释》第 8

---

① 参见山东省威海市中级人民法院(2020)鲁 10 民终 2024 号民事判决书。

条的规定，一审法院判决驳回原告的诉讼请求；二审法院判决驳回上诉，维持原判。该案为原告进行宪法援引的类型，目的明确，旨在以现行宪法的相关规范作为其诉讼请求的法律依据，为其提供来自现行宪法的支持，强调其权利主张的正确性。法院在裁判文书的说理部分做了回应，同时运用现行宪法规范，对被告进行了批评教育。

总之，当事人一旦启动案件诉讼基本上可以说都是有备而来，或者咨询律师等法律职业者、亲朋好友，或者自行上网检索查询获取法律上的建议。而且当代的高科技及其产品，诸如智能化网络、电子设备等，也为当事人学法用法提供了更多、更为便捷的途径。在当事人的宪法意识和维权意识不断提高的情况下，法院和法官自然不能懈怠，尤其对于涉及宪法援引的案件不能掉以轻心，积极回应也是对司法裁判的必然要求。[①]

四、宪法援引实践的学术价值

宪法援引实践与宪法理论是相互联系、相互推动的关系。日益丰富的宪法援引实践为推动法学理论的发展与创新提供了源源不断的新鲜素材，赋予法学理论、宪法学理论以更加鲜明的时代性。因此，针对宪法援引这一主题，该研究不仅要对它的实践价值形成初步认识，还要从宪法学理论视角出发，探讨它的学术价

[①] 魏健馨、张瑞黎：《宪法实施视域中宪法援引典型案例分析》，《沈阳工业大学学报（社会科学版）》2021年第2期。

值，确立起清晰、明确的学术立场。

（一）肯定宪法援引实践的基本立场

从目前的体制机制来看，立法、行政、司法机关各居其位，各司其职。全国人大常委会是宪法解释和法律解释机关，行政机关是执法机关，法院是法律适用机关。对于法院在司法实践中能否直接适用宪法规范作为裁判的问题，是一直存在分歧的。如果法院以宪法规范作为裁判依据的话，必然涉及对宪法条文内涵的释义。在国家立法机关行使宪法解释权和法律解释权的体制下，法院没有宪法解释权。在有些情况下司法裁判确实需要现行宪法的助力，目前法官采取了不需要解释宪法的宪法援引方式，通过在裁判文书的释法说理部分援引相关宪法精神或宪法条文，使裁判的法律论证逻辑更为严谨，达到加强释法说理的目的，在目前司法实践中这是较为普遍的做法。

通过大数据检索结果可以看到，在民事诉讼、刑事诉讼以及行政诉讼案件中，运用宪法援引的做法是客观存在的。根据《制作规范》的规定，现行宪法的原则和精神"可以在说理部分予以阐述"。从严格意义上讲，宪法援引实践中有将宪法条文列为裁判依据的情形，显然不符合相关规定。而《制作规范》作为指导性文件是否具有普遍约束力，不宜简单断言。至于如何阐述宪法的内涵以及采用何种方式，还需要在司法实践中进行摸索、反复推敲并予以规范。

目前，对于宪法援引的理论与实务的研讨成果日渐增多，观点上呈现多元化的特点。从宪法的根本法属性及其可适用的法律特质以及逐渐增多的宪法援引案例的实际情况出发,学术界与实务界对宪法援引方式基本上持肯定态度。尤其在不涉及全国人大常委会的宪法监督权和宪法解释权的情况下,借助宪法援引方式来强化案件裁判依据的合理性,将宪法作为司法审判中的补充性或者附属性法律依据的做法值得保留。① 当然,需要强调的是,鉴于宪法的权威性,宪法援引不应随意而为之。宪法援引与宪法适用不同,学术上有对二者作进一步区分的必要。尽管在目前的体制下,法院不能直接适用宪法条文作为裁判依据,但是,法院可以在判决中援引宪法条文作为必要辅助性手段进行说理。② 对此,有学者将在裁判文书的释法说理部分通过宪法援引以增强说理效果的方式,归结为"间接适用宪法"。③ 也有学者将宪法援引与合宪性解释关联在一起,认为法官的宪法援引源于对法律进行合宪性解释的需要。如果法律条文不足以支撑法院作出判决,则可借由对适用该法律条文的合宪性解释为法官的裁判选择提供依据。④ 在广义宪法实施的视角下,宪法援引的价值主要在于促进宪法实施、增强宪法权威的实践效用。⑤ 宪法援引的目的在于为诉讼案件的顺利解决提供准确的宪法规范和法律条文的论证逻辑,增强裁判文书的说理性和权威性,以及为作为裁判依据的法律条文提供合宪性支持。

---

① 莫纪宏:《宪法在司法审判中的适用性研究》,《北方法学》2007年第3期。

② 朱福惠:《我国人民法院裁判文书援引〈宪法〉研究》,《现代法学》2010年第1期。

③ 海亮:《在现行体制下法院仍应间接适用宪法》,《法学》2009年第4期。

④ 张翔:《两种宪法案件:从合宪性解释看宪法对司法的可能影响》,《中国法学》2008年第3期。

⑤ 魏健馨:《现代国家建构视域中的宪法实施》,《河北法学》2017年第5期。

宪法援引方式兼具形式意义和实质意义。法律是由国家立法机关"根据宪法"制定的，是在特定社会关系领域经由部门法体现得更为具体的宪法原则和精神。在有明确清晰的法律条文作为裁判依据的前提下，法院可以同时援引现行宪法中与之对应的原则性条款和宪法条文，形成一以贯之的裁判逻辑。从大数据统计结果来看，宪法援引实践中对宪法精神和宪法条文的认知和理解尚未出现重大误读和分歧，现行宪法不仅增强了司法裁判的权威性和说服力的客观效果，也加强了人们对宪法的实践性价值的认识，不失为宪法实施的有效路径。近年来，在依宪治国、加强宪法实施的宏观背景下，以宪法援引实践为主题的理论研讨与司法实践一直在持续进行中。对于法院援引宪法规范作为裁判依据的做法应当作全面、客观地分析，针对尚未达成共识的内容，需要展开更为深入、全面的实证研究。包括宪法援引的规范化途径和方法；宪法援引的类型化及其区分标准；不同类型案件分别设定宪法援引的限制性条件；能否将宪法条文直接作为裁判依据，以及以何种形式呈现出来；如何把握具体援引方式的特点等内容，都具有作为专项课题进行考察和研究的价值。

　　研讨至此，更能感受到宪法援引在司法实践中的现实意义以及对宪法学理论所具有的建构性价值。以宪法援引为主题的司法实践与理论研究绝非一日之功，不仅要进行大量的实证研究，还要在理论法学、部门法学和宪法学视域中，运用综合视角展开研究。同时将大数据研究方法与典型案例及其学理分析结合起来，使法学理论与司法实践互相促进、共同发展，推动司法公正、法治进步和法治国家的建设。

（二）宪法援引实践的规范化

尽管宪法规范不能作为案件的直接裁判依据，但是，在司法实践中并不妨碍宪法原则、宪法规范的精神贯穿于裁判文书的释法说理部分。法院依据现行宪法和法律行使审判权，法官进行司法裁判的法律依据必然要符合宪法原则和精神的内涵。尤其当法律条文鞭长莫及、力不从心之时，方显宪法援引的实践价值。根据裁判的法理，法院作出裁判要依据符合宪法的法律，在裁判文书的释法说理部分进行的宪法援引有不可替代的积极作用，使释法说理具有权威性，保障判决结果的准确性和合理性。因此，宪法援引的规范化是必由之路。

第一，提高宪法的认知水平是宪法援引规范化的前提和基础。宪法作为根本法的属性不仅体现在最高法律效力上，更在于保障法律规范体系内在协调统一的统领作用。宪法的高级法价值体现在诸多方面：在立法领域中"根据宪法，制定本法"的宪法优位；在行政领域中的最高法律位阶，任何法律、行政法规和地方性法规都不能与宪法相抵触；在司法领域中的法律适用通过宪法援引将宪法精神贯彻到底。法院根据现行宪法的授权行使审判权，法官在考量裁判依据时，需要阐明法律适用的逻辑合理性。宪法援引能够为此提供根本法意义上的指引，帮助当事人更好地理解法律条文的含义以及不同法律条文之间的关联性，发挥法律适用的个案效力。同时也不排除通过宪法援引来确认当事人行为的性质，为案件的准确裁判奠定基础。在前述案例分析中就有类似情况，法官在释法说理部分运用宪法援引方式对当事人之间的争议标的进行定性，待性质确定之后才可选择适用的法律条文，使司法裁判过程顺利推进。

第二，提高宪法援引的专业化水平，推动宪法援引的形式和内容进一步规范化。通过客观分析，法官运用宪法援引方式的主观愿望和客观做法是可以肯定的，但是并非无懈可击，根据大数据统计和分析的提示，至少有两个方面的问题需要规范。一是法官在援引宪法文本中关于某一项制度的规定时，应当明确指出依据的具体宪法条文（款），而不能只是泛泛地说"依据宪法"，没有明确的指向将导致宪法援引的空泛化。或许法官以为相关宪法条文（款）内容简明，无须指明当事人也能够推断出是宪法规范的哪一条（款）。虽然这在专业人士看来是简单明了的事情，但对于当事人并非易事，更何况这涉及对宪法规范的援引与理解，应当格外谨慎和细致。只笼统地援引"宪法"一词，而非指明确切的宪法规范，难免会造成理解和适用逻辑上的混沌，至少在宪法援引的形式上有表述不严谨之嫌。援引宪法进行释法说理时，必须注重形式上的规范，例如表达宪法全称以及宪法条文（款）的序号等给人更为正式的感觉，至少能够较为充分地表示出尊重之意。二是援引的宪法规范与适用的法律条文之间的逻辑层次和先后顺序的安排要适当。援引的宪法规范不仅在宪法文本中有规定，在相关法律中也有具体规定，部门法使宪法规范的原则性内容具体化。如此引发一个具体问题，部门法里的法律条文将宪法规范具体化之后，是否还有援引宪法条文的必要呢？如果援引宪法规范用以增强裁判依据、适用法律条文的权威性和正当性，则需要仔细斟酌和设置宪法规范和法律条文的前后顺序。根据公法理论和宪法学基本原理，宪法在法律体系中的统领地位对于保障法律规范体系内在协调统一方面发挥着不可替代的作用。因此，在有明确法律条文规定时,首先阐述与之对应的宪法规范内容,然后与适格的法律条文一起建构层次分明的法理逻辑,以使法律适用无懈可击,裁判结果顺理成章。

第四章
释法说理与援引

本章导读：裁判文书中的释法说理部分是各种援引实践的客观载体，它能够忠实呈现案件的审理及裁判结果的推导过程和论证逻辑，对案件当事人、法院和法官以及其他社会成员具有多重意义。在司法实践中，除了宪法援引以外，还有内容各异的其他援引做法。因此研究援引必然要回归到释法说理的形式与内容，审视援引与释法说理之间的关系以及援引增进释法说理效果的实际作用。释法说理集中体现法官的裁判思路，展开被援引的内容与作为裁判依据的法律条文之间的内在逻辑，寻求对个案的最佳解决方案，借助援引的内容，向当事人传输公正与公平、社会主义核心价值观以及传递秩序与正义的法治价值取向。在增强释法说理的说服力上，各种援引做法的实际效用值得关注和研究。

一、关于释法说理的基本认知

裁判文书的制作以体现法律适用的结果为主要内容,本质上就是要通过释法说理来阐明裁判的思路和法律逻辑,总体上属于具有法律效力和法律意义的专用文书,形式上要受到标准格式的限制。如此看来,释法说理是裁判文书的核心所在,彰显裁判过程中的司法智慧和司法文明。

(一)释法说理的功能定位

根据最高人民法院的相关规定,① 裁判文书的标准格式通常由标题、正文和落款三部分构成。其中正文是裁判文书的主体,内容最多,一般包括首部、事实、理由、裁判依据、裁判主文和尾部等。具体说来,首部要写明诉讼参加人及基本情况,案件由来和审理经过。事实部分需要记录当事人的诉讼请求、陈述的事实和理由,法院认定的证据和事实。理由部分则是根据认定的案件事实和法律依据,对当事人的诉讼请求是否成立进行专业性评述,并阐明理由。裁判依据部分是法院作出裁判时所依据的实体法和程序法法律条文,此即法律适用的内容。裁判主文部分是法院针

---

① 参见最高人民法院于 2016 年 6 月 28 日发布、2016 年 8 月 1 日起实施的《人民法院民事裁判文书制作规范》。

对案件实体问题和程序问题作出的明确、具体、完整的处理决定。尾部要列明诉讼费用的负担和告知事项。最后落款处需列出合议庭成员的署名和日期。

从裁判文书的内部结构来看，各个组成部分各有其特定的功能定位，比较而言，最为重要的部分当属判决主文、本案事实和裁判理由三个部分，[①]它们集中体现司法裁判的专业水准，能否有效化解当事人之间的利益纠纷和矛盾冲突，能否实现司法公正的结果，能否充分展现法官的职业技能和专业素养，一一呈现在个案的审理过程以及判决结果之中。

鉴于释法说理在裁判文书中的重要地位及其实践意义，学术界和实务界对此的主题探讨一直在持续之中。

（二）释法说理的主要内容

释法说理的内容集中体现在理由、事实认定和法律适用等方面。裁判文书中的理由即说理部分，是法院根据案件认定的事实和法律依据，对当事人的诉讼请求是否成立进行分析评述，阐明法理根由和法律道理。这一部分是法官集中表达、阐释、说明裁判理由的内容，不仅能够展示出法官的职业素养，还可以为当事人提供正确了解法律条文的内涵和法律理念的机会，把它认定为裁判文书的重中之重也不为过。说理部分的内部结构包含有三个基本要素，按照应然的逻辑，将其先后顺序排列为"证据评断""事

[①] 曹志勋：《对民事判决书结构与说理的重塑》，《中国法学》2015年第4期。

实认定""法律适用"。①

第一，证据评断是裁判文书说理部分的逻辑起点。众所周知，按照当事人的理解，打"官司"在一定意义上其实就是比拼证据，哪一方当事人提供的证据确凿，便可以胜券在握。所以，证据是否给力直接关系到"官司"的成或败，对当事人的意义非同小可。对法官来说，证据评断并且能够在裁判文书中清晰无误地表述这一过程尤为必要和重要，这项工作成果不仅决定了当事人的诉讼请求是否获得足够的证据支持，也会影响到最后的裁判结果。而且在心理学上，证据评断属于人类的意识思维活动范畴，带有心理活动的一般特点。在合目的性上，证据评断旨在确定证据是否具有证据能力、是否具有证明力以及证明力的大小。在法学视角上，证据评断是专业性活动，其主体是特定的，包括在庭审中发挥主导作用的法官。在案件审理过程中，法官不仅要把握证据评断的程序，还要在一定程度上发挥主观能动性和自由心证的能力，以真实性、关联性、合法性等三个指标为参照，来进行有效的证据评断。司法公正的价值取向要求法官必须对全案证据进行审查判断，以确保裁判结果的权威性和公正性。总体看来，证据评断是对法官的心理素质和专业修养的整体性检验。在说理部分，法院法官应当从专业原则和精神出发，详细说明涉案证据的取舍及其原因。首先，基于诉讼活动奉行的"谁主张、谁举证"原则，在判决书中详细说明当事人的举证情况以及法官认定、采信证据的情况，这是程序法规范对审判工作的基本要求。其次，阐明认定证据的理由，有助于增强司法过

---

① 赵朝琴、邵新：《裁判文书说理制度体系的构建与完善——法发［2018］10号引发的思考》，《法律适用》2018年第21期。

程在法律共同体内部的透明度以及实现监督机制的积极效果。也就是说，可以使没有参与案件事实审查的诉讼参加人、上一级法院在进行书面审理时，能够获得较为全面的证据评断情况。反之，如果判决书中不说明对证据的认定与取舍理由的话，其他人将很难判断证据的认定过程。[1] 由此可见，证据评断与说理部分、法律适用等内容同等重要，是遏制司法裁判中法官运用自由裁量权时可能出现的恣意状况的重要环节。

第二，事实认定是释法说理的重要基础。事实认定在整个裁判文书中居于主导和核心地位，也是说理部分和主文部分的基础。在司法过程中，事实认定发挥承上启下的作用，它是对涉案证据进行分析的结果，不仅涉及证据证明，也包含对事实的法律评价。任何个案的事实认定都离不开法律，并直接影响到具体的法律适用。有鉴于此，学者将案件的证据、事实、法律在司法程序中的关系，界定为"诠释学意义上的循环"现象。[2] 受裁判文书的篇幅所限，事实认定部分的文字数量不能毫无节制，像写毕业论文那样洋洋洒洒长篇大论。但是，考察当下司法实践的实际情况，裁判文书的篇幅有不断加长的趋势，有的裁判文书总字数已经不逊于一篇硕士生的毕业论文。当然对于裁判文书的篇幅字数问题不能一概而论，案情复杂的该长则长，应视具体情况而定。尽管事实认定是裁判文书撰写的重点和难点所在，但是，这一部分在总体结构上不可能占据过大篇幅，因此就要在极其有限的字数之内，

---

[1] 左卫民、谢鸿飞：《法院的案卷制作——以民事判决书为中心》，《比较法研究》2003年第5期。

[2] 赵朝琴：《往返于事实和法律之间——析裁判过程和结论在裁判文书中的反映》，《河南师范大学学报（哲学社会科学版）》2009年第1期。

清楚、准确和简洁地表述经审理查明的事实。做到这一点实属不易,对法官的撰写方法、技巧和文字功底都是一种考验。而且事实认定还需要借助法官根据逻辑推理、日常生活经验积累的法则和常识,法官对个案的准确分析和判断,总会在有意与无意之间叠加上他(她)的人生阅历、社会经验和"三观"的影响,实际上呈现的是由专业功底、社会经验、审判经验和人生信念构成的法官的综合能力。事实认定的论证过程是在庭审过程中由双方当事人及其代理人,与法官通过彼此之间的互动共同推进完成。裁判文书对此必然要有所表述。

第三,法律适用是释法说理的最终结果,体现专业化的技能和特点。司法实践中对于法律适用的论证基本上是由法官通过裁判文书独立完成,并且要按照非常规范的方式准确地表达出论证逻辑,在事实与规范之间形成有效连接。法律适用的说理,是对法官自由心证过程的文字表达。在由不同部分组合而成的裁判文书中,贯穿其中的就是清晰的法律逻辑,借助于充分论证的力量,追求司法判决的说服力和公信力的效果。通过司法实践来弥合事实与规范之间的缝隙,或者填补法律漏洞,或者解读出新的内涵,以维护当事人的合法主张和利益,维持社会秩序。因此,必然要将说理严格限定在法律逻辑的框架之内,有效控制法官对自由心证和自由裁量权的过度运用,避免出现恣意判决的结果。司法公正的一个现实体现就是实现同案同判的社会效果,保持法律适用的一致性,维护法治的统一。由此不仅能够提高司法裁判的说服力,还可以更好地安抚当事人,有助于从根本上解决权益纠纷。[①]

---

① 王立梅:《裁判文书直接引用学者观点的反思》,《法学论坛》2020 年第 4 期。

相比之下，说理部分的特定目的和独立价值更为突出。从实际情况来看，说理部分是法律推理和论证的逻辑起点与主要内容；为裁判结果的可接受性提供充分条件；同时它也是在"良法善治"目标的要求下，追求司法公正和社会正义的途径。反之，如果裁判文书的说理部分不能为裁判理由提供充分的论证，那么，裁判文书就难以固定由司法透明所形成的正义考量，良法善治的要求也就无从体现。总体上看，说理部分是司法透明评估的微观根据或指标。[①] 在裁判文书结构上，说理部分不是孤立的存在，它作为裁判文书中极为重要的组成部分，与其他部分共同构成整个裁判的法律论证逻辑，其功能独特且不可替代。而且相比其他部分的内容，说理部分在表现形式上更具特色和辨识度。就实践效果分析，说理部分的水平高低直接关涉当事人能否正确理解裁判的法理，能否心甘情愿地接受最终的裁判结果。

（三）释法说理部分存在的主要问题及其原因

从纵向上进行考察，释法说理部分经历了四个发展时期，即探索期、规范期、起步期和发展期。[②] 在司法改革背景下，裁判文书被认为是相对重要的改革突破口，释法说理正在改变以往杂乱无章的状态，但是，仍然存在一些具体问题有待逐步解决。其中比较典型的问题有：说理虚无化，不说理、弱说理；说理模板化，

[①] 范凯文、钱弘道:《论裁判理由的独立价值——中国法治实践学派的一个研究角度》,《浙江社会科学》2014年第4期。
[②] 夏克勤:《民事裁判文书说理改革发展四阶段评述》,《人民司法（应用）》2017年第4期。

千篇一律、套用格式；说理低效化，未能说服当事人及公众；说理呈现两极化，要么过于保守，要么过于个性等；①不能对当事人有争议的证据进行分析认证，或者即使有分析认证，也是浮于表面，与说理部分缺乏呼应，甚至从形式上看二者毫无关联；未全面回应当事人的诉辩意见，不能做到对争议法律关系是否成立和有效作出全面论证和回答，对法律责任、责任性质、责任形式和责任分配不作具体说明；说理逻辑不严密，一些文书虽然说理部分的理由比较充分，但是，对事实证据的分析不到位或缺少对事实证据的分析认定，削弱了论证部分的说服力；部分裁判文书说理表述过于格式化和套路化，既无分析论证，亦无法理解阐述。②

导致释法说理存在上述问题的原因是多方面的。从法官的角度进行分析，主要原因大致可以概括为三：一是法官的专业素质不过关，不擅长说理；二是法官在外力压迫下，不敢说理；三是基于法官认为的地位不对等所导致的内部动力不足，不想说理。③若进一步追问并归纳导致释法说理难的关键性因素，则可以发现：一是法官因忙碌劳累而无暇说理。法官或者面临案多人少而导致身体疲劳，或者面临当事人的反复纠缠导致心理劳累。二是法官因"怕"承担责任而不敢说理。当下法官需要同时面对检察机关的法律监督和当事人不满裁判的诉求转化，同时又需面对缺乏专业素养的舆论监督以及司法不自信的自我退让。三是最高人民法院

---

① 王立梅:《裁判文书直接引用学者观点的反思》,《法学论坛》2020年第4期。
② 蒋少文:《提高裁判文书制作质量之我见》,《人民法院报》2016年12月14日。
③ 王蕙心:《裁判文书说理释法的路径选择》,《河北科技大学学报（社会科学版）》2019年第4期。

颁布的法院诉讼文书样式存在着不合理因素,制约着裁判文书的释法说理空间,从而导致裁判文书的种种缺陷。如此看来,根本原因在于法官的法律素质普遍较低,缺乏理论思维的能力,无法撰写出高质量的司法判决书。①

至于如何解决释法说理部分存在的问题,当下则是众说纷纭。在已经提出的具体方案中,大体上认为可以从内部与外部两个方面入手。内部突出微观因素,主要是针对法官的业务水平,以提高法官的专业素养为目标。可以组织法官开展专题培训,引导和培养法官提高理性思维的能力和撰写裁判文书的能力。通过采取深化裁判文书公开活动和法院的内部文书写作评比等措施,② 调动法官提高专业技能的主观能动性。外部强调宏观环境,是以制度环境(institutional environment)为核心体现出来的外部条件,裁判文书的制作、释法说理的效果需要有良好的外部条件和制度保障。在制度经济学看来,制度可以发挥诱导、塑造和决定人们动机的多重效用,通过制度设计可以形成激励机制和约束机制的双重效应,可以激励人们的行为朝向符合现实需要的方向改变。好的制度环境有利于激发出"积极法官"的效应,使提高专业水平和自身综合素质成为全体法官的自觉行动。业务考核、优秀裁判文书的示范与奖励、竞争性晋级与淘汰等都是可以考虑的较为具体的激励与约束措施。

---

① 马明利:《构建裁判文书说理的激励机制及实现条件》,《河南社会科学》2009 年第 2 期。

② 庄绪龙:《裁判文书"说理难"的现实语境与制度理性》,《法律适用》2015 年第 11 期。

二、释法说理"弱化"与裁判文书"老化""格式化"

在宏观背景下，民事裁判文书的改革工作一直在推进过程中，时至今日已经取得了一定的成效，包括在文本格式的规范化、内容的充实性和整体上的说理性等方面，都有发展和进步。但是，人们普遍认为裁判文书的专业水准在总体上仍有进一步提高的空间。

（一）释法说理"弱化"与裁判文书"老化"现象之辨析

对裁判文书在格式上存在的问题进行聚焦分析，可以发现问题主要集中在两个方面。一是裁判文书存在"老化"或者"格式化"的不足。概而言之，其给人以有些僵化和机械的印象，在具体样式、写作方式、行文措辞乃至整体风格上几乎都能看到这种痕迹。有学者甚至将这种陈旧僵化的文书格式形容为"八股文式"的写作模式。[1] 检视不同个案的裁判文书确实可以发现此言不虚，除了个案的事实部分有明显不同以外，其余部分的内容区别并不太大。通常固化为"本案事实清楚，证据确凿""于法无据，本院不予采信""根据某法第某条或某款之规定，依法判决如下"等习惯性用语。[2] 在有些学者看来，"格式化"本身其实就是缺乏个性的产物，套话、固化的语言表述无法在细节上描绘案件类型的不同，

---

[1] 马明利：《构建裁判文书说理的激励机制及实现条件》，《河南社会科学》2009年第2期。

[2] 在本书的研究和撰写过程中，笔者阅读通过"中国裁判文书网"下载的裁判文书，发现在有些裁判文书中个别语句的表达存在语法上的瑕疵，或者上下文的逻辑链接存在问题。因此，必须认真仔细阅读裁判文书。

似曾相识的裁判文书阅读起来确实令人乏味。二是裁判文书的释法说理部分有待进一步加强。加强释法说理的目的，旨在促进裁判文书能够更好地通过严谨的法律逻辑以及推理评断，充分展现出裁判文书在整体上的说服力和权威性。但是，传统意义上"八股文式"的裁判文书及其格式，显然已经不能满足释法说理的客观需要，或者说不利于释法说理功能的加强，同时也难以向当事人以及社会公众展现司法裁判的专业特质和魅力。因此，改革"老化"过时了的裁判文书格式是提升司法文明的必由之路，强化释法说理有助于实现公正司法，促进裁判文书在形式与内容上的有机统一。

在如何调整裁判文书已经"老化"的格式以达到充分论证说理目的的问题上，对于有些涉及的内容尚未达成基本共识，相关的主题研讨仍有待全面展开。例如，关于裁判文书说理部分到底应当体现专业化，还是大众化，一直存有争议；[①] 针对过于"老化"的格式如何进行改革；以及如何看待格式与说理部分及其改革之间的关系等。面对这些具体问题，研究者各有偏好和主张，各方的观点和分歧一时难以统一。有的学者提出要"改变格式上的束缚"，"根据案件类型进行分类"。也有的学者认为，在格式化不改变的大前提下，"片面强调通过加强说理来改造裁判文书并不能达成目标。"因此，可以结合案件适用的具体程序区别开来，对裁判文书的格式一一对应予以分类。参照国外有关立法实例，同时结合中国的司法实践，将裁判文书的样式由简到繁区分为填充式文

---

① 宋北平：《裁判文书说理的基本问题》，《人民法治》2015年第10期。

书、格式化文书和论文式文书三种形式。① 鉴于本书的研究主题是宪法援引的大数据统计和分析，对于裁判文书的格式和说理部分的改革，需要另行展开专题研究，在此亦不再赘述。

（二）裁判文书"格式化"与"个性化"

通过对裁判文书"格式化"现象的分析，想说明两个基本关系，一是形式与内容的关系，二是"格式化"与"个性化"的关系。

裁判文书的格式是裁判文书能够达到可公之于众的标准样式和内容的必然要求。对裁判文书之所以要设定严格的"格式化"要求，恰恰是基于裁判文书的格式与内容的司法特质。相对于普通论文或文章，裁判文书需要更为庄重的格式和严谨的内容以彰显其权威性、法律效力以及秩序和正义的价值取向。在形式与内容的关系上，社会经验一再提示人们，对格式的要求越严格，越说明其记载的内容的重要性及其广泛深远的社会影响。因此，以外在形式与内在实质之间的相互关系作为切入点，探索裁判文书的改革，不失为推进裁判文书的质量更上一层楼的具体路径。

应当如何看待裁判文书"格式化"与"个性化"的关系呢？在形式上，裁判文书通过严格的"格式化"来体现国家司法裁判的威严和法律效力。在内容上，以事理为基础，阐明法理，符合情理，以体现释法说理的专业化、权威化，一份质量过硬的裁判文书应当是事理、法理与情理的有机结合。应当如何认识裁判文书的"个

---

① 刘雅倩：《浅议我国民事裁判文书改造——以增强说服力为导向》，《山东审判》2015年第2期。

性化"?"格式化"与"个性化"并不矛盾,"格式化"并不意味着裁判文书的去"个性化","个性化"是个案的特点,是"格式化"的基础。如果说"格式化"是裁判文书体现在结构上的特点,那么"个性化"就是裁判文书在内容上区别于其他案件的情节和特点。每一份裁判文书都要经由"个性化"来展现其专业化与权威化,体现专业化的论证魅力和说服力。在一般意义上,形式是为内容服务的,严谨的"格式化"要求是在为裁判内容做铺垫,以强化裁判文书的说服力和权威性。

裁判文书作为司法裁判过程及结果的载体,具有多重意义。就案件本身来说,裁判文书是对审理过程的客观记录,不仅对当事人有实际意义,同时还展现出法官对法律条文的准确理解和适用的专业能力和水平,裁判结果总是能够将法律理念和体现在个案正义中的社会正义观念传输给其他社会成员,尤其是代表性案例的裁判结果所附带着的社会影响力不仅广泛而且深远,甚至能够成为经典。所以,无论从哪个角度来讲,裁判文书的质量都是至关重要的,它作为实现司法公正和社会正义的重要方式,折射出特定时代的价值标准,成为司法过程和司法改革的重心。

三、释法说理从形式到内容的规范化

释法说理居于裁判文书的核心位置,是法官撰写裁判文书的重点和难点所在。与裁判文书中的其他内容相比,释法说理既是最让法官费思量的内容,同时也是最能够展现法官的专业才华的部分。释法说理的内容和逻辑,其实是法官的自由心证与法律条文准确适用的有机融合，在整个裁判文书中具有独特且重要的价值和功能。释法说理的水平高低不仅可以体现裁判文书的质量，鉴别法官的司法裁判能力，还可以带来多重影响。一方面，它可以直接影响到案件的裁判结果，决定当事人之间的权益纠纷能否获得妥善解决，以及当事人对法院提供的争议解决方案和理由能否真正心悦诚服。另一方面，会间接影响社会成员的法治认知水平，还有对法院和法官的司法裁判、法治建设现状、司法公正水平等方面的基本认识和信任。尤其当典型案件的司法裁判一经作出，其不仅具有示范效应，甚至由它带来的深远影响的覆盖面出乎人们的预料。[①] 所以，无论裁判文书怎么进行改革，释法说理部分都是其中最值得重视的部分，并且是需要不断加强的内容。

保证裁判文书的说服力和权威性的有效途径，就是使释法说理从形式到内容的规范化，即促进事理、法理、情理和文理的统一。[②] 具体体现为环环相扣的论证逻辑推演层次，涵盖了证据说理、案件事实认定说理、法律适用说理、自由裁量权行使说理等具体内容。法官通过对案件事实、争议焦点、举证和质证以及证据采信等事项的判断、权衡和选择，分清孰是孰非，明确双方的法律责任，准确适用法律规则和法律条文，并将专业化的术语转化成为"简洁明快、通俗易懂"的文字表述。

对于作为裁判依据的规范性法律文件，释法说理要释明相关规定，明晰法律条文的内涵、立法目的和立法原意。在没有规范

---

① 比较具有代表性的案件有"昆山反杀案"，其涉及对刑法中正当防卫条款的理解与适用，对该案的裁决在当时引起了极为广泛的社会关注。

② 参见最高人民法院发布的《关于深入推进社会主义核心价值观融入裁判文书释法说理的指导意见》。

性法律文件作为裁判依据的情况下，或者适用习惯法，或者适用最相类似的法律规定，或者由法官根据立法精神、立法目的和法律原则等，作出司法裁判。但是，无论采用何种形式，其中都贯穿着一条基本主线，就是充分运用社会主义核心价值观来阐述裁判依据和裁判理由。

在司法审理和裁判实践中，解释、阐明法律的含义，对法律进行释义，是法官的基本工作和职业训练。相对而言，释法工作更为容易一些，因为法律是既定的。它的难度在于对法律原意或者"立法者意图"进行准确解读和释义，尤其是针对原则性、概括性强的法律条文，理解起来容易产生歧义，这样的情形在司法实践和现实生活中并不少见。基于各种可能的原因，不同的法官对同一法律条文可能会有不同的理解和解读。退一步讲，即使是同一个法官，在不同心境、生活和工作环境之中，在不断学习法学理论的基础上，也会对同一法律条文有新的认识和自我否定式的认知结果，从而影响到案件的裁决结果。对于这类问题，可以通过最高人民法院发布司法解释或者通过指导性案例的示范，确立可参照的标准予以解决，目的是使法律条文的解读、释义统一起来，保证法律适用的一致性，促进有效的法律实施。

对说理的理解，简而言之就是阐明理由，包括事理和情理，特别要重点说明裁判事实认定和法律适用的道理和根由。说理部分可以认为是对法官综合能力的考验，尤其在多元化的社会形态下，妥善化解当事人之间的利益纠葛和矛盾冲突，需要充分的说理使裁判文书具有足够的说服力。与法律适用不同，说理论证属于法官的自由心证和自由裁量范围，以法官长期积累的司法工作经验和对人性弱点的洞见为基础。法官能够做到明察秋毫，明了是非曲直,并针对当事人的利益诉求和争议焦点阐明事理和情理,说明裁判的道理。从当事人对裁判结果的接受程度,就可以看出裁判文书释法说理的效果,从而印证法官的释法说理能力。裁判文书能够取得好的说理效果,无疑是法官的专业、情智能力的双重变现。

进一步讲,说理之"理"并非从一方当事人立场出发的道理或法官的个人之理,而是共同价值观之理。案件裁判结果的指向是将共同价值观融入个案的裁判法理逻辑之中,经由个案体现被普遍认可的价值判断及其引导出的结论,最终向全体社会成员展示具有普遍意义的社会秩序和正义。释法说理的实践价值正在于此,使抽象意义上的社会正义转化成为在个案中能够真正看得到的社会正义,让每一个人在案件中都能够感受到社会正义。法官借助释法说理部分行使自由裁量权,关键在于找到并抓住对当事人有意义的案件焦点,说理的逻辑要合理,语词的表达要体现专业化与通俗化的有机结合,特别是要用当事人能够理解的、通俗易懂的语言将法学领域的相对抽象的概念和法理阐释清楚。对法官来说,这些都是必须恪守的规诫。[1]

规范释法说理的目的,在于提高裁判文书的整体水平和社会认同度,即一份好的裁判文书应当是法律认同、社会认同和情理认同的有机统一。法官在自由裁量的范围之内,以裁判文书为载体,正确解读法律精神和法律原意,不仅有益于实现立法目的,助力实现司法实践的程序公正和实体公正,还可以在更广泛的意义上

---

[1] 杨惠惠、邵新:《裁判文书证据说理的实证分析与规诫提炼——以法发〔2018〕10号为中心》,《法律适用》2020年第6期。

对当事人及其全体社会成员发挥规范、评价、教育和引领的作用。

四、比较视野下两大法系裁判文书释法说理的特点与启示

基于发生学的视角，在裁判文书中展开释法说理，基本上是随着近代司法制度的滥觞得以确立的司法诉讼原则。在进入现代社会之后，释法说理俨然已经固定成为诉讼制度中必不可少的重要内容。尽管在法学领域一直存在着大陆法系与英美法系两种截然不同的法律传统和诉讼风格的具体实践，但是，随着司法过程和司法活动趋于规范化，作为人类社会调整社会关系和利益关系的制度安排，两大法系存在诸多相通之处，以及对具有普适性内容的相互借鉴和吸纳。例如，对法律的敬畏和信仰；对法律的价值取向——秩序与正义的共同认可；法律职业的专业性；法律逻辑的特殊性；法官享有尊崇和超然的社会地位等。对司法制度、司法裁判和法官的职业操守的高度认知和职业认同感，早已深深根植于人们的传统心理结构之中，并以此作为衡量法治国家建设水平的基本指标。

裁判文书在释法说理部分的区别主要是由两大法系各自拥有不同的法律传统所致，其中最具代表性的就是它们各自对判例法与制定法的倚重不同、"当事人主义"与"职能主义"模式下法官的定位和职责不同，而这也在一定程度上造就了裁判文书在整体风格、论证逻辑和释法说理上的差异，甚至影响到法官在释法说理中可以自由发挥的空间大小各自有别，以及法官展示其专业水

平的个性化方式亦有很大不同。同一个案件经由两大法系法官的审理和裁决，可能结果是大相径庭的。这些差异也是被长期以来形成的独特法律文化传统加以塑造的结果。

在英美法系的判例法制度下，判决理由是司法裁判发挥约束力的关键所在，因此，这一部分在一开始就成为英美法传统国家对裁判制度的基本要求。解析英美法的判例法实践，可以发现虽然法官的法理分析仅是个案各说，对个案产生法律效力，但是，在"遵循先例原则"的观照下，法官的个案裁判对后来者可以产生普遍的约束力和参照效应。这种释法说理模式的独特之处有三，一是可以在说理部分充分施展法官的法律分析能力和专业才华，以其独具魅力的遣词造句来阐释法官的基本立场，也因此塑造了法官容易让普通民众膜拜的专业化、个性化形象，其他法律工作者如律师，也会对法官怀有极高的职业认同感。二是不能辜负将来有可能援引说理部分的后来者，即遵循该先例的法官，使法官经由逻辑论证而获得的创新法律原则和宪法理念得以传承下去，并由此形成"法官造法"的职业特色，于是法官就此便可以一举跨入到马斯洛所言之最高的人生境界，即自我实现的理想境界，体验到崇高的职业成就感。三是法官要对自己的职业声誉和社会影响力负责到底。在说理部分实行法官个人署名权制度，无疑可以对法官发挥激励机制与约束机制的双重效果，让作出判决的法官或者名垂千古，或者遗臭万年，由此也促成了英美法传统下的说理论证风格充满了开放性的特点。[①]

---

① 蔡杰、程捷：《封闭与开放：裁判文书论理风格之类型化检讨》，《法学论坛》2006年第2期。

依学术视角值得思考的另一个侧面，在于英美法国家在事实上存在的"法官造法"功能。对于立法机关制定的相对抽象的法律条文，法官通过在司法裁判中以说理的形式进行具体化解读，可以随时将具有时代烙印的新内涵和价值观填充到法律条文的字里行间。人们在现实生活中都会有一种常识性体验，越是原则性的东西，其内涵就越加丰富，人们可以通过对原则性规范之内涵的更新，赋予其时代性。也即，宪法原则、法律条文没有变，但是其中的内涵已经有所更新，并被当代的社会成员所接受。由此观之，英美法系国家的宪法原则和法律规范，通过法官在说理部分结合当下的社会现实所作出的法理分析，得以保持与时俱进的活力和生命力，尤其是那些原则性、概括性强的宪法原则和法律条文，给法官的个性和专业才华的施展提供了绰绰有余的空间，在一定程度上克服了法律条文固有的滞后性缺陷。或者说，"遵循先例原则"的运用，为"法官造法"功能的实现铺就了一条可行的通道。

反观大陆法系国家则全然不同。法官从事的是特殊职业，首先要经过严格的专业化的职业训练，以使法官在任职期间始终保持较高的裁判水准。法官的职责就是在司法裁判中严格忠于并准确地解读国家立法机关制定的法律条文的立法原意，使立法者的意图得到实现。显然，在这种法律传统之下，法官要受到制定法的约束，以表达对立法者（国家立法机关）的尊重。法官的任务就是将既定的法律条文适用到具体的诉讼案件之中，妥当地解决和化解社会矛盾和利益纠纷，通过职业行为忠实地体现法律的正义价值和维护司法权威。所以，精准解读法律条文就成为法官履行司法职责的核心所在。

大陆法系国家中的法官展示自己专业才华的方式与英美法系大相径庭，亦如人们长久以来对大陆法系代表性国家——德国人固有的"刻板印象"一样，大陆法系国家的法官属于保守的执法者。在大陆法系的制定法制度下，尽管在说理部分可以集中展现法官的专业才华和文书撰写能力，但是，法官更加注重的是对专业理论概念的表述和专业术语的熟练运用，以严谨的论证分析来推断出最终结果。对裁判理由的详尽阐述，集中体现在论证的逻辑性和推理的严谨性上，意在追求一种无懈可击的法律分析效果。所以，大陆法系法官的说理部分从来都不是开放式的，也不是信马由缰式的自由发挥，在法律解释、论理依据和论证逻辑、语言运用、行文格式以及裁判文书的整体风格上，都呈现出鲜明的封闭性特点。这或许正是大陆法系法官最引以为傲的风格，其更加注重对专业性术语的合理运用，以保持其独特的法律传统。裁判文书的格式尤其讲究统一性，先是直叙案件事实，再引用法律条文，最后得出结论。法言法语必不可少，贯穿于裁判文书的字里行间，而且权威性的法律条文在论证分析部分所占的比例处于绝对优势，使裁判文书在整体上呈现出公文化、法条化、专门化的风格。[①]

总而言之，两大法系在释法说理部分各有侧重、各具特色，对其追根溯源可以探究到法律传统背后隐含的法哲学思想基础的显著差异。在英美法系的基本立场下，法律不是人为制定的结果，而是自生自发的秩序（哈耶克语），是经由社会生活长期历史演进的经验积淀而得，因此，法律不是理性设计的结果，而是对那些

---

① 蔡杰、程捷：《封闭与开放：裁判文书论理风格之类型化检讨》，《法学论坛》2006年第2期。

过往社会实践经验的提炼，并将其上升为法律的形式予以尊重和强化。英美法系传统中判例法的形成和发展及其有效应用正基于此，于是法官便被赋予了这样一项援引已有的经验进行分析和判断的职责，并使之专业化。在代表性先例的引导下，法官根据个案的具体情况，结合自己的专业知识特长和丰富的司法实践经验进行推理论证，推导出体现司法公正和社会正义的裁判结果。在大陆法系的基本立场下，成文法的传统决定了法官只能"机械地"解读出法律条文中的"原意"，并在此指导下适用法律。制定法被认为是人类理性的产物，信赖并遵从人类的理性是法律规则具有权威性的观念基础。对法官来说，保证司法裁判具有无可辩驳的权威性的最好途径，就是通过对法律条文的内涵、立法宗旨等表达"立法者意图"等内容的严谨阐释，将其中蕴含着的代表普遍共识的进步理念在个案的裁决结果中予以体现。而在立法过程中发挥核心作用的是法学家群体，因此，为了准确解读制定法的法律条文，法官在裁判案件时必然要借助法学家、法律学者们的帮助和支持，通过专业性的解读和释义，忠实地体现立法者的意图，保证法律适用的准确性。

不论两大法系的裁判文书在整体风格、释法说理的细节阐述上有多少不同，两大法系的法官作为现代司法体制中行使司法权的核心角色，借助裁判文书和释法说理所要达到的目标和价值取向是高度一致的，正所谓殊途同归，各得其所。即凡是能够解决本国所面临的现实社会问题和利益纠葛、有益于实现社会正义的法律，就是最好的制度安排和有效的法律规则。还有一点值得注意，文书的格式只是裁判文书的外在表现形式和形式特征之一，并不是裁判文书的"唯一"和"全部"内容。就格式和内容的关系而言，对于裁判文书更为重要的是其内部的结构和体系，是各个要素之间的关联。[1] 裁判文书的各个组成部分既能发挥各自应有的独特功能，彼此之间又能够有机衔接形成完整的法律论证逻辑，从而促使裁判文书获得整体意义上的最大化社会效果，这是思考、研究和改革裁判文书格式、丰富释法说理内容的最终目的，也就是说裁判文书和释法说理的改革要以"合目的性"为大前提。而且与学术论文或其他文章、公文文书的写作格式和风格都不同，裁判文书涉及法律论证推理、法律适用的目标，以阐述"裁判的法理"为重心，关乎裁判结果的公正性、权威性和专业性。相比之下，裁判文书比其他类型的文书更加讲究结构布局，突显从首至尾的严谨性特点，以求周详严密地实施法律。[2] 司法公正的水平到底如何以及司法裁判的权威性和严肃性如何更好地体现，总是要通过裁判文书的形式要件以及释法说理的实质内容一目了然地呈现出来，以达到形式与内容的融通合一。

五、释法说理与代表性的援引方式

法院和法官在释法说理中尝试的若干援引做法中，除了运用宪法援引以外，还有其他援引的方式和内容，其中比较具有代表性的援引方式包括"引经据典"，援引学者观点和理论学说，以及援引最高人民法院发布的一系列涉及援引的相关指导性意见。多

---

[1] 潘庆云:《民事裁判文书改革研究》,《法学》1998 年第 10 期。
[2] 田荔枝:《个性化与模式化——对裁判文书写作的思考》,《河北法学》2008 年第 7 期。

样化的援引内容意在实现增强裁判文书说服力的目的,并促进公正司法,维护司法裁判的权威性。

(一)释法说理与"引经据典"

我们需要客观认识释法说理中"引经据典"的效果。所谓"引经据典"就是引用中国传统经典书籍及其内容作为释法说理的论证依据。对于一个历史悠久、传统文化资源极其丰厚、经典著述浩如烟海的国家来说,中华民族的传统文化包括法文化,蕴含着许多思想、哲理和学说,这些都是人生智慧和精神文明的结晶。有些内容作为思想家们殚精竭虑思考出来的精华,即使在当代也没有过时,仍然具有指导意义,值得从中汲取营养并传承下去。从复兴中华民族传统文化的视角看,"引经据典"不失为一种值得肯定的援引方式和途径。它不仅可以发挥解决当事人之间利益纠葛的实践功能,也可以为传统文化注入现代性的新内涵,实现从传统到现代的转型,"引经据典"同样值得系统研究和深入挖掘。

"引经据典"也是各国司法裁判中比较普遍的做法,借助经典的内容表述使法官作出的司法裁判在论证逻辑的依据上更为充分可靠。比较而言,中国司法实践中的"引经据典"范围广且内容独具特色。司法实践中主要是对传统经典著述的援引,最具有代表性的如《说文解字》《老子》《论语》《孟子》《孝经》《弟子规》等。[①] 其中的名言警句男女老少耳熟能详,这些精华内容能够传诵

---

① 还有《尔雅》《淮南子》《三国志》《宋书》《庄子》《战国策》《史记》《汉书》《周易》《吕氏春秋》《左传》《礼记》《庄子》等。

多年至今仍被人们铭记于心,足以证明它的文明价值和被人们接纳的程度。这些名言警句不仅颇受法官的青睐,在释法说理时运用起来得心应手,而且容易引发当事人各方在感情上的共鸣,"引经据典"对激发释法说理的积极效果尤为突出。

近些年来,在代表性案例的裁判文书中进行"引经据典"的尝试不在少数,其在促进裁判说理上,即阐明事理、释明法理、讲明情理、讲究文理的价值值得肯定。在援引的具体路径上,一般位于裁判文书的主文或判后寄语,有直接引用与转化引用的方法,或者对特定事物暗含的文化深意进行解析。[①] 在内容上,主要借用经典中有关诚信、美德、向善的主题,有助于维护社会秩序、塑造健康人格以及增进人际关系的和谐。从实际效果来看,"引经据典"能够契合精神情感和思维定式的需要。法官通过"引经据典"旁征博引以阐明裁判的道理和根由,使司法裁判的论证逻辑更加充分,裁判结果更加具有说服力,是当事人更容易接受的一种说理方法。综合看来,"引经据典"是值得肯定的做法,不仅有利于提高对司法裁判的认同程度和可接受性,还可以促进"法律效果和社会效果的有机统一"。[②]

通过客观分析"引经据典"中的经与典,可见其中既有精华也有糟粕,只有去粗取精,援引得当,才能收到"引经据典"的好效果。例如,对于传统经典中的"与人为善""以和为贵""宽容互让""尊老爱幼""助人为乐""见义勇为"等内容,法官如果

[①] 方月伦:《司法裁判援引传统文化问题探析——基于132份生效裁判的实证分析》,《法治社会》2020年2期。

[②] 谢晶:《裁判文书"引经据典"的法理:方式、价值与限度》,《法制与社会发展》2020年第6期。

需要在释法说理部分引经据典加强说理的话，就要对这些词语中的含义有所剪裁和取舍，做到旧语新说，一定要去除当事人存在误解的部分，如果只是泛泛引用，还不如不用。此外，不仅经典中的一些内容有一定的局限性，其可引用的范围其实也是有限的，需要法官结合具体案情、结合新时代的新理念和共同价值观，对其作与时俱进的解读。就此看来，对法官来说，做好"引经据典"是一项有难度的工作，法官在具备专业知识以外，古文基础还要好，从而正确解读经典的内容，其解读还要契合现代国家及其倡导的共同价值观和进步理念，最终要围绕着宪法援引和法律适用的核心来展开。但是无论如何，"引经据典"都不能完全替代宪法和法律。

（二）释法说理与援引学者观点和理论学说

援引学者观点和理论学说也是释法说理中的具体援引内容。对于能否直接援引学者的观点和理论学说的问题，学术界对此存有争议。

第一，所谓学者，应该特指在专业领域中具有重要影响力的极少数学者，并非泛指普通学者。在司法实践中，裁判文书直接引用学者的著述和观点的做法比较少见，但是，理论指导实践的社会效果是客观存在的，从来不排除学者的观点给法官带来的专业影响。从这个角度说，学者的观点和理论学说对释法说理部分的影响是间接的，需要经由法官对学者观点的认同和接纳，这种观点只有内化到法官的心理结构之中才具有发挥作用的可能。针对直接引用学者观点和理论学说的做法，始终存在反对意见。在支持援引学者观点与理论学说进行释法说理的大前提下，有学者认为在裁判文书中直接援引学者的观点和理论学说会导致法官面临说理风险，使释法说理从具体论证变成抽象论证、从周延性论证变成或然性论证、从当事人本位变成法律人本位。①

第二，将援引学者观点与理论学说区分为"显性引用"与"隐性引用"。直接引用学者的观点或理论学说，外观明显，属于显性引用。援引学说或参照法理、学说时往往不露痕迹，属于隐性引用，但是其效果突出，一般在司法裁判中能够发挥实质性作用。实践中对二者的理解和认识有歧义，原因在于对直接引用学者观点的理解不一致，即对学者的观点是否能够直接等同于学说的理解上，存在差异。在援引形式上，二者也有不同，援引学者观点时通常需要注明学者的姓名和观点出处。因为学者姓名承担了标识学术产品的质量担保功能、"商誉"功能与司法修辞功能；学说出处具有定位学者学说发展脉络等功能，援引学说须注明姓名与出处。②而援引的理论学说一般为通说，可以列举出代表性学者，与援引单个学者的观点相比更具有权威性，说理效果更好。这也是隐性引用比显性引用更能发挥实质作用的原因。也有观点认为，援引时以不提及代表性学者的姓名为宜。

第三，援引学说的做法，主要还是归因于学说本身的特点。相比之下，学说往往都是在借鉴纵横两向历史和当代经验的基础上，通过理性思考获得的观点和思想体系，比照先进的司法经验，能

---

① 王立梅：《裁判文书直接引用学者观点的反思》，《法学论坛》2020年第4期。
② 金枫梁：《裁判文书援引学说的基本原理与规则建构》，《法学研究》2020年第1期。

够提供开阔的视野，而且这种经验对于人类社会具有普遍性、共通性。观点与学说是深入思考的结果，依此进行学理论证能够实现逻辑自洽，援引起来比较方便，可以增强裁判的可接受性。从实用主义角度看，如果援引学说的话，不论是通说，还是主流学说，抑或非主流学说，只要适宜个案的情境和利益关系，有益于正确裁判，都可以用来作为援引的对象。

（三）释法说理与最高人民法院发布的与援引相关的系列指导意见

为了规范和加强裁判文书的释法说理，近年来，最高人民法院先后印发一系列以裁判文书释法说理为主题的指导性意见。

第一，加强和规范裁判文书的释法说理。2018年6月1日，最高人民法院发布《关于加强和规范裁判文书释法说理的指导意见》（以下简称为《2018年指导意见》），旨在加强和规范法院裁判文书的释法说理工作，提高释法说理水平和裁判文书质量。要求通过阐明裁判结论的形成过程和正当性理由，提高裁判的可接受性，实现法律效果和社会效果的有机统一。在具体内容上，提出了总体性要求和具体性要求两个基本方面。

对裁判文书及其释法说理提出的总体性要求体现为以下几个方面：一是要求释法说理要阐明事实（事实认定）、释明法理（法理规范适用理由）、讲明情理（法与情协调、社会主流价值观）、符合文理（语言规范和逻辑清晰）。二是要求立场正确、内容合法、程序正当，符合社会主义核心价值观的精神和要求，以及对审判程序等诉讼程序进行适当说明。三是对证据认定也提出了相应的要求，在认定事实和争议焦点时要释法说理。四是对诉讼各方对法律适用有争议的要求进行逐项回应并说明理由。五是指导法律冲突的解决，尤其是民事案件，按照适用具体法律规定——类似法规——习惯、法律原则、立法目的等顺序展开说理。在行使自由裁量权时，要充分论证行使自由裁量权的依据。

对裁判文书及其释法说理提出的具体要求体现在以下三个方面：一是针对不同案件的裁判文书及其释法说理提出了不同的要求，即需要强化释法说理的案件和简化释法说理的案件；对二审、再审案件裁判文书的释法说理提出了更高要求。二是针对援引范围的具体要求，裁判文书在引用规范性法律文件时，也需要释法说理。法官可引用的非法律规范类依据，包括最高人民法院发布的指导性案例；最高人民法院发布的非司法解释类审判业务规范性文件；公理、情理、经验法则、交易惯例、民间规约、职业伦理；立法说明等立法材料；采取历史、体系、比较等法律解释方法时使用的材料；法理及通行学术观点；与法律、司法解释等规范性法律文件不相冲突的其他论据。三是对裁判文书及其释法说理的形式要件提出明确的规范意见，裁判文书的内容格式可以采用图表、附件等形式；对语言规范设定了具体要求，如不能使用外语、方言等表述方式。

此外，《2018年指导意见》还倡导建立统一的裁判文书及其释法说理质量评估体系和评价机制，开展质量评查。各级法院可据此结合实际情况，制定刑事、民事、行政、国家赔偿、执行等裁判文书释法说理的实施细则。以此作为促进裁判文书及其释法说理规范化的激励机制。

第二，发挥社会主义核心价值观的引领作用。针对社会主义核心价值观如何融入裁判文书的释法说理部分，最高人民法院分别于2015年、2018年、2021年发布了一系列指导意见。

2015年10月12日，最高人民法院发布《关于在人民法院工作中培育和践行社会主义核心价值观的若干意见》，目的在于大力加强法官职业道德建设，保证法官正确履行宪法法律职责，促进全社会不断提高社会主义核心价值观的建设水平。具体指导意见体现为坚持司法为民，忠于宪法法律，尊重保障人权，坚持平等保护，捍卫公平正义，弘扬法治精神，维护公共利益，推进廉政建设，鼓励诚实守信，尊重意思自治，维护公序良俗。

2018年9月18日，最高人民法院发布《关于在司法解释中全面贯彻社会主义核心价值观的工作规划（2018—2023）》（以下简称为《2018年工作规划》），这是针对司法解释工作所作的专门的、详尽的工作安排，适用于民事、刑事、行政案件，以及关于执行的司法解释，以期通过司法解释工作充分贯彻社会主义核心价值观。

2021年，最高人民法院发布《关于深入推进社会主义核心价值观融入裁判文书释法说理的指导意见》（以下简称为《2021年意见》），通过系统总结司法实践中的有益经验，进一步引导法官正确运用社会主义核心价值观进行释法说理，充分发挥司法裁判在国家治理、社会治理中的规则引领和价值导向作用。《2021年意见》全面规范了释法说理的基本原则、基本要求、主要方法、重点案件、范围情形、配套机制等，明确法官在法律框架内运用社会主义核心价值观正确理解立法精神和立法目的，规范行使自由裁量权，充分发挥司法裁判实现司法公正和社会正义的作用。

如果说《2018年指导意见》是专门针对裁判文书的释法说理

部分发布的指导性意见,那么2015年《关于在人民法院工作中培育和践行社会主义核心价值观的若干意见》、《2018年工作规划》、《2021年意见》等指导性意见的主题都是围绕着社会主义核心价值观展开的,倡导在释法说理过程中紧密结合社会主义核心价值观的内容,发挥其对司法工作、司法解释和释法说理的引导作用。

从专业视角出发,对于将社会主义核心价值观融入裁判文书的学术研讨,主要集中在以下三个方面。一是正当性问题,对此已有相关论述和基本共识。社会主义核心价值观是当代中国的核心法理,可以为裁判文书提供说理依据,充实司法语言的教育功能;增进司法裁判的社会认同。[1] 融入社会主义核心价值观,也是司法裁判引领公序良俗价值的应有之义,还可以用社会主义核心价值观的柔性克服司法刚性所带来的不足。[2] 二是急需解决的问题,主要集中在援引的适用范围、援引内容、适用方式以及适用功能等内容上。具体表现为泛泛地援引,不具有针对性;具体援引适用上的失当;道德论证代替法律上的论证,使得说理的理由不够周密严谨。三是援引路径的优化,包括确立合理的援引逻辑,坚持法律说理优先;坚持合法性、合理性双重价值符合原则;精准拿捏说理的准确度,要结合案情展开,并使之具有针对性,做到有的放矢;合理界定释法说理空间,对于与群众和社会生活联系密切、影响广泛的案件,与普通社会成员的传统思维定式存在较大差异的案件,取得良好的社会效果是有帮助的。

---

[1] 杨彩霞、张立波:《社会主义核心价值观融入刑事裁判文书的适用研究——基于2014—2019年刑事裁判文书的实证分析》,《法律适用》2020年第16期。

[2] 李祖军、王娱瑷:《社会主义核心价值观在裁判文书说理中的运用与规制》,《江西师范大学学报(哲学社会科学版)》2020年第4期。

六、释法说理与援引的关系

从文义角度出发,释法说理就是运用明确、清晰的文字和词语,对法律适用及其道理的"介绍、解说、说明",达到当事人借此能够正确理解司法裁决的道理和根由的目的。因此,要使释法说理获得良好效果,必须借助充分的"释"和"说"来加强裁判文书的合法性、说服力和权威性。人们经过长期司法实践的反复训练,已经摸索并总结出相关经验,即通过"援引"能够使"释法"和"说理"更为充分。以正确适用法律条文为前提,辅之以法律条文的介绍、立法精神和立法目的的解读和适用理由的解释。所以,单纯罗列法律条文是不够的,还要从事理、法理、情理等维度对其进行阐释和说明,于是"援引"就成为一种可选择使用的较好的方法。

通过阅读代表性案例的裁判文书可以看出,适当的"援引"是必要的。以个案的事理、法理、情理为核心,旁征博引地扩大"援引"的范围来加强释法说理的效果也是可行的。可以看到司法实践中"援引"的范围确实在扩展,包括法理论证与分析、宪法援引、指导案例、引经据典,还有最新纳入的社会主义核心价值观[①]以及与之密切相关的科学原理,都属于援引的范围,有些内容在司法实践中已经有所体现。在援引的逻辑层次上,有具体法律规定的,依据法律规则和法律条文;没有具体法律规定的,依据习惯;没

[①] 社会主义核心价值观分为三个层面。国家层面的价值目标是富强、民主、文明、和谐;社会层面的价值取向是自由、平等、公正、法治;个人层面的价值准则是爱国、敬业、诚信、友善。参见最高人民法院于2021年1月19日印发《深入推进社会主义核心价值观融入裁判文书释法说理的指导意见》。

有形成习惯的,则依据法理。作为政治共同体的社会主义核心价值观,被认为是对习惯、法理和理念的高度概括和凝练。

"援引"的实践对法官提出了更高的要求。法官不仅要能够运用专业知识和理论阐释隐含在法律条文中的立法精神和进步理念,还要有能力将当下所倡导的社会主义核心价值观糅合到论证逻辑之中,使释法说理能够形成完整自洽的论证结构体系。援引范围的扩展,是对广义法律解释立场的认可,不仅使法官的自由裁量权有足够的施展空间,也使其获得了有力的支持。通过"援引"在一定程度上能够促进司法能动主义活力的释放,以此来引领、规范、保障释法说理的充分性、合法性和合理性,保持高水平状态。想要做到援引适宜得当,必须具备极其深厚的理论和知识功底、人生阅历和社会经验以及对当下核心价值观的正确领悟,还要有高超的文理即文字表述功底,这些对法官都是巨大的挑战和考验。此外,宪法援引、引经据典等具体实践,仍需要总结经验,值得深入研讨。

第五章
宪法援引及其规范化

本章导读：基于宪法的根本法属性和最高法律效力，宪法援引比起其他援引方式和内容受到的关注更为突出，有关学术研究成果相对也更多一些。关于宪法援引的主题研讨主要集中在对宪法援引内涵的界定，主要涉及宪法援引与宪法适用、宪法遵守、宪法解释和宪法实施等相关概念之间的联系与区别。宪法援引的形式与内容及其规范化的问题，通过运用宪法精神或宪法条文与适用其他法律条文之间形成完整自洽的逻辑关系以及裁判的法理，使宪法援引在司法裁判中发挥出其应有的作用。宪法援引有助于增强释法说理效果的实践价值，让人们感受到宪法的力量。

一、宪法援引的学理分析

在法学视域中，对于宪法援引的学理属性，学者们在认知上存在着分歧，尽管目前尚未达成共识，但是研讨前提基本集中在宪法实施的范围。梳理不同的学术主张和观点后可以看出，宪法援引与宪法适用、宪法遵守和宪法运用等概念既有联系也有区别。

（一）宪法援引与宪法适用

有观点认为，法院和法官的宪法援引活动是宪法适用的一种方式。依据宪法学理论，宪法适用有广义与狭义之区分。广义的宪法适用指"任何主体将宪法的规范内容运用于某个具体领域、具体场合、具体个案等活动"；[1] 狭义的宪法适用参照了法律适用[2]的概念，指"一定国家机关对宪法实现所进行的有目的的干预，一是代议机关和行政机关的干预，二是司法机关在司法活动中的干预"。[3] 受狭义宪法适用的内涵的启发，有学者将宪法适用的内

---

[1] 林来梵：《宪法学讲义》，清华大学出版社2018年版，第150页。

[2] 根据梁慧星教授的观点，法律适用的内涵主要是指将法律规范适用于具体案件以获得判决的全过程，即以法律规范为大前提、案件事实为小前提以求得正确结论，实际上是司法机关依照法律解决纠纷的三段论逻辑进行推理。参见梁慧星：《裁判的方法》，法律出版社2012年版，第5—13页。

[3] 周叶中主编：《宪法（第五版）》，高等教育出版社2020年版，第335页。

容限定在宪法争议的解决，[1] 专门指合宪性审查机关将宪法适用于个案并作出判断，对宪法适用有严格的限定，主体为司法机关并且是在裁判过程之中。也有学者将法院通过宪法援引进行的司法裁判活动称为"宪法的司法适用"。[2] 学者们对此的观点各有不同。

在宪法适用的视域中，法院在审判工作中适用宪法作为根本法依据不仅具有必要性，[3] 也是可行的。一方面是因为宪法规范本身"具有普适性"特征，另一方面在于"包括宪法权利在内的一切规范，都可以而且应当适用于调控私人之间的法律关系"，[4] 可直接适用于私法领域。通过宪法援引可以解决私人主体之间的纠纷，强调宪法是法，当然具有司法适用性。但是，也有学者指出，在法院的宪法适用既不涉及宪法解释权，也不涉及合宪性审查权[5] 的情况下，仍无法避免在这一过程中潜含的宪制风险，因此在政策上不被允许[6]，以致一直以来司法实践中对宪法的直接适用处于式微状态。所谓宪法适用实际上大都属于宪法的间接适用，因为在目前的体制下"法院不具有宪法案件管辖权，不能适用宪法"。宪法适用意味着要首先通过立法程序，将宪法的原则性规范转化为部门法中的法律条文，法律条文是宪法规范的具体化和有效延伸，

---

[1] 谢维雁：《论宪法适用的概念——以司法中心主义的法律适用概念为基础》，《四川大学学报（哲学社会科学版）》2014 年第 5 期。

[2] 秦小建：《中国宪法司法适用的空间与路径》，《财经法学》2019 年第 6 期；胡锦光主编：《宪法学关键问题》，中国人民大学出版社 2014 年版，第 69 页。

[3] 肖蔚云：《宪法是审判工作的根本法律依据》，《法学杂志》2002 年第 3 期。

[4] 黄武双：《宪法能否在民事判决中直接援引？》，《法学论坛》2004 年第 4 期。

[5] 王禹：《法院裁判文书必要时可以并且应当援引宪法》，《法学》2009 年第 4 期。

[6] 张卓明：《裁判文书援引宪法的"能"与"不能"——"裁判说理"与"裁判依据"二分政策的法理解读》，《法学》2021 年第 6 期。

直接适用法律条文就等同于是在间接适用宪法，法院和法官"适用法律裁判案件本身就是一种间接执行宪法和实施宪法的方式"。[①]对比来看，宪法的间接适用不涉及对宪法精神和宪法条文的直接援引，从字面上看似乎是扩大了宪法适用的范围，实际上并不能将宪法援引实践全部囊括进去，与真正意义上的宪法援引大相径庭。而且进一步斟酌的话，法律适用与宪法适用不是完全等同的概念，将其称为宪法的间接适用未免过于牵强。

针对宪法的间接适用，还有学者基于德国的合宪性解释理论与实践的立场，认为"合宪性解释是一种独立的法律解释方法"，[②]借此可以将宪法精神和宪法条文贯彻于法律规范体系之中，在普通的法律适用中，"将宪法作为所要适用法律的解释依据的'依宪释法'（合宪性解释）称为宪法的间接适用"，[③]以区别于"适用法律就是间接适用宪法"的观点。[④] 问题是即使认可法院的这种宪法援引，事实上它的时间与空间并非贯穿于司法裁判过程之中，而是在案件审理程序之外。宪法间接适用的实践首先需要由法院或者有权机关采用合宪性解释方法，严格遵照宪法原则性规范的制定意图，对具体法律条文或者法律适用的冲突作出解释，然后再由法院和法官依据宪法解释的结论作出裁判，最终实现宪法的司法适用。严格地说，如果法院和法官在司法裁判中仅仅适用了经合宪性解释后作出的结论，而未提及宪法精神或宪法条文本身，

---

① 朱福惠：《我国人民法院裁判文书援引〈宪法〉研究》，《现代法学》2010年第1期。
② 刘召成：《法律规范合宪性解释的方法论构造》，《法学研究》2020年第6期。
③ 上官丕亮：《法律适用中的宪法实施：方式、特点及意义》，《法学评论》2016年第1期。
④ 海亮：《在现行体制下法院仍应间接适用宪法》，《法学》2009年第4期。

那么还是难以显示出宪法在司法裁判中的适用价值，据此判断法院进行的是宪法援引实践，理由并不充分。

（二）宪法援引与宪法遵守

有学者主张，法院和法官借助宪法援引进行释法说理其实就是宪法遵守的具体形式。将法院和法官的宪法援引活动归类为宪法适用或多或少存在着理论与实践上的不兼容，因为法院不享有合宪性审查权，法官无法进行有效的宪法适用，这也是区分宪法适用与宪法遵守的基础界限。

宪法遵守与宪法适用存在诸多不同。宪法遵守通常指全部主体，包括一切国家机关、政党、社会组织和全体公民个人"在国家生活和社会生活中严格遵守宪法"。[①] 宪法遵守的主体是非特定性的全体社会成员和组织，范围极其广泛；在遵守的行为方式上，兼具服从性和被动性，并不表现为对宪法的主动适用；在功能上，也不是针对具体的权益纠纷或者事项运用宪法规范，并使之产生法律上的效力。

还有学者将宪法援引区分为"适用性援引"与"遵守性援引"，在此前提下确认"遵守性援引的就是宪法遵守"。[②] 据此来看，法院和法官的宪法援引与宪法遵守更为契合，现行宪法序言最后一段、第5条第4款规定了国家机关的宪法遵守义务，也为宪

[①] 《宪法学》编写组编：《宪法学》，高等教育出版社、人民出版社2020年版，第325页。

[②] 向前：《司法裁判文书中"宪法援引"的法律解读》，《人民论坛》2014年第17期。

法遵守以及"遵守性援引"提供了规范依据。再以现行宪法第131条"法院依照法律规定独立行使审判权"为例，其中的"依照法律"可以将法律理解为包括全国人大常委会的立法以及行政法规、地方性法规在内的法律体系，但是不包括作为立法依据和具有最高法律效力的宪法。法院和法官可以在裁判文书的释法说理部分通过宪法援引进行法律论证说理，而非以宪法作为裁判依据，由此概括出法院和法官在司法过程中的宪法援引活动"是以服从和照办等方式作为回应的宪法遵守行为"。[①] 在强调全体社会成员共同遵守宪法义务的前提下，如果宪法适用的主体不包括法院，同时宪法援引的属性也被确定为宪法遵守的话，那么在一定程度上就会影响到法院和法官以及当事人在司法过程中进行宪法援引的积极性，也会使裁判文书的释法说理部分的论证逻辑显得不完整，使其欠缺与常规守法相比所具有的专业水准，从更为宽泛的角度看，也不利于发挥宪法援引在塑造公民的宪法意识、法治意识等方面的独特作用。

（三）宪法援引与宪法运用

有学者认为，宪法援引实际上就是宪法运用。在以往的学术研讨中，宪法运用也被表述为运用宪法。有学者从《中共中央关于全面深化改革若干重大问题的决定》指出要"建立健全全社会忠于、遵守、维护、运用宪法法律的制度"中受到启发，将宪法运用作为宪法实施的方式之一，以此弥补宪法适用在主体范围上的

---

① 童之伟:《宪法适用应依循宪法本身规定的路径》,《中国法学》2008年第6期。

局限性。确切地说,宪法运用是指国家机关、社会团体和企事业组织及公民个人自觉主动地运用宪法,发挥宪法作用和效能的宪法实施活动。在宪法运用视域中,法院和法官的宪法援引活动实际上就是宪法运用,宪法运用的基本主体就是司法机关及其工作人员。如果再仔细推敲"宪法运用"一词会发现,在司法过程中甄别宪法运用与宪法适用二者之间的区别似乎难度很大。学者确定在宪法运用的具体范畴包括司法机关的非解释性宪法适用、合宪性审查机关的解释性宪法适用以及立法机关的宪法适用。在这个意义上,宪法运用与宪法适用在含义上几乎可以是等同的。

法院和法官在审理个案的过程中,应当具备理解并解读宪法规范的专业职能,这是法院进行的常规性司法工作,也是对法官胜任审判和裁判工作的必然要求。那么宪法运用的概念如何被成就呢?以非解释性宪法适用的阐述为例,学者通过对"解释"一词进行限缩表示,所要表达的中心思想是法官的宪法运用是基于"理解"而非"解释",以避开现行体制下法院没有宪法解释权的既定制度安排。"理解"意味着法官"仅限于直接援引那些字义清楚、明白无异议,并具有公理性、不必作字词含义的解释"。[①] 应当正视的是,法院和法官在裁判文书的释法说理部分进行宪法援引时,不能完全排除隐含着有所"解释"的可能。尽管法院和法官不拥有合宪性审查权和宪法解释权,但是,可以在个案中从事法律方法层面的实践性宪法文本解释。[②] 再看合宪性审查机关或者立

[①] 范进学:《非解释性宪法适用论》,《苏州大学学报(哲学社会科学版)》2016年第5期。

[②] 张卓明:《裁判文书援引宪法的"能"与"不能"——"裁判说理"与"裁判依据"二分政策的法理解读》,《法学》2021年第6期。

法机关进行的宪法适用,并非都是解释性宪法适用,亦不能完全排除非解释性宪法适用的情形。如此看来,将是否进行宪法解释单独作为划分宪法实施方式的标准并不妥当,因为宪法解释必然会对其他宪法实施方式产生具有决定性意义的影响。

综合分析已有的不同学术观点可以发现,学术界对于宪法援引的学理属性在认知上的分歧客观存在。基于国家的宏观体制和宪法的根本法地位,法院和法官的宪法适用在公法理论上与司法实践中面临着诸多限制,而法院和法官在司法裁判中的宪法援引实践的确有现实需要。法学理论包括公法理论、宪法学理论,需要立足于具体的司法实践及其面临的实际问题,进行专业性思考和研讨,并为有利于促进法治建设和宪法实施的司法实践提供专业支持。从宪法援引的实践中来,到宪法援引的实践中去,运用宪法学原理,厘清宪法援引的法律特质,区分宪法援引与宪法适用、宪法遵守和宪法运用等相关概念的边界。把握宪法援引的实践特点和规律,提高对宪法援引的专业认知水平。正视宪法援引做法中存在的问题,促进宪法援引的规范化,在整体上发挥促进公正司法、增强司法公信力的实践价值。

二、对宪法援引实践的解析

(一)宪法援引与释法说理

在裁判文书中,宪法援引的内容主要集中在释法说理部分,因此对宪法援引的考察还是要回归到裁判文书的文本结构之中,全面审视包括宪法援引的具体内容在释法说理过程中发挥的作用及其实际影响。众所周知，裁判文书的结构和格式是固定的，各部分承载有特定的功能。总体上，裁判文书忠实地记录案件的审理过程和最终裁判结果，记载法院和法官裁决双方当事人之间权利冲突和利益纠葛的思路，作为当事人通过诉讼获得有效权益配置的法律凭证。在大数据应用的驱动下，裁判文书及其释法说理衍生出积极的社会效应，提升了司法过程的透明度；赋予了裁判文书以"准案例指导"新功能；发挥了"隐形的"社会治理效用；为越来越多的社会成员提供了更为便捷的检索平台和智能化途径。

随着公正司法带来的社会影响力，释法说理受到的关注度也越来越高。从专业视角进行解析，释法说理兼具"显形的"和"隐形的"社会治理功能，借助个案的示范效应，向当事人和其他社会成员传输社会主义核心价值观、公正司法与社会正义的进步理念，传递宪法和法律的价值取向以及与之相匹配的行为模式，以独特的方式增进"价值引领和法治观念的重塑"，[①] 增强人们的法律信心和法律信仰，为法治国家的建设奠定社会心理基础。

法学界与实务界基于专业视角对宪法援引与释法说理进行审视。释法说理的核心要义在于准确地适用法律条文，同时将宪法精神贯彻到底，彰显"良法之治"的法治精髓。对释法说理及其中宪法援引要素的专题研究，可以更好地促进宪法援引与释法说理在形式和内容上的相得益彰，实现通过法律适用的宪法实施的法治目标。

---

① 董鑫：《裁判文书制度的隐形治理功能》，《人民论坛·学术前沿》2020年第10期。

从大数据统计的基本情况来看，宪法援引现象客观存在，并且呈现普遍性的发展趋势。到目前为止，不论是理论界还是实务界，对于宪法援引的必要性已有基本共识。法院和法官在司法裁判中运用宪法援引不仅有特定的价值和意义，也有法律和实践依据。

在建设社会主义法治国家的背景和宏观格局下，法院和法官在司法裁判中进行宪法援引被认为是认同宪法价值、承认宪法效力、接受宪法约束以及发挥宪法作用的表现，同时也是法院和法官在司法过程中履行宪法职责和推进宪法实施的具体体现。宪法援引可以加深人们的宪法印象，更加充分地体现宪法的根本法、高级法属性以及宪法理念在制度和法律规范体系中的引领作用。在司法程序正义和实体正义的价值目标上，宪法援引是法院和法官以释法说理的形式，论证法院受理案件、法官适用法律来解决纠纷的合法性；可以为司法裁判提供更为充分的理由，证明法律适用的合法性。[①] 通过司法程序为司法裁判提供来自宪法"元规则"——即"制定规则的规则"的支持，体现宪法和法律的体系化、权威性，发挥宪法规范和法律规范的协同作用。在权利保障功能上，法院和法官借助于宪法援引进行释法说理要达到的目标，就是保障公民的宪法权利和法律权利得到充分实现，并为之提供有效的司法救济。

也有学者意识到，在宪法实施的理论视域中，检视目前释法说理的具体实践，对宪法援引的价值和效果，预期不宜过高。因为法院通过宪法援引的审理只是一种普通的审判行为，是为了满

[①] 朱福惠:《我国人民法院裁判文书援引〈宪法〉研究》,《现代法学》2010年第1期。

足普通案件裁判的需要,而不是典型的宪法实践。[①] 从司法裁判的实际效果来看,通过宪法援引还不足以起到保护公民基本人权的作用。对法院和法官来说,严格依照法律进行审判,保障当事人合法权利的实现是常规化工作。因此,对宪法援引进行实证考察和追踪研究,是一项持续性的课题。

宪法援引已然在司法实践中为人们呈现出了多重价值。就公民个人而言,自然人个体的宪法援引成为推动宪法在社会生活中全面实施的基础性力量,体现出社会认知层面上宪法观念与宪法意识的提升。[②] 就法院来说,法院和法官通过援引宪法规范,使之与既定法律规范之间形成融会贯通的法律逻辑,保证法律体系内部的自洽性以及对社会生活的关照。[③] 宪法援引实践在一定程度上可以最大限度地拉近人们与现行宪法之间的距离,使宪法精神和宪法条文走进人们的社会生活,让个体真切地感受到宪法权威,理解规则之治的真实意义,并向全体社会成员传输尊法、守法的法治文明理念。与传统宪法实施方式不同,宪法援引具有显著的实践性、广泛的参与性。无论是从价值维度还是经验维度出发,宪法援引发挥的作用都具有不可替代性。有鉴于此,在实证考察的基础上,明晰宪法援引的法律特征及其学理定位是基础性的研究工作。

---

① 邢斌文:《法院援用宪法的经验研究能为我们带来什么?》,《浙江学刊》2019年第3期。
② 魏健馨、田圣文:《宪法实施视域中司法裁判宪法援引的实证分析》,《北京行政学院学报》2022年第1期。
③ 刘茂林、王从峰:《论中国特色社会主义法律体系形成的标准》,《法商研究》2010年第6期。

（二）检视宪法援引实践中存在的问题

检视宪法援引的具体实践及其效果可以发现存在以下问题，在学术概念的探讨中，宪法援引的理论、学术研究与具体实践并不完全一致。关于宪法援引使用的语词不统一，其中当然隐含着研究者的不同学术偏好、学术立场和价值取向上存在差异。总括起来有运用宪法、适用宪法、引用宪法、提及宪法、援引宪法或宪法援引等称谓，对内涵的理解并不完全一致。从相关学术成果和文献资料看，以宪法援引和援引宪法为多见。所以，本书采取较为通说的措辞，即宪法援引或援引宪法，并认为二者在内涵上是可以通约的，表达的意思相同，仅在词性上有所区别。"宪法援引"作为名词词组使用，表明这种特定现象；"援引宪法"作为动宾词组使用，表明一种做法或方法。所以，学术概念及其内涵的确定性是展开深入研究的大前提，后续相关研究均以此作为学术研究的出发点，这对于研究目标的实现具有基础性的意义，因此对选择并确定的术语及其内涵不可随意。

司法实践中，不同层级的法院、不同法院的法官在宪法援引的具体做法上不尽相同。根据裁判文书中宪法援引的具体情况，可以大致将其区分为以下类别。第一是以宪法援引在裁判文书文本结构中的位置为标准，有三类不同做法。一是在主文部分援引宪法规范，即将宪法规范作为裁判依据；二是在理由部分援引宪法规范；三是在事实部分援引宪法规范。第二是以裁判文书中宪法援引发挥的作用为标准，亦可以概括为三种。一是作为双方当事人主张权利的依据；二是作为法院判决书的说理依据；三是明确作为案件的裁判依据。[①] 第三是以不同主体援引宪法的目的为标准，区分为当事人和法官两个不同主体。一是对当事人来说，宪法援引主要是给自己的诉讼请求和权利主张提供宪法支持，并获得预期的法律效果。二是法官在判决书的释法说理部分进行宪法援引，是基于分析和论证相关法律问题的需要；法院的审理依据部分[②] 进行宪法援引，是为了使司法裁判的法律依据更为充分。事实上无论是当事人还是法官，宪法援引的目的都是加强自己一方的主张的说服力，强化裁判的正当性。第四是以法官援引宪法的方式为标准，区分为直接援引宪法规范，提及宪法规范或宪法原则、宪法精神，或者是法官对当事人的宪法援引做法进行回应或者根本不予回应等若干具体情况。

检视宪法援引的实际效果发现，宪法援引实践存在一些需要化解的具体问题。首先，通过大数据检索、分析、梳理以及对宪法援引案例的样本透视后，发现其中最为普遍的情况是援引的宪法条文与相关法律条文基本一致，或者法律条文其实就是宪法规范的具体化。这一现象目前已引起各方的关注。分析看来，当宪法规范与相关法律条文高度一致时，裁判文书进行宪法援引的实际意义其实不大。因为宪法规范既不能为个案的解决提供更多的规范内容，也难以为相关法律条文的解释提供更加充分的宪法依据，可以说宪法规范只是"附随"于相关法律条文的出现而出现，在这种情况下，司法裁判的实际效果并不会因为宪法规范的出现而得到加强。有学者对这种"附随"性的宪法援引持否定的态度，

[①] 胡锦光：《论我国法院适用宪法的空间》，《政法论丛》2019年第4期。
[②] 王禹：《法院裁判文书必要时可以并且应当援引宪法》，《法学》2009年第4期。

认为"相比之下，如果法院在现有法律中无法找到依据的情况下援引宪法条文，那么，被援引的宪法条文对于判决而言就显得非常重要了"。由此引导人们展开更加深入的思考，对宪法援引来说，更为重要的是要具体说明被援引的宪法上的条款项目，而不是仅仅对宪法进行泛泛的援引。① 其他相关问题也一一呈现，例如，地方法院的宪法援引司法裁判，在技术层面上的示范意义并不突出，宪法援引案件的数量也不够多。从个案裁判中的释法说理内容来看，在援用宪法规范展开释法说理时，对宪法具体条款的内涵进行了具有一定理论价值的阐释。但是，这种阐释浅尝辄止，缺乏更为深入的推理和论证，因此可能致其缺乏宪法援引的实质意义。② 有鉴于此，宪法援引的具体实践需要仔细斟酌并予以规范化，以获得更为理想的释法说理和裁判效果。

三、宪法援引的规范化路径

宪法援引的规范化首先需要明确规范对象和方向。比较而言，当事人的宪法援引比法院有更大的自主性。无论是否存在可适用的具体法律规范，当事人都应当有权援引宪法，③ 司法过程实质上就是当事人在自由表达的基础上说服法院支持其诉讼请求和利益

---

① 冯健鹏：《我国司法判决中的宪法援引及其功能——基于已公开判决文书的实证研究》，《法学研究》2017 年第 3 期。

② 邢斌文：《法院援用宪法的经验研究能为我们带来什么？》，《浙江学刊》2019 年第 3 期。

③ 陈辉：《人民法院依宪法说理的基本属性与适用范围》，《行政法学研究》2023 年第 1 期。

主张的过程。当事人提交何种证据、选择何种法律依据均基于其自我确信。当选择宪法作为论证理由时，可以体现出对宪法的根本法地位和最高法律效力的确信。至于援引是否恰当、能否达到预期效果则属于法院的裁量范围，与当事人能否援引无关。当事人宪法援引的自主性不应受到过多限制，司法实践中也很难要求当事人在叙述诉辩理由时严格遵循特定程式。因此，规范宪法援引行为的重点在于规范法院的主动援引行为与回应行为，借此反向促进、影响当事人的宪法援引行为。

目前，宪法援引已经进入学者们的学术视野，专题研究渐次展开并逐渐推进，学术成果不断积累日渐增多，关注和讨论的主题可以概括如下。

（一）确立宪法援引应遵循的基本原则

不论当事人、法院和法官的宪法援引目的为何以及有何不同，鉴于宪法的根本法地位和最高法律效力，宪法援引必须严格遵守普遍适用的、体现法的理念和价值的基本原则。这些原则包括必要性原则；符合宪法的基本原则和宪法精神原则；援引宪法要明确同时也必须对所援引的宪法内容进行阐释原则等。[①] 其中重点考虑确立"非必要不援引原则"。基于宪法的根本法地位，比较随意的宪法援引会影响、损耗宪法的权威性。因此法院和法官对主动型宪法援引应始终秉持谨慎立场。在理由充分的前提下，可以主动援引宪法精神和宪法条文，但是，同时应避免象征性的宪法

---

① 胡锦光：《论我国法院适用宪法的空间》，《政法论丛》2019年第4期。

援引，采用诸如"违反宪法法律规定""违反宪法精神"等笼统、模糊性词语的表达方式。主动型宪法援引的具体情形包括，一是在缺乏具体法律规定，或者既定法律条文之间相互冲突的情况下，运用宪法援引展开论证说理。二是为将要适用的法律条文提供正当性法源，以增强司法裁判的说服力。三是论证当事人的某项宪法权利或法律权利、义务的来源。无论在何种情形下，法院和法官如果需要运用宪法援引，都应始终满足宪法援引与案件之间具有高度的关联性与必要性的前提条件。在判断是否有宪法援引之必要时，可采用"试删法"[①]进行验证，观察删去宪法援引的内容后是否会影响论证的完整性以及裁判的说服力等效果。

在宪法作为根本法的最高法律效力与裁判文书的合法性和权威性之间，二者是连带关系，有同进退的效果。通过宪法援引的规范化，促进和提升裁判文书的专业化水平，以维护和体现司法裁判的权威性。

（二）对宪法援引做类型化区分和研究

在学术探讨上，基于宪法援引内涵的双重层次，有学者将其区分为适用性宪法援引和遵守性宪法援引。在当前的体制机制下，法院和法官无法进行适用性宪法援引，较为可行的是遵守性宪法援引，这也被看作是法院和法官在行使审判权的过程中履行遵守宪法义务的职业表现。宪法援引是司法机关及其工作人员遵守、实施宪法的方式，表明法院和法官在宪法实施中的角色和定位以

---

① 杨贝：《裁判文书说理写作四步法》，《中国应用法学》2022 年第 1 期。

及采取的具体途径,主要表现为在裁判文书中的事实认定、论证说理部分进行宪法援引,遵照宪法原则来理解法律条文的含义,以增强裁判案件所适用法律条文的说服力。所以,法院和法官的宪法援引,旨在解释裁决案件时所依据和适用法律的合宪性,确立裁决结果的合法性和权威性。

(三)对宪法援引设定严格的前提条件

鉴于宪法的根本法地位,宪法援引不仅要体现应有的严肃性,还要避免对宪法援引的过度运用。既要保有宪法的公法属性,同时要严格设置司法裁判进行宪法援引的条件,使法院和法官不能随意为之,二者是可以兼容的。[①] 宪法援引遵循两个前提条件。其一是严格的启动条件。以"穷尽法律救济原则"[②]为前提,该原则是宪法救济的重要原则之一。当事人之间发生纠纷诉诸法律寻求救济时,基于法的规范体系,必须先适用普通法律予以解决,当普通法律穷尽后仍然不能为其提供有效救济时,再去寻求宪法救济。通过"穷尽法律救济原则"表达宪法和法律的不同效力位阶,体现宪法的高级法性质。在全部法律规范体系中,宪法规范的位阶最高,而立法行为具有公定力。宪法的根本法属性和普通法律的效力是互相映衬的关系。恪守"穷尽法律救济原则"有助于维护统一的法律秩序,充分发挥部门法的功能并维护宪法权威。从制

[①] 李海平、石晶:《民事裁判援引宪法的条件任意主义批判——以援引言论自由条款的案件为例》,《政治与法律》2020年第8期。

[②] 胡锦光、王书成:《穷尽法律救济之规范分析》,《江汉大学学报(社会科学版)》2008年第2期。

度经济学的视角看，还可以实现对法律救济资源的充分运用，以便获得最大化的社会效应。① 其二是提供完善的制度支持。宪法援引以宪法解释制度的支撑为前提，包括宪法解释的实体规范和程序规范的建构、发展与完善。法院和法官拥有对宪法的适当解释权，是宪法援引得以顺利进行的必备条件。因为法官通过宪法援引进行释法说理，要向当事人阐释、明晰宪法规范的含义与精神，涉及对宪法原则、精神和规范的理解和释义。宪法援引的制度支持还包括宪法解释权、宪法解释方法、宪法解释程序等实体性规范与程序性规范等更为明确、体系化的制度设计与安排。

（四）宪法援引的形式要件和范围

宪法援引的形式要件即指宪法援引形式上的规范化，避免宪法援引流于形式。法院和法官在运用宪法援引方式时，援引的宪法条文要表述完整、准确，包括现行宪法名称、宪法条文的条款序号和条文内容。还要适当说明宪法援引的目的、具体适用以及与案件的关联性和适用性。

对于宪法援引内容的具体位置，不应当放置在判决部分，而应当放置在说理部分。②

考虑到宪法援引的"合目的性"在于加强和突出裁判理由的合理性和合法性，因此，将被援引的宪法规范放置在释法说理部分较

---

① 向前：《司法裁判文书中"宪法援引"的法律解读》，《人民论坛》2014 年第 17 期。
② 朱福惠：《我国人民法院裁判文书援引〈宪法〉研究》，《现代法学》2010 年第 1 期。

为适宜，也符合审判公开的基本要求。而不宜放在裁判依据部分是因为被援引的宪法条文只是确立某种论证推理的前提，或满足某项条件，或确认某项公民基本权利的存在，为公正裁判做铺垫，而不是直接用来裁判纠纷。① 对于现行宪法规范可否作为裁判依据的问题，最高人民法院早已发布有指导性意见，明确民事裁判文书可以在释法说理部分阐述宪法原则和精神。虽然已有明确规定，但是在具体做法上并不完全一致。对此可重申，或者在裁判理由部分进行宪法援引，或者将其作为裁判依据，或者二者兼而有之。

宪法援引在不同性质诉讼案件的适用问题上，有学者提出，宪法援引不应局限于民事案件的范围，而应普遍适用于三大诉讼的裁判文书之中，即民事案件、刑事案件和行政案件都可以适用。在最高人民法院的意见只提及民事裁判文书的前提下，还要考虑到法治国家建设水平的不断提高，实现公正司法和社会正义的现实需要以及为公民宪法权利和法律权利提供有效法律保障和司法救济的现实需要，释法说理部分的宪法援引应在三大诉讼中全面铺开，② 这一观点正在获得更广泛的认同。

（五）规定法院必须运用宪法援引的具体情形

在当事人或前审法院援引宪法的情形下，法院应作出回应。针对当事人的宪法援引，可以区分为具体宪法援引与抽象宪法援引。当事人的抽象宪法援引通常不具有实际意义，对案件的审理和裁判

---

① 梁洪霞:《我国法院实施宪法的角色定位及作用方式》,《江汉大学学报（社会科学版）》2017 年第 5 期。

② 上官丕亮:《运用宪法的法理内涵与司法实践》,《政法论丛》2019 年第 4 期。

结果不构成影响，法院和法官针对这种情形阐明该案不涉及宪法或者无须进行宪法援引即可。当事人的具体宪法援引往往是运用具体的宪法条文和相关内容来支持自己的利益诉求和权利主张，在这种情况下，不论当事人是否对具体的宪法条文作出说明，法院和法官都应从该宪法条文与案件的关联性、宪法援引的必要性、对该宪法条文的理解是否正确等方面进行回应，回应的方式包括认可、不予支持或纠正错误认识等肯定性或者否定性回应。法院和法官在裁判理由中的回应和判断过程，实际上就是向当事人传输宪法知识、纠正其对宪法的错误认知、增强宪法自觉的过程，对公民宪法意识的塑造具有重要的指引和示范作用，法院和法官应认真、谨慎地对待并作出回应，尤其要避免错误的指引。需要提示的是，法院和法官应尽量排除以现行宪法不能作为裁判依据为由回应当事人的宪法援引之情形。同样，在二审或者再审程序中，不要忽略对前审法院的宪法援引方式进行有效回应，尤其注意检验前审法院的宪法援引做法是否正确、恰当，对运用宪法援引的错误和不适格做法，及时予以纠正，以保持裁判的权威性。

（六）制定以宪法援引为主题的指导性文件、发布指导性案例

宪法援引面临的主要问题之一是缺乏具体规定的指引。目前，最高人民法院对宪法援引的规定仅限于《制作规范》中所要求的"不得引用宪法作为裁判依据"，[①] 而这无法为越来越多的宪法援引

---

① 参见最高人民法院《关于印发〈人民法院民事裁判文书制作规范〉〈民事诉讼文书样式〉的通知》。

实践提供规范化指导。最高人民法院应制定专门的司法解释，以指导意见的形式，规范司法裁判中法院和法官运用宪法援引加强释法说理的做法，明确宪法援引的形式、范围、必要情形和原则等，建立宪法援引实践的反馈机制，检查纠错程序，有效并及时地纠正错误、不规范的宪法援引以及对当事人宪法援引不予回应的消极做法。在法官的专业素质考评中纳入宪法援引的考核内容，建构宪法援引规范化的奖惩机制。定期开展宪法理论、宪法实施与宪法援引主题培训。考虑到宪法援引实践的地区性差异，法院和法官的系统内部交流很有必要，尤其要重视培训活动和培训效果。通过以上若干措施增强法院和法官的宪法意识，提升法官的"司法德性",[①]以减少和避免法院和法官在宪法援引做法上的不规范和瑕疵。

从宪法援引的效力来看，宪法援引源于个案，效力也止于个案，司法裁判不会因为宪法援引因素的加入而获得普遍适用的规范效力。要发挥宪法援引案件的指导作用和社会效用，有赖于指导性案例的示范意义。与司法解释的"准立法性"相比，指导性案例具有的功能类似于上下级法院之间的内部管理规则，可以起到补充和完善司法解释的作用，两者相辅相成，体现为"二元司法规则供给体制"。[②] 法院和法官运用宪法援引的规范化，同样需要发挥司法解释和指导性案例的指引联动机制。到目前为止，在最高人民法院发布的 185 件指导性案例中，[③] 涉及宪法援引的指导性

[①] 吴冬兴:《论法秩序统一性原则的司法应用逻辑》,《法学》2022 年第 7 期。
[②] 刘树德:《最高人民法院司法规则的供给模式——兼论案例指导制度的完善》,《清华法学》2015 年第 4 期。
[③] 该项数据的统计日期截至 2022 年 10 月 31 日。

案例仅有 2 件，而且都是当事人进行宪法援引、法院和法官从未作出回应的典型个案，在发挥对各级法院和法官运用宪法援引实践的指引作用上的效果有限。发布宪法援引主题的指导性案例具有多重实践价值，可以表明国家最高司法机关的基本立场，体现对法院和法官以及当事人运用宪法援引做法的肯定，有益于全面推进宪法实施，强化宪法的实践性。特别是对于法院和法官来说，在尊重立法的同时对宪法价值的关切有所不足，[①] 以致一直以来在有意与无意之间保留着回避宪法的传统，而宪法援引对此有消解作用。只有对宪法援引加以规范，才能更好地发挥现行宪法在司法过程中的积极作用。

总之，与立法领域的宪法实施相比，司法领域的宪法援引方式更为直接地影响着公民宪法意识的塑造。[②] 宪法援引使得宪法精神和宪法条文融入司法裁判之中，彰显现行宪法对社会生活的深切关照。宪法援引的这一功能契合了当前司法领域和社会治理层面对宪法的期待，有助于"更好地发挥宪法在治国理政中的重要作用，维护宪法权威"。[③] 通过规范的宪法援引实践，使其转化为可行的宪法实施模式，在现行宪法与社会生活的近距离接触中，实现从宪法理念到宪法治理的转换。

[①] 刘义：《彰显宪法与尊重立法———回避宪法判断的司法技术及其法理》，《浙江社会科学》2022 年第 3 期。

[②] **魏健馨**、田圣文：《司法裁判中宪法援引的实证研究》，《华南师范大学学报（社会科学版）》2021 年第 6 期。

[③] 《习近平：高举中国特色社会主义伟大旗帜 为全面建设社会主义现代化国家而团结奋斗———在中国共产党第二十次全国代表大会上的报告》，见新华社新闻，https://baijiahao.baidu.com/s?id=1747709373747085874&wfr=spider&for=pc 最后访问日期：2022 年 10 月 23 日。

第六章
宪法援引与宪法解释制度

本章导读：宪法援引涉及对宪法文本中宪法原则与宪法规范的认知和解读，不论宪法援引在裁判文书结构中的具体位置为何，都与宪法解释有着千丝万缕的联系。在宪法援引现象客观存在且日渐增多的趋势下，需要宪法解释及其制度为宪法援引提供更为充分有效的制度支持，以增强宪法援引的社会效果。从更为宏观的视角看，法治国家的建设也需要宪法从文本到实践、从制度到机制发挥其特有的功能，其中就包括宪法解释及其制度的实践性价值。对此，已有学者展开相关学术研讨，以宪法援引为基础来看宪法解释是一个较好的视角，通过司法实践中的宪法援引带动宪法解释及其制度的发展与完善，对宪法学的理论与实践都有裨益。

一、宪法援引与宪法解释的关系

在宪法学理论视域中，宪法援引与宪法解释不是同一概念。二者既有联系，也有区别，且区别是主要的。在相互联系上，宪法援引与宪法解释都属于广义宪法实施的范畴，前者是司法过程中的宪法实施，后者是立法过程中的宪法实施。在主体上，二者都以宪法授权作为行使特定权力和职能的依据，司法机关行使司法权和司法裁判职能，立法机关行使制定法律和监督法律实施的权力。二者基于各自的宪法定位，通过司法工作和立法工作，共同促进宪法实施和宪法实践，使宪法的"高级法"功能能够实现从制度到机制的有效转换。

（一）宪法援引与宪法解释既有联系也有区别

厘清宪法援引与宪法解释的关系是研究宪法援引的起点。应当看到宪法援引必然要涉及对宪法规范的理解和阐释，由此牵引出宪法解释权及其权力授予的问题。根据现行宪法的相关规定，全国人大常委会行使宪法解释权，全国人大及其常委会行使宪法监督权。公权力向来崇尚的是法无明文授予即禁止，何况宪法解释不仅仅涉及法律问题，有时会引发政治问题或宪法危机，所以各国对宪法解释及其权力授予基本上都采取审慎的立场，慎重为之。司法实践中的宪法援引会不可避免地涉及对具体法律条文的合宪性审视，牵涉到对宪法规范的含义与精神的阐释与解读，从而与宪法解释、宪法解释权相关联。此时，法院和法官是否拥有宪法解释权以及该项权力从何而来，这就成了一个问题。于是有学者提出了宪法的"个别解释权"概念，[①] 以此来缓解司法实践与特定宪法规范之间的紧张关系。所谓宪法的"个别解释权"，即确定宪法解释主体是享有一定国家职权的个人，如法官、检察官以及行政执法人员等，用以区别宪法文本中规定的宪法解释权的主体——全国人大常委会。而且强调个别解释权仅对个案有效，并不产生普遍的法律约束力。对于尝试通过个别解释权来平衡宪法援引与宪法解释权二者之间的关系这个思路需要作通盘考虑，既要看到宏观的体制机制因素，涉及司法机关与立法机关之间的权限划分及其相互关系，还需要有宪法解释程序制度的支持。对个别解释权的说法，宜持审慎的学术立场，有待于深入研讨和论证。

宪法援引与宪法解释的区别是主要的，可以将其概括为以下几个方面。其一，宪法援引具有形式意义，至少通过对到目前为止的部分宪法援引案例的实证考察，可以得出这一基本判断。宪法援引的重心在于增强裁判文书释法说理的说服力和权威性，而不是对宪法条文或规范的内涵作具体、深入的解读。宪法解释则具有实质意义，通过特定机关的宪法解释使宪法条文或规范内涵从原则到具体、从概括到明晰，忠实呈现"制宪者的意图"，帮助人们准确把握宪法条文的基本精神，并在社会实践中学会运用宪法，发挥宪法功能。其二，狭义宪法援引的主体是法院和法官，

[①] 黄竹胜：《论法官在行政司法审查中的法律解释权》，《广西师范大学学报（哲学社会科学版）》2006年第3期。

是司法权在司法裁判过程中的体现,所以宪法援引属于司法权的行使范畴。宪法解释的主体是有权解释宪法的特定机关,严格依照法定程序对宪法条文或规范进行解释或说明,属于宪法解释权的行使,所以宪法解释属于立法权的行使范畴。其三,在宪法援引中涉及对宪法条文的理解,可以说这仅仅是一般意义上的"援引"而已,是对宪法条文已有的普遍共识的运用,更多的是借助于宪法之名。而宪法解释需要遵照严格的法定程序,运用规范的宪法解释方法,如文义解释、原意解释、目的解释等。宪法解释案都要通过国家权力机关依照法定程序通过才能成立。

在宪法援引与宪法解释的相互联系上,还有一个客观存在的方面。法院和法官进行宪法援引的专业水平和社会效果,与宪法解释及其制度的发展、完善密切相关,依托宪法解释及其制度对宪法条文的规范化解释,不仅为全体社会成员提供标准化示范意义的宪法条文内涵,还使法院和法官在进行宪法援引时能够获得有效裁决纠纷的宪法规范依据,释法说理更加得心应手,增强司法公正的可实现性。

(二)宪法解释是宪法援引的规范化基础

宪法援引除了要受到司法制度对裁判文书的形式要件与实质要件相关司法规范的规制,还需要宪法解释制度为其进一步提供规范化的支持。尽管宪法援引与宪法解释存在诸多不同,但是,与宪法解释的联系始终密不可分。与裁判文书释法说理部分援引的其他内容相比,法官在司法裁判中直接进行宪法援引的难度最大,并且要秉持更为审慎的态度,因为宪法援引直接涉及对宪法规范内涵的正确理解。在以往没有更多相关实践和指导性案例引导的前提下,宪法援引对法官的宪法素养和公法理论的积淀是一个现实考验。在司法裁判实践中,如果只是在个案中泛泛地进行宪法援引,容易使这种实践流于形式化和表面化,导致宪法在裁判文书中只是点缀,难以体现宪法的权威、最高法律效力以及获得增强释法说理说服力的预期效果。众所周知,宪法规范与普通法律规范的主要区别在于宪法规范的概括性和原则性,而越是原则性的规范,其内涵愈加丰富,越有活力,这便可以解释为什么早期确立的宪法原则时至今日依然保有强韧的生命力。在比较视野下,法治发达国家的宪法实施途径其中之一,就是通过宪法解释为其原则性规范注入时代的新理念和新内涵,使宪法规范始终能够日新月异地保持与时俱进的进步状态,使宪法成为名副其实的活的机关。

宪法解释有助于宪法援引的规范化。宪法解释可以通过宪法援引对宪法条文内容的阐释和运用加以规范化,带动宪法援引实践在整体上取得积极社会效果。宪法解释由拥有宪法解释权的国家机关作出,具有宪法解释权的正当性、合法性和权威性。这一方面可以使宪法的原则性规范和宪法精神更加明确、清晰和具体,使宪法条文具有可操作性,另一方面促使宪法解释机关的宪法解释权实现从制度到实践的有效转换,使沉寂中的宪法解释权逐渐获得实践能力,以积极、能动的立场回应现实生活的需要,以及法治国家建设的需要。还应该看到,有了规范化的宪法解释,也会使法官在宪法援引、行使自由裁量权时拥有宪法自信,还可以使宪法规范及其内涵的确定性经由具体个案显示出来。在宏观意义上,以权威的宪法解释为支撑的宪法援引实践更加有助于宪法实施,为宪法实施开辟出一条有效途径。而且,在立法、行政、司法机关的具体工作中运用宪法，比起其他运用宪法的做法，更加具有得天独厚的条件。如此看来，宪法解释及其制度的发展与完善，可以获得一举多得的实践价值。

从法治发展角度来看，宪法解释及其制度需要尽快完善。特别是随着宪法援引案件的增多，必然会涉及更多的关于宪法原则和规范的认知与解读。而原则性的规范容易产生歧义以及理解上的不确定性，通过宪法解释可以使宪法规范的内涵变得清晰和确定。

从宪法援引的案例来看，宪法援引只是在释法说理部分对宪法原则和精神的解读，目的在于增强释法说理的效果。借助于宪法学理及其常识来增强释法说理并不涉及宪法解释及其制度，但是，随着宪法援引的实践越来越多，对宪法原则性规范的准确理解和解读就显得非常重要，需要宪法解释制度的发展与完善，并强化其实践性。

二、宪法解释的制度与实践

（一）宪法解释的文本释义

在宪法学理论中，宪法解释是指"有权解释宪法的机关依照一定的程序，对宪法的含义所作的解释和说明"。按照这一定义，宪法解释通常应当包括两种情形，其一是宪法解释机关不针对具体案件单独作出的宪法解释决议；其二是宪法解释机关在违宪审查过程中为了判断法律的合宪性而作出的解释。[①]

在合宪性审查[②]机制之下,宪法解释及其制度被赋予实践价值,从文本意义上的存在,转化为解决社会现实问题并发挥具体功能。宪法解释意味着有权机关遵照宪法基本原则和理念,在法定程序之内,对宪法条文和规范的含义作出明确的解释和说明。宪法解释的两种情形可以理解为,宪法解释主体依据法定的宪法解释程序作出的宪法解释文件,以及在合宪性审查过程中进行合宪性判断从而形成的相关结论和理由。

现行宪法确立了宪法解释的制度架构。现行宪法第67条授权全国人大常委会行使"解释宪法""监督宪法的实施"职权。而同样拥有"监督宪法实施"权力的是全国人大,尽管宪法文本中关于其职权的规定并没有具体列明"解释宪法"的职能。从全国人大是最高国家权力机关、全权性国家机关的宪法地位来看,其行使的若干职权中包括宪法监督权,以及全国人大与全国人大常委会之间的监督与被监督、领导与被领导的关系等要素来看,全国人大所行使的权力具有全权性和最高权威性。在纵向国家权力机关体系中,全国人大处于最高一级;在中央一级国家权力体系中,全国人大处于核心地位,地位显赫。在权力位阶和隶属关系上,全国人大的宪法地位高于全国人大常委会,二者之间有明确的权力和职能分工。例如,在立法权领域,全国人大有权制定基本法律;

[①] 韩大元:《论当代宪法解释程序的价值》,《吉林大学社会科学学报》2017年第4期。

[②] 2017年10月18日,习近平总书记在党的十九大报告中明确指出:"加强宪法实施和监督,推进合宪性审查工作,维护宪法权威。"这是党的全国代表大会报告中首次引入合宪性审查概念,也是合宪性审查首次出现在党的正式文件中。此前,合宪性审查概念仅在学术探讨中有所体现。

全国人大常委会有权制定除基本法律以外的其他法律。现行宪法第62条第12项规定，全国人大有权改变或者撤销全国人大常委会作出的不适当的决定。第16项规定，全国人大拥有"应当由最高权力机关行使的其他职权"等。由此可知，现行宪法对全国人大各项职权的列举，属于不完全列举。全国人大有权监督宪法，而行使宪法监督权的前提就是拥有宪法解释权，如果全国人大不能行使宪法解释权，便无从开展有效的宪法监督。就权力关系的内在逻辑来说，全国人大拥有宪法解释权是不言而喻的。只不过基于全国人大的人员构成的特殊性，行使宪法解释权的具体工作由其常设机构——全国人大常委会实际承担。当然，宪法解释案从提出议案，到议决，再到通过，必须经由法定程序进行才告正式成立，并具有合法性。

（二）宪法解释制度的推进

宪法解释的制度安排主要体现在现行宪法及其相关决定之中。回溯宪法文本的变迁历史，宪法解释制度不断演进。《1954年宪法》第27条规定了全国人大有"监督宪法的实施"的权力；第31条规定了全国人大常委会有"解释法律"的权力。《1975年宪法》对于宪法解释制度未作规定。《1978年宪法》第25条第3项首次确认了全国人大常委会具有"解释宪法和法律"的权力。1982年现行宪法第67条第1项规定，全国人大常委会拥有"解释宪法，监督宪法的实施"的权力。

1982年现行宪法到目前为止经历了5次修改，其中涉及宪法解释及其制度设计的逐级深入发展和不断完善。1988年第一次宪法修改时，在确定宪法修改的基本方针时，明确"可改可不改的不改，有些问题可用宪法解释解决"。[①] 1993 年第二次宪法修改时，再一次明确"这次修改宪法不是作全面修改，可改可不改的不改，有些问题今后可以采取宪法解释的方式予以解决"。[②] 2014 年十八届四中全会特别强调"完善全国人大及其常委会宪法监督制度，健全宪法解释程序机制"，并将其作为加强宪法实施的首要措施。[③] 对宪法解释制度具有重大推动意义的是 2018 年第五次宪法修改时，宪法修正案将原"法律委员会"更名为"宪法和法律委员会"，明确该委员会的工作职责是在继续承担统一审议法律草案等工作的基础上，增加推动宪法实施、开展宪法解释、推进合宪性审查、加强宪法监督、配合宪法宣传等工作内容。[④] 2019 年，在坚持和完善中国特色社会主义制度，推进国家治理体系和治理能力现代化的背景下，进一步强调要"加强宪法实施和监督，落实宪法解释程序机制，推进合宪性审查工作，加强备案审查制度和能力建设，依法撤销和纠正违宪违法的规范性文件"。[⑤] 在合法性审查的

[①] 韩大元：《健全宪法解释程序机制的三个基本问题》，《中国宪法年刊》（第 10 卷），法律出版社 2015 年版，第 111—115 页。

[②] 参见《中国共产党中央委员会关于修改宪法部分内容的补充建议（附件二）》，中共中央于 1993 年 3 月 14 日发布。

[③] 参见《习近平关于〈中共中央关于全面推进依法治国若干重大问题的决定〉的说明》，中共中央于 2014 年 10 月 28 日发布。

[④] 参见《全国人民代表大会常务委员会关于全国人民代表大会宪法和法律委员会职责问题的决定》，于 2018 年 6 月 22 日第十三届全国人民代表大会常务委员会第三次会议通过。

[⑤] 参见《中共中央关于坚持和完善中国特色社会主义制度 推进国家治理体系和治理能力现代化若干重大问题的决定》，于 2019 年 10 月 31 日中国共产党第十九届中央委员会第四次全体会议通过。

基础上，又纳入了合宪性审查，使宪法解释制度伴随着国家的改革和建设过程不断向纵深推进。

依据宪法学原理，合宪性审查的制度安排奠定了宪法解释制度的基础。在合宪性审查机制中，行使合宪性审查权的主体在对合宪性审查的对象作出合宪性判断时，必然涉及对宪法条文、宪法规范内涵的认知与解读，审查主体与拥有宪法解释权的主体之间有内在联系，二者在行使职权上有分工，但是结果一体，目标一致。审查主体进行合宪性判断时，需要对宪法规范进行阐释并说明理由，最终要由行使宪法解释权的主体对涉及的宪法条文或宪法规范的内涵提供释义标准。因此，合宪性审查的结论，包括合宪的判断或者违宪的判断，分别属于两种截然不同的结论，其一是经审查合宪，其二是因不合宪而被撤销，二者都具有宪法解释的效力，为合宪性审查的最终结论提供充分的执行依据，使合宪性审查的机制得以贯通。

通过合宪性审查而被确认规范合宪，在这一前提下作出的宪法解释同样具有实践价值。宪法条文和宪法规范有更为明确、清晰的内涵，不仅可以避免在宪法实施过程中随时可能产生的歧义，还可以更好地指导新法律规范的制定，甚至在启动合宪性审查程序之前，就可以通过宪法解释的方式提前化解争议和分歧。基于合宪性审查与宪法解释之间的密切关联性，前者的相关规定有时也可成为后者的制度依据。例如，《立法法》第108条第1项、第2项规定全国人大及其常委会有权撤销与宪法相抵触的行政法规、地方性法规、自治条例和单行条例。第110条规定有关主体有权向全国人大常委会提出的对行政法规、地方性法规、自治条例和单行条例是否与宪法相抵触进行审查。

（三）宪法解释的具体实践

严格地讲，到目前为止宪法解释的具体实践还没有完全展开，全国人大及其常委会制定公布的、专门针对宪法条文、宪法规范和宪法原则、宪法精神的解释，可谓正式的宪法解释。因此，宪法解释若要完成从制度到机制的有效转换，需要实践的激活。分析其中原因可以概括出四个方面的制约因素。其一，基于传统认知，即法律是宪法的具体化，可以为司法裁判提供足够的法律依据，在一定程度上消解了宪法解释单独制度化的必要性。[①] 其二，从立法过程可以看出，宪法实施的途径之一就是立法实施，制定法律的过程实际上也是宪法实施的过程。因为立法都是在宪法原则、精神以及规范的指导下进行的，"依据宪法，制定本法"这句经典的法律条文，表达了宪法与法律之间在形式与内容上的逻辑关系。法律就是宪法原则和规范的延伸，所以"立法是首要的宪法解释"。[②] 其三，从解释学的视角来看法律解释实践，宪法解释被融合在法律解释之中，法律解释吸收了宪法解释。其四，宪法解释与宪法修改相比较，宪法修改的实践更为成熟，1982年现行宪法在1988年到2018年之间的30年时间跨度内，已有5次修改。以宪法修改的方式回应国家和社会发展的现实需要，解决当下面临的结构性问题显得更为适宜，特别是在宪法解释制度缺乏程序性规范的前提下，宪法修改在一定程度上可以替代发挥宪法解释的功能。

[①] 莫纪宏：《宪法解释是推进合宪性审查工作重要的制度抓手》，《法学论坛》2020年第6期。

[②] 王锴：《宪法解释方法刍议》，《中国社会科学院研究生院学报》2020年第2期。

对宪法解释来说，除了形式要件，它的核心要义在于拥有宪法解释权的国家机关对宪法原则、规范所作的释义说明。按照现行宪法的规定，只有全国人大及其常委会对宪法有关规定或者宪法原则进行的解释说明，才被认为具有宪法解释的性质，如全国人大常委会的相关决定、法律解释、宪法修正案等。或者换一个角度，单纯从理论探讨的视角出发，不受制定主体的限制，使宪法解释的考察范围更为宽泛，如部分司法解释的具体实践等。当然主题讨论中也有观点认为，宪法解释以特定程序为前提，只有全国人大常委会依据法定的宪法解释程序，颁布施行的法律文件，属于宪法解释范畴。但是，目前还没有宪法解释的程序性规范，因此，也就不存在真正意义上的宪法解释。

三、宪法解释的规范依据

宪法解释的规范依据可以概括为国家立法机关及其相关部门作出的有关法律问题和重大问题的决定、法律解释、宪法修正案、工作答复以及最高人民法院出台的司法解释。

（一）有关法律问题和重大问题的决定

1983年9月2日通过施行的《全国人民代表大会常务委员会关于国家安全机关行使公安机关的侦查、拘留、预审和执行逮捕

第六章　宪法援引与宪法解释制度

的职权的决定》(以下简称为《决定》),[①] 被认为是最早并且是唯一的宪法解释实践。该《决定》由全国人大常委会颁布实施,对国家安全机关的职能进行了说明,赋予其国家公安机关的性质,明确"国家安全机关可以行使宪法和法律规定的公安机关的侦查、拘留、预审和执行逮捕的职权",并附上现行宪法第 37 条、第 40 条的相关规定。换言之,该《决定》旨在阐明将现行宪法第 37 条、第 40 条中所称的公安机关的职权赋予国家安全机关,这是针对相关主体及其职权所作的补充性规定。

与其类似的是 1993 年 12 月 29 日第八届全国人民代表大会常务委员会第五次会议通过的《全国人民代表大会常务委员会关于中国人民解放军保卫部门对军队内部发生的刑事案件行使公安机关的侦查、拘留、预审和执行逮捕的职权的决定》[②],文件明确指出:"中国人民解放军保卫部门承担军队内部发生的刑事案件的侦查工作,同公安机关对刑事案件的侦查工作性质是相同的,因此,军队保卫部门对军队内部发生的刑事案件,可以行使宪法和法律规定的公安机关的侦查、拘留、预审和执行逮捕的职权。"这项内容显然属于扩大性说明,将现行宪法第 37 条、第 40 条中规定的公安机关的职权扩展至军队保卫部门,通过对宪法条文的补充性延伸,明确军队保卫部门的职权范围。

尽管从严格意义上来说,上述有关决定并不是以宪法解释为重点内容,但是,确实是全国人大常委会基于客观形势的需要,

---

① 参见《全国人民代表大会常务委员会关于国家安全机关行使公安机关的侦查、拘留、预审和执行逮捕的职权的决定》。
② 参见《全国人民代表大会常务委员会关于中国人民解放军保卫部门对军队内部发生的刑事案件行使公安机关的侦查、拘留、预审和执行逮捕的职权的决定》。

对现行宪法条文中的"公安机关及其职权"所作的扩充性解释，这对相关立法和实践具有指导意义，因此可以被认定为具有宪法解释的性质。

（二）法律解释

2011年8月26日，第十一届全国人民代表大会常务委员会第二十二次会议通过了《全国人民代表大会常务委员会关于〈中华人民共和国香港特别行政区基本法〉第十三条第一款和第十九条的解释》（以下简称为《解释》），[①] 该《解释》意在回应国务院（即中央人民政府）是否有权决定香港特别行政区的国家豁免规则或政策。涉及决定权的结论证成分为两步进行。第一步是确认"决定国家豁免规则或政策"权力的性质属于现行宪法第89条第9项所称之对外事务，从而保证国务院依据现行宪法对该事项拥有决定权。第二步是确认"决定国家豁免规则或政策"属于《香港特别行政区基本法》第13条第1款规定的"外交事务"以及第19条第3款规定的"国防、外交等国家行为"，香港法院对该类案件的审理需先取得行政长官的证明文件，行政长官在发出证明文件前，则须取得中央人民政府的证明书。

该《解释》被认为具有宪法解释的性质，主要归因于第一步证成。现行宪法第89条规定了国务院的职权，其中第9项为"管理对外事务，同外国缔结条约和协定"。香港终审法院提请全国人大

---

① 参见《全国人民代表大会常务委员会关于〈中华人民共和国香港特别行政区基本法〉第十三条第一款和第十九条的解释》。

常委会解释国务院是否有权"决定国家豁免规则或政策",所以全国人大常委会从现行宪法赋予国务院的职权范围出发,对第89条第9项的"对外事务"进行了补充性解释,明确国务院所执行的"对外事务"中包括决定国家豁免规则或政策,以此为前提确认国务院有权决定国家豁免规则或政策。

现行宪法第89条第9项规定的"对外事务",具有概括性和抽象性,在宪法文本中没有进一步的列举和说明,由此引发在具体实践中就某一事项是否属于宪法确定的职权范围进行判断的问题。全国人大常委会对此作出解释,等同于就"对外事务"所涵盖的范围进行列举和明示。与类似的实践相比,该《解释》对于现行宪法的意义,类似于《最高人民法院关于适用〈中华人民共和国刑事诉讼法〉的解释》对于《刑事诉讼法》的作用,从实际效果来看,发挥的是宪法解释的作用。

(三)宪法修正案具有宪法解释的替代性功能

如前文所述,宪法修改与宪法解释在宪法学理上属于两种不同类型的制度,但是,在法律效力、社会效果上却可以做到殊途同归。相对而言,宪法修改可以解决问题的范围更为广泛一些,或者说有些问题通过宪法修改的方式能够更好地达到目的,如2018年宪法修正案第36条、第37条。而有些问题则不必诉诸宪法修改的方式,例如,1993年宪法修正案、1999年宪法修正案对现行宪法第8条的两次修改,实际上是可以通过宪法解释来实现的。这两次宪法修改对"现行宪法第8条所担负的规定'社会主义劳动群众集体所有制经济'的规范功能并没有变,只是内涵有了进一步发展，并不影响第8条的规范确定性。所以说，1993年和1999年两次宪法修改对现行宪法第8条内涵的丰富和补充，实际上发挥的是宪法解释的作用，只不过不恰当地使用了宪法修改的方式来发挥应当由宪法解释产生的制度功能"。①

按照这一推断逻辑，1988年宪法在修改时将1982年现行宪法第10条第4款"任何组织或者个人不得侵占、买卖、出租或以其他形式非法转让土地"，修改为"任何组织或个人不得侵占、买卖或者以其他形式非法转让土地。土地的使用权可以依照法律的规定转让"。其通过宪法修改删去"出租"一词，是因为非法的土地出租行为侵害的是土地使用权，而侵占和买卖行为侵犯的是土地所有权。第10条前三款规定土地所有权属于国家或集体所有，个人不享有所有权。例如，农民仅具有土地使用权，即承包权、经营权，可依法通过土地流转获得收益，但是，不能进行土地买卖。此外，这次宪法修改还强调了土地使用权的合法转让是被允许的。现行宪法第10条规定的是土地所有权属于国家所有或集体所有，第4款的修改内容并不影响这一立法目的的实现，随着认知水平的提高，相关歧义完全可以通过宪法解释祛除掉。也就是说通过宪法修正案进行的宪法修改，有些内容如果采用宪法解释的途径未尝不可。遗憾的是自1982年现行宪法颁布以来，至今尚未有可依靠的宪法解释程序和机制，宪法解释作为重要的宪法实施途径之一，在几十年间没有如愿展开。随着有关宪法解释程序

---

① 莫纪宏:《宪法解释是推进合宪性审查工作重要的制度抓手》，《法学论坛》2020年第6期。

制度机制的学术研究成果日渐丰富,[①] 宪法解释制度与实践的未来值得期待。

事实上宪法修改与宪法解释的目标是一致的,即保证宪法的稳定性、弥补宪法漏洞。"今后修改宪法,只对必须进行修改的条文作修正,能用宪法解释的就作宪法解释,整个宪法不作修改,这样有利于宪法稳定,有利于国家稳定。"[②] 在宪法实施过程中,如何理解"必须进行修改"的宪法条文,可以认为是甄别宪法解释与宪法修改的界限所在。现行宪法自 1982 年施行以来,国家和社会变迁日新月异、突飞猛进,宪法及其整个法律规范体系也在不断发展与完善,法治国家的建设进程一直没有停歇。当然无论是宪法修改还是宪法解释,都要考虑到宪法的刚性和法律的相对稳定性,以保证宪法权威和宪法秩序,保持整个法律规范体系的恒定性。因此,从学理上明晰宪法解释与宪法修改之间的界限,进一步明确哪些事项属于宪法修改的范围,哪些事项只能通过宪法解释来解决,厘定宪法修改权与宪法权之间的边界及其不同权力机关的职能范围,使两者各司其职,各行其是,为推进和保障宪法实施发挥协同作用。

(四)工作答复

在具体实践中,全国人大常委会下设的相关部门还发布过以

[①] 任喜荣:《论宪法解释的必要性、可能性和实用性——以人大预算监督权力界限的确定为例》,《法商研究》2021 年第 1 期。

[②] 韩大元:《健全宪法解释程序机制的三个基本问题》,《中国宪法年刊》(第 10 卷),法律出版社 2015 年版,第 111—115 页。

理解宪法条文和宪法规范为主题的文件。

例如,《全国人民代表大会常务委员会办公厅关于全国人民代表大会代表毕鸣岐因民事纠纷被诉法院可否传唤问题的答复》(1957年11月6日)(以下简称为《1957年答复》)是代表文件之一。①《1957年答复》针对1954年宪法第37条关于人大代表的人身特殊保护条款在具体实践中的适用,指出第37条意在"保护全国人民代表大会代表的人身自由不受侵犯,以便利其执行代表职务"。而民事案件的审理不存在侵犯人身自由的情况,不会影响人大代表行使其职务,因此不属于该条规定的限制范围,法院在审理民事案件时可以依法对人大代表进行传唤。《1957年答复》采用了目的解释的方法,以明确宪法条文的适用范围。尽管1954年宪法在文本中没有设计有关宪法解释制度的具体安排,但是,《1957年答复》对司法工作的指导作用,不仅客观存在,并且行之有效,发挥了对宪法条文进行解释的实际效果。值得注意的是,《1957年答复》的发布机关是全国人大常委会办公厅,该部门对于宪法条文的理解和阐释是否具有正当性,是否属于宪法解释,仍有待有权机关的确认,在此存有进一步商榷的余地。

《全国人民代表大会常务委员会法制工作委员会关于如何理解宪法第四十条、民事诉讼法第六十五条、电信条例第六十六条问题的交换意见》(法工办复字〔2004〕3号)(以下简称为《2004年答复》)。②《2004年答复》是全国人大常委会法制工作委员会对

---

① 参见《全国人民代表大会常务委员会办公厅关于全国人民代表大会代表毕鸣岐因民事纠纷被诉法院可否传唤问题的答复》。
② 参见《全国人民代表大会常务委员会法制工作委员会关于如何理解宪法第四十条、民事诉讼法第六十五条、电信条例第六十六条问题的交换意见》。

湖南省人大常委会法规工作委员会提请的法院是否有权检查移动通信用户通信资料问题作出的回应。湖南省人大常委会法规工作委员会认为，现行宪法第40条所规定的公民通信自由和通信秘密，是宪法赋予公民的基本权利，该项基本权利仅受该条所规定之特定情形的限制，即仅限于"因国家安全或者追查刑事犯罪的需要，由公安机关或者检察机关依照法律规定的程序对通信进行检查"。除此之外，任何组织或者个人一概不得侵犯公民的通信自由和通信秘密。又因通信企业所掌握的移动用户通信资料就其本身的内容和特点而言，应属于宪法所规定的公民的通信秘密范畴。因此，即使《民事诉讼法》第65条第1款规定了"人民法院有权向有关单位和个人调查取证，有关单位和个人不得拒绝"，法院也无权检查通信用户的通信资料。湖南省人大常委会法规工作委员会问函全国人大常委会法制工作委员会以上理解是否妥当，全国人大常委会对此表达了肯定的立场。

全国人大常委会法制工作委员会通过《2004年答复》确认了两点：一是对与限制公民通讯自由和通信秘密相关的法律条文，只能采取限缩解释，不得作扩大解释，即只能限于现行宪法文本中所规定的例外情形。二是通信企业所掌握的用户通信资料属于用户的通信秘密范畴，这是对通信秘密的具体解释。就此可以认定《2004年答复》事实上涉及对宪法条文的解释。对此，与《1957年答复》存疑之处相同，《2004年答复》的发布机关并非全国人大常委会，其效力和性质有待进一步确认。

（五）司法解释

在"齐某苓案"中，为了回应山东省高级人民法院的请示，最高人民法院作出了《关于以侵犯姓名权的手段侵犯宪法保护的公民受教育的基本权利是否应承担民事责任的批复》（以下简称为《2001年批复》）。《2001年批复》自2001年8月13日起施行，至2008年12月24日被废止。最高人民法院在《2001年批复》中确认，以侵犯姓名权的方式侵犯公民受教育权的，要承担民事责任。《2001年批复》涉及现行宪法第46条规定的公民基本权利——受教育权，是对公民受教育权受到侵害时应当承担何种法律责任以及如何承担法律责任的进一步明确。在该案发生之前，并没有相应的法律条文和相关解释，专门设定针对这种侵害方式所应当承担的法律责任可依据的内容。该案之后，围绕相关问题的学术讨论一直在持续进行中，其中涉及的问题主要有：最高人民法院是否有权就现行宪法中的受教育权作出司法解释？侵犯公民宪法权利的主体是谁？侵犯公民宪法权利是否应当以承担民事法律责任的方式进行司法救济？当公民的宪法权利被侵犯时，最佳的救济方式究竟为何？当公民的宪法权利被侵犯时，应当如何向当事人进行赔偿以及是否应当包括精神损害赔偿？应当意识到，在宪法权利和法律权利体系逐渐扩展的趋势下，宪法权利与法律权利之间、法律权利之间的相互性不可完全避免，如何进行权利的有效配置是司法实践中的主要问题，而对这些问题的进一步追问早已脱离了个案的情节限制和局限，由于其更加具有普遍性意义，需要加强宪法学的思考并提供理论指导。

四、宪法解释制度和机制的完善

在现行宪法确立的各项制度中,宪法解释制度是重要的组成部分,对宪法实施有重要意义,对立法、行政和司法工作都具有重要的实践价值。

(一)充分认识并开发宪法解释的实践价值

宪法解释的制度与实践需要从基础做起。检视实际情况可以发现,在有限的宪法解释实践中,存在着与立法行为、宪法修改以及法律解释等概念混同的情况。尽管已经公布的部分文件在一定程度上发挥着宪法解释的作用,但是,无法将其视之为真正意义上的宪法解释,于是宪法解释的效用为其他制度所遮蔽,不能充分显现出宪法解释制度的实践价值。为此,首先要解决观念上的问题,厘清基础概念的内涵,充分认识宪法解释的独立价值。其次要界定范围和条件,明确宪法解释的事项及具体适用情形,确定哪些情形、哪些事项可以或者应当进行宪法解释。最后,明确区分宪法解释与宪法修改、法律解释以及答复意见的区别,特别是在宪法解释与宪法修改之间,明确宪法解释的适用原则——除非必要否则优先考虑宪法解释,严格限制宪法修改的必要情形。

到目前为止,宪法修改领域已经积累了较为丰富的实践经验,也有可供遵循的宪法惯例。一般做法是先由中共中央向全国人大常委会提出修改宪法的建议,再由全国人大常委会讨论后,根据中共中央提出的修宪建议稿形成宪法修正案审议稿,然后依据现行宪法第 64 条之规定向全国人大提议,由全国人大代表投票表决。现行宪法第 64 条规定了宪法修改的提议与通过程序,已经形成了宪法修改的程序性惯例。程序可以依照惯例的形式运行,同时实体要素也要予以明确——即确定的宪法修改事项范围。在保证宪法权威、宪法秩序及宪法稳定性的前提下,对于可以启动宪法修改程序的事项采取审慎的立场。回溯 5 次宪法修改的具体实践,从时间频率上考察,正在逐步放缓宪法修改的时间间隔。从一开始大约间隔 5 年进行一次宪法修改,到如今间隔有 10 年之久,宪法修改的频率总体上趋缓,说明宪法修改技术不断成熟和稳重,也表明在国家和社会发展过程中一些基本制度趋于稳定,规范化程度提高,更好地体现出成文宪法及其原则和规范的刚性特征。在新时代、新格局下,着手研究和推动宪法解释的制度与实践是长久之计。

此外,宪法解释不同于法律解释。宪法规范的授权性和宣告性特征,决定了宪法解释的必要性,以及宪法解释的抽象性和普遍性。一方面,宪法解释涉及配置公共权力、限制政府权力和保障公民权利应遵循的基本原则的价值判断,是国家作为政治共同体的共同价值观的合法化象征。因此,宪法解释以整体上对宪法原则和价值取向的准确把握为必要前提。另一方面,宪法解释的目的在于解决当下面临的现实社会问题,这些问题通常因涉及其切身利益而受社会公众普遍关注。宪法解释一旦作出即具有引导社会发展方向和确定主流价值观念的社会效用,所谓牵一发而动全身。再者,宪法作为"高级法"和"元规则",它所确立的基本原则具有恒久的生命力,这也是宪法与普通法律相比较的最大区别,宪法的主要特质就在于它具备能够接受未来考验的品质。而且宪法解释并非单纯的法律问题，它也是具有政治性的价值选择，其结果无疑会产生深远的影响。也可以说，宪法解释是借助于法律技术手段实现被社会公众普遍认同的政治性结果。[①] 有鉴于此，各国对宪法解释都采取极为审慎的态度。

（二）明确宪法解释的原则和方法

宪法解释的首要原则是合宪性原则，以宪法的基本原则和精神为指导，使法律解释合乎宪法的基本原则和精神，保证国家的法治统一。合宪性原则意味着要对宪法解释进行合宪性审查，将其纳入合宪性审查的范围。全国人大常委会在颁布宪法解释文件之前，由合宪性审查机关对其进行事前审查，颁布之后还要配备事后的长效监督机制。由于体制设计的原因，宪法解释机关与合宪性审查机关存在交叉的情况。合宪性审查必然涉及对宪法的理解，在一定程度上具有宪法解释的性质，因此对宪法解释的合宪性审查容易导致循环论证，例如合宪性审查结论是否需要进行合宪性审查。因此要区分合宪性审查结论的宪法解释效力与宪法解释的不同，宪法解释法律文件颁布之前由合宪性审查机构对宪法解释案进行事前审查，合宪性审查结论作出后应当根据国家和社会发展形势进行适时更新和清理。

宪法解释的方法主要包括原旨主义和非原旨主义，普遍认为在宪法解释中要始终坚持原旨主义的最基本立场。尽管在有些学

---

① 魏健馨：《美国宪法解释制度解析——兼论对中国宪法解释制度的启示》，《天津法学》2011年第3期。

者看来，原旨主义在当代已经属于非主流的解释方法，但是，原旨主义在任何情况下都是对成文法进行解释时遵循的重要原则。事实上，原旨主义、非原旨主义，或者是其他形形色色的被学者们冠之以特定称谓的宪法解释方法，都可以被认为是针对宪法解释的权宜之计。宪法解释的正当性取决于对宪法得以运行的社会基础条件和各种政治力量对比关系的细致考察和思量，以及对社会综合情势的审慎而准确的判断。但是，不论借助何种方法进行判断，尽量避免极有可能发生的对公民权利的漠视、盲目与无原则的妥协，甚至有时为了回应或屈从于短期政治目标的压力，政治过程会不由自主地偏离宪法文本中所确立的长期与永恒的价值，而只有坚持这些价值才会实现全体公民对一个政治共同体的真正期望。所以宪法解释并非仅仅是对个案的宪法条文的技术性适用，而是要清晰地向社会公众传达有效保障和实现公民基本权利的进步理念。

（三）完善宪法解释制度规范的具体路径

在具体路径上可以考虑以下两个方案。

第一，制定宪法解释程序法。完善宪法解释制度的工作早已铺陈展开。在时间顺序上，2011年，《宪法解释程序研究》课题组向国家有关部门提交了《宪法解释程序法》（专家建议稿）。[1] 2012年3月4日，有专家在第十一届全国人民代表大会第五次会议上

---

[1] 韩大元等：《〈中华人民共和国宪法解释程序法（专家建议稿）〉及其说明》，见微信公众号"明德公法"，https://mp.weixin.qq.com/s/avj3RIoDWvM46CDEazqh6g，访问时间：2019年2月19日。

提出制定该法的议案。2015年5月,《宪法解释程序研究》课题组向部分专家书面征求了意见,对专家建议稿原稿作了较大幅度的修改。目前宪法解释程序法的立法工作还在进行中。尽管该法至今尚未付诸实施,但是它确实是宪法解释制度在其发展与完善进程中迈出的重要一步,前景广阔,意义深远。当下,司法工作中大量存在的宪法援引实践也需要宪法解释制度有所发展和突破。宪法解释程序规范的确立,不仅可以直接带动宪法解释工作的更好开展,还可以促进宪法援引的规范化。该建议稿对需要进行宪法解释的事项进行了规定,但是,相关规定在实践中仍不易把握,需要通过列举的方式使之具体化。尽管相关法律赋予法院和法官具体审查性解释的请求主体地位,但是,应当考虑充分发挥法院和法官在宪法解释中的积极作用,将法院和法官的意见纳入考量范围。在允许法院和法官提出宪法解释的请求之外,应允许法院和法官附带涉案宪法条文的适用意见和理由,对此可以对合宪性审查机制予以控制,从而使宪法解释能够始终立足于司法实践,从司法实践中来,到司法实践中去,充分展现宪法解释本身的实践价值,也使宪法解释发挥出应有的规范宪法援引和法律适用的效果,毕竟法院和法官对于一个"政治共同体"整体利益的考量是宪法解释是否成功的关键。[①]

第二,汇编宪法解释文件。考察宪法解释相关实践可以发现,已发布的文件中有些内容涉及对宪法条文的解释。这些文件的具体形式包括法律解释、决定、答复意见等,而且对宪法条文进行

[①] 魏健馨:《美国宪法解释制度解析——兼论对中国宪法解释制度的启示》,《天津法学》2011年第3期。

解释的相关内容在具体工作中依然行之有效，发挥着指导司法实践工作的功效。对此，可以通过细致梳理，将这些"涉宪性"文件以及涉及宪法解释的内容进行汇总、分类整理和编撰，然后由全国人大常委会的工作机构或者进行审查和确认，或者进行更新和清理。在宪法解释程序规范正式立法之后赋予其宪法解释地位，做好宪法解释工作的前后衔接。在宪法实施和宪法实践中，宪法修改、宪法解释和法律解释都需要丰富的实践基础，更要有源自现行宪法和《立法法》的依据。但是，时至今日还没有与此相关的单独立法。宪法解释制度在目前的制度机制下也只能说雏形初现，是否有真正意义上的实践案例也不能完全确定。鉴于宪法的高级法定位，不论宪法修改、法律解释，抑或宪法解释，还有涉及宪法条文的各类决定、意见以及答复等，应有严格的制定和发布的程序性规范，也可以考虑将其统合于同一部程序法之内，分别结合各自的特点，设计特定的程序规则和机制，形成运用宪法解释和宪法实施的梯级机制，实现各类"涉宪性"文件的规范化，使宪法解释、宪法修改和法律解释既能够保持它们各自的功能，又能够共同发挥促进宪法实施的作用。

第七章
宪法援引与宪法实施

本章导读：宪法实施是宪法援引的实践基础。在目前的体制机制下，广义的宪法实施范畴更为适宜中国的宪法实践。宪法援引是宪法实施的基本途径之一，也是具体的宪法实践。宪法援引不仅有助于保障宪法权威，维护法律规范体系的内在和谐，保持宪法和法律的一致性和完整性，还可以促进实现终极意义上的良法之治和社会正义。广义的宪法实施包括宪法的立法、行政和司法实施。在司法实践中，法院和法官通过裁判文书的释法说理部分中的宪法援引，结合具体个案，阐明裁判的道理和根据，同时将宪法原则和进步理念融入其中，有利于塑造当事人的宪法观念和规则意识，也有助于在全社会范围内达成宪法共识，推动法治国家的建设。

讨论现代国家建构视域中的宪法实施，除了宪法援引的实践因素，还基于以下几个方面的考虑。其一，中国正处于现代国家建构（state building）的进程之中，人们对中国实现从传统国家到现代国家的转型所需要的时间长度，怀有发自内心的严重关切。其二，中国作为后发国家面临建构现代国家的特殊处境。一方面是源自纵向维度上自我超越的压力；另一方面是来自横向维度上在先发国家与后发国家之间的竞争中必须具备比较优势的压力。可谓危中有机。其三，到目前为止宪法学界研究宪法实施[①]的视角，更多的是立足于宪法学理论与宪法文本本身，这是明显不够的。需要新高度、新视角和新理念的指引，突破原有研究的桎梏，弥补以往研究之不足。因此，建构现代国家的出发点对于挖掘宪法实施的实践价值无疑是有裨益的。

一、宪法援引对宪法实施的实践意义

宪法援引与宪法实施的关系密切，宪法援引的作用主要体现为它对宪法实施的实践性价值。

（一）宪法援引是司法领域的宪法实施

宪法实施的主要目的在于将现行宪法的进步理念、宪法精神

[①] 本书中的宪法实施概念采用广义的宪法实施的内涵。

和宪法条文贯彻到国家和社会生活的全部领域，充分发挥宪法的统领作用。一直以来，宪法实施的主要途径是立法实施，在法律条文的立、改、废、释过程中实现宪法精神和宪法规范的具体化延伸。经由立法程序将宪法精神和原则融入部门法中的法律条文之中，再借助法律条文对社会关系和利益配置进行规范，最终复归对宪法精神和宪法意志的忠实体现。现行宪法对社会关系和利益配置的有效规制中，需要借助部门法中的法律条文来完成，这种间接的调整方式让社会成员对现行宪法有一种距离感。全面推进宪法实施意味着要拓展更多的宪法与社会成员和社会生活之间的互动渠道。

在宏观体制下，司法机关对现行宪法规范的直接适用会涉及国家的权力结构问题，[1]引发司法审判权与宪法解释权之间的冲突，因此法院和法官不能直接适用宪法规范作为案件的裁判依据。虽然《制作规范》允许在裁判理由中运用宪法援引，但是，总是要受到相关因素的影响，从而对宪法援引的做法缺乏足够的自信以至于尽量回避对它的尝试。全面推进宪法实施的一个关键所在，就是在司法过程中贯彻宪法精神，而宪法援引实践为此提供了可行的路径。司法领域对宪法援引的需求客观存在，从"存在即合理"的哲学视角看，宪法援引做法确实有其合理性。在诉讼过程中，通过宪法援引支持自己的诉辩请求和立场的做法，已经被越来越多的当事人所采用，甚至有当事人在上诉请求中主动要求法院和法官对其提出的宪法援引作出回应。[2]这在以往是比较少见的现象。

---

[1] 强世功：《宪法司法化的悖论——兼论法学家在推动宪政中的困境》，《中国社会科学》2003年第2期。

[2] 参见重庆市第五中级人民法院（2021）渝05行终33号行政判决书。

法院和法官以及当事人运用宪法援引的做法，使得现行宪法在一定程度上直接应用于利益关系和矛盾纠纷的解决，彰显出宪法是法的自然属性。当事人作为个体对现行宪法的理解，与法院和法官作为国家司法机关以及工作人员对宪法的理解，在司法裁判的背景中相互影响、相互作用，有助于破除现行宪法与社会成员和社会生活之间的壁垒，使现行宪法获得了在司法领域中的实施方式，宪法的司法实施当然被涵盖在广义宪法实施的范畴之内。

（二）通过宪法援引实践的国家治理和社会治理

在推进国家治理能力和治理水平现代化进程中，司法的目的不再局限于法律领域的"裁判"指向，而是要"通过审判工作，参与并服务于国家治理、社会治理"，[1]彰显司法的社会功能。现行宪法同样面临治理功能的需求。传统意义上以"政治—法律"为基础的宪法理论和宪法实践，已经不能满足当下国家和社会发展的客观需要，要向现代意义上"政治—法律—社会"背景下的宪法理论与宪法实践过渡，使宪法能够对当下的现实需求作出积极的回应。针对宪法角色的透视，可以看到宪法在事实上"既不能化约为一种法律现象，也不能化约为一种社会现象，它应是两种现象的连接"[2]。恰好宪法援引为增进现行宪法与社会成员之间的互动与对话搭建了一个可以行走的桥梁，同时也使宪法在国家治理和社会治理中的独特功用得以有效发挥。

---

[1] 许身健：《论司法裁判社会效果缺失之成因》，《求索》2022年第2期。
[2] ［德］贡塔·托依布纳：《宪法的碎片：全球社会宪治》，陆宇峰译，中央编译出版社2016年版，第123—124页。

宪法援引实践兼具法律效果和社会效果。一方面，宪法援引为社会公众提供了广泛参与宪法实践的机会，尽管作为当事人的社会成员是有限的，但是，宪法援引的社会效应能够为其他社会成员提供观察的视角。与其他宪法实施方式相比，通过宪法援引的宪法实施成本相对低，而且其社会影响力和效用更为显著，使当事人在参与个案的同时，也获得了"学宪法、用宪法"的机会，使宪法"应用"于日常生活成为可能。另一方面，当事人的宪法援引做法在一定程度上推动了法院和法官运用宪法援引的能动性，促使法院和法官在案件审理中将裁判的视角提升至宪法的高度，宪法因素的加入有利于保证法律条文的正确适用，形成逻辑自洽，更好地维护法秩序的统一，也即是维护宪法的价值与尊严。[①] 表述宪法援引的内容记载在裁判文书之中，但宪法援引对公民的宪法认知水平的影响已经不是一纸裁判文书中那些有限字数所能够承载的。宪法援引含有三重维度，一是针对宪法规范本身，二是面对宪法规范的适用过程，三是法院和法官的法律素养和宪法知识在个案中的综合性体现。相比之下，法院和法官拥有高于当事人的宪法认知水平的专业优势，运用宪法援引时，在忠于宪法精神和宪法条文原意的基础上，将全部适用的法律条文贯通在一起，使裁判文书具有不可辩驳的说服力。典型的宪法援引案例同时具有良好的宪法宣传和宪法教育效果。宪法援引通过借助司法过程的社会影响力，可以助力实现宪法在国家治理和社会治理领域中的独特功能。从这个角度看，宪法精神和宪法条文都可以经由法院和法官以及当事人的宪法援引实践与社会生活紧密相连。宪法援引个案的数量及其效果的不断累

[①] 吴冬兴：《论法秩序统一性原则的司法应用逻辑》，《法学》2022年第7期。

积，使通过宪法的国家治理和社会治理，在司法过程的推动下，更好地契合全面推进宪法实施的时代要求。

（三）促进公正司法

司法裁判的本质是依法裁判，其核心在于维持裁判结果与法律之间的紧密联系，[①] 实现依法解决当事人之间权益纠纷的目的，司法裁判面向的是社会公共生活中的普通人民群众，"即社会公众"，[②] 司法机关的根本职责是为人民服务，为群众服务，以人民的司法需求为重心，充分体现司法的人民性。司法的公信力取决于司法裁判的公正效果，"公正司法、维护社会公平正义是中国特色社会主义司法制度的本质要求"[③]。所谓"公正"，在释法说理过程中体现为"刚柔并济"。一方面，要坚持依法判案。法院和法官严格遵照既定的法律规范作出裁判，严格限制司法裁量权的权力边界，尤其避免随意任性的"法官造法"以及超越法律条文文义的法律续造。另一方面，要充实裁判的释法说理。法院和法官在释法说理部分可以将公理、情理、经验法则以及社会主义核心价值观等作为论据，[④] 有效应对法律适用的例外情形，填补因部门法的法律条文过于具体而可能存在的漏洞，避免"机械化"的司法裁

[①] 孙海波：《"同案同判"与司法的本质——为依法裁判立场再辩护》，《中国法律评论》2020年第2期。

[②] 孟祥沛：《司法公信力的本质属性及其对评估指标的影响》，《政治与法律》2021年第12期。

[③] 崔亚东：《论司法的人民性》，《东方法学》2021年第5期。

[④] 参见最高人民法院《关于加强和规范裁判文书释法说理的指导意见》《关于深入推进社会主义核心价值观融入裁判文书释法说理的指导意见》。

判和法律适用。运用宪法援引将刚性推理与柔性说理有机结合起来，在刚性推理中阐明宪法的根本法属性，使宪法精神和宪法条文与法律条文保持内在协调一致，保障宪法秩序和法律秩序的统一；在柔性说理中以宪法精神引导司法裁判不偏离秩序与正义的价值取向，保证司法过程和裁判结果的公正与公平。因此，运用宪法援引无疑是促进公正司法的途径之一。

宪法援引在推动宪法实施、加强社会治理、保障公正司法等方面发挥着不可替代的现实作用。为进一步促进宪法援引的良性发展，解决实践中面临的问题与不足，同时防止对宪法的滥用，有必要推动宪法援引步入规范化轨道。

（四）宪法援引属于广义的宪法实施范畴

在宪法实施视域中，宪法援引能够直观地表达法院对宪法的专业解读，是司法机关宪法修为的向外传输，有助于公平解决纠纷，将宪法承载的普世价值付诸实践，引导社会培养良民和塑造好人。[1] 从技术角度看，在众多的宪法实施方式中，宪法援引的实践成本相对较低，但是它的司法效果和社会影响力更为显著。通过当事人的有效参与，宪法能够被普通民众"看得见、摸得着"，极大地增强宪法实施的实践效果。

宪法援引涉及对宪法规范的理解和解读，与宪法解释密切相关，但是这种关联性源自宪法解释对宪法援引所具有的前提性要

---

[1] ［美］奥利弗·温德尔·霍姆斯:《法律的道路》，李俊晔译，中国法制出版社 2018 年版，第 13 页。

求和规范化指导作用。目前的宪法援引对宪法条文仅仅是"援引"而已，是对宪法条文本身具有的常识性共识的重申和强调，仅以宪法的名义作出，没有超越宪法文本的原意，以此促进当事人对司法裁判的认可。

法院在司法裁判过程中的宪法援引，是在认同宪法的规范性和最高权威性的前提下，为了向当事人以及社会传递宪法本应具有的对法律适用及司法裁判的指导价值而采取的一种"法律方法和司法技艺"。[①] 将当下的宪法援引定位为司法过程中的宪法实施更为适宜。值得注意的是，宪法援引同时也是确立和促进宪法解释制度发展的实践基础，在宪法解释制度尚未付诸实施的背景下，普遍存在于司法过程中的宪法援引实践，表明无论是法院、法官，还是当事人以及其他社会成员，对宪法都是有所期待的，需要加以重视并使之规范化。一旦宪法进入司法程序，意味着它要发挥自身的最高法律效力，任何宪法援引活动都必须规范化，即提供法定的程序与严格的形式要件，不可随意而为之，避免出现折损宪法尊严和权威的"外溢效应"，使其充分发挥宪法的原则性规范在司法救济领域的具体化功能。

二、宪法实施与现代国家建构

任何国家都面临着现代国家的建构问题，所谓先发国家与后

[①] 黄明涛：《两种"宪法解释"的概念分野与合宪性解释的可能性》，《中国法学》2014年第6期。

发国家的区分,就是对主权国家是否已经从传统国家进入到现代国家所作出的直观判断。现代国家的建构是不间断的过程,即使是先发国家在完成了现代国家的建构之后,也依然面临着使国家持续保持与时俱进发展状态的现实问题。时至今日,有些后发国家尚未完成或有效进行现代国家的建构,其建构过程还在持续推进之中。人类社会的过往经历表明,后发国家在现代国家的建构过程中会面临一些更为特殊的问题,诸如国家认同危机、政治合法性危机、参与性危机、分配性危机、权力渗透性危机[①]以及法律信仰危机等,其中的某些社会现象在当下的中国已经有所显现。关键是如何推进现代国家的建构并破解可能出现的危机。对此,宪法具有不可替代的独特作用,借助宪法实施可以强化国家认同、树立规则意识,以及实现普遍意义上的公共参与以培养公民的集体人格等。宪法实施对于现代国家建构的实践价值,值得深入思考并在实际行动中加以检验。

(一)宪法实施是促进国家认同的凝聚性力量

在现代国家建构的具体实践中,先发国家在实现从传统国家到现代国家的转型过程中各有特色,学者将其归纳为不同的进路模式,分别以荷兰的经济刺激型、苏联的国家权力推动型,以及英国的规范主导型等国家的转型模式为代表。其中英国作为规范意义上的现代国家,通过制度转型完成了工业革命、市场经济与

[①] [美]鲁恂·W. 派伊:《政治发展面面观》,任晓、王元译,天津人民出版社2009年版,第81页。

立宪国家三方面的贯通，摆脱了挣脱传统束缚而不得、进入现代而不能的胶着状态，从而避免了"畸形的现代国家"的结局，①取得了后发先至的效果，以此可以印证当年的"日不落帝国"的描述并非虚构。无论现代国家的进路模式有多大的差别，都揭示出一个共同问题，也是在现代国家建构的过程中首先要面对与解决的重要问题——即国家认同问题。对此有学者甚至认为，国家认同危机是现代国家建构过程中第一个也是"最根本性的危机"。②

现代国家建构的基础是国家认同，因此在建构过程中总是要面对各种不同的影响因素。这些因素会削弱甚至瓦解国家认同，从而阻碍现代国家建构的顺利进行。换言之，现代国家建构的过程也是不断排除和化解国家认同危机的过程。中国在现代国家建构过程中出现的一些社会现象，已经证明了这一点。比如国内局部范围内存在的分离主义倾向，都表明现代国家建构过程的艰难。在消弭来自主权国家内部的分离主义倾向的同时，还要时刻警惕并消解来自境外某些居心叵测的势力的蛊惑和干预。对中国而言，有效的应对之策就是要在强化国家认同上秉持坚定的立场并有所作为。

依据现代国家建构理论，所谓国家认同，就是公民个体或内部族群拥有的一种"主观的或内在化的、从属于某个（民族）国家的心灵感受"。③对国家的认同不仅是"国家存在的社会心理基础"，也是全体社会成员"归属感的核心"。国家认同是个体对自己所属国家的认知，以及对这个国家的基本构成要素的评价与情感。它

---

① 任剑涛：《工业、市场与现代国家》，《思想战线》2016年第3期。
② 周光辉：《国家认同的规范之维》，《学习与探索》2016年第8期。
③ 周光辉：《国家认同的规范之维》，《学习与探索》2016年第8期。

涵盖两个层面，其一是文化层面，表现为个体对国家的认同、肯定与接受的多重情感组合。其二是政治层面，体现为公民对国家认同的行为，即在日常生活中通过具体的行动表达对国家的认可，如对社会秩序的维护、对规则的遵守等。在笔者看来，当下国家认同的建构在向政治层面倾斜。因为随着全球化程度的加深，不同民族、种族与国家之间的融合已经成为不可逆转的大趋势，民族或种族、国家之间的芥蒂早已不像往昔那样剑拔弩张和壁垒森严。传统意义上的民族国家以民族为标志的疆域概念正在逐渐淡化，代之而起的是世界新格局中不同国家在整体意义上的趋同，以及局部范围内民族、文化与价值观念的多元化。人们选择定居于某个国家时更主要地不是考虑民族或种族的因素，而是倾向于一种政治性选择。对某个国家的认同意味着是基于对该国家的制度、规则及其施政理念所带来的生活上的安全感，而予以优先考虑的结果。与此同时，不容否认的是，当下有两股力量正在促成个体这种政治性选择成为可以期待和实现的机会，使公民个人的政治性选择也具有了国际视野，不再受"故土难离"的传统心理局限。其一是公民个人的财富积累，为这种政治性选择提供了可靠的物质基础。其二是现代国家基于国际化视野下保持比较竞争优势的考虑，而从制度安排上制定一些对本国更为有利的移民政策，吸引对本国发展更有价值的人才和更具规模效益的资金。试想，如果没有国家认同的社会心理基础，在主权国家内部就会出现各种名义的分离主义倾向，并引发社会问题，最终导致主权国家内部的支离破碎，社会秩序混乱不堪，公民权利无法获得实现与保障。至少到目前为止，在国家这个政治共同体尚未消亡之前，"国家认同是现代国家的生命所在，失去了国家认同，现代国家也就失去了所有意义"。①

那么，宪法实施何以促进国家认同，其发生机制如何？宪法学理论认为宪法实施就是将宪法文本、静态意义上的宪法原则和国家制度，充分贯彻实施到现实生活中。传统宪法学理论强调宪法是政治的法，现代国家建构理论视野下宪法是国家的法，二者异曲同工，共同指向国家认同的目标。如同众所熟知的，宪法文本的内容涵盖国家的历史、现实与未来，包括国家基本制度、政治制度、经济制度、社会制度、文化制度、国家机构与公民基本权利等，是实现国家认同的文本与制度基础。在世界各国宪法中，尤其以成文宪法最为典型，贯穿每一条宪法规范背后的主线就是对国家的认同。在宪法文本的字里行间，描述的是国家的历史、建立主权国家的意义、国家权力的来源及其正当性、公民的宪法定位与对其基本权利的保障。如果说部门法只是在特定社会关系领域，让公民感受到来自国家制度的关照，那么宪法文本则是从整体意义上让人们感受到主权国家对置身于其中的社会成员及其权利的全方位覆盖，从而使其获得完整、明确的国家观念，促使其在心理上产生归属感和安全感，进而升华并增强为国家认同。所以，宪法文本是建构国家认同的前提和基础，认识一个国家就要从阅读它的宪法文本开始，透过宪法文本可以勾画出大致的国家轮廓。

通过宪法所确立的基本原则，如人民主权原则等，为国家立法、行政、司法活动确立方向，设定权限，指引并实现"法的价

---

① 林尚立:《现代国家认同建构的政治逻辑》,《中国社会科学》2013 年第 8 期。

值"①与国家目标。正如本书开篇所明确的广义的宪法实施的内涵，即宪法文本经由立法、行政和司法实施等权力行使过程，在全面促进和加深社会成员对国家的认识和情感的同时，实现国家认同。换言之，国家的立法机关、行政机关和司法机关严格按照宪法原则及规范行使宪法所赋予的职权，同时其他组织团体、全体社会成员严格遵守宪法原则和规范，这就是最好的宪法实施。在宪法实施过程中使全体社会成员切身理解和感受国家制度，不断完善国家制度，在已经形成的国家认同心理基础上巩固对国家的认同，使国家认同转化为内在的心理定式，进而在与国家相关的问题出现时就会外化为自动化了的国家认同行为。

所以，宪法实施是一种力量，是使人们能够认为自己同属一个国家的凝聚性力量。国家通过宪法实施获得广泛的群众基础和社会心理基础，进而获得合法性支持。个体通过宪法实施可以获得关于国家的主观感受，借助国家认同则可以实现作出选择、与他人建立可能的联系，以获得力量和复原力。②如果说国家认同是从公民认知到国家统合，那么宪法实施则是从国家权力的行使到公民权利的保障与实现。宪法实施与国家认同二者的主体高度同一，即国家与公民。在宪法实施过程中不断获得对国家的认知、选择和赞同；在对国家认同的过程中不断增强对国家的归属感和奉献精神。通过宪法实施实现国家与公民、权力与权利之间关系的协调发展，在终极目标上实现国家秩序和国家目标。笔者在此只是阐述了宪法实施的正向社会效应，它取决于宪法实施过程中的各

---

① 孙午生：《依法治国与法的人权价值》，《河北法学》2016年第9期。
② 贺金瑞、燕继荣：《论从民族认同到国家认同》，《中央民族大学学报（哲学社会科学版）》2008年第3期。

类主体对宪法原则和规范的精准理解与把握。但是不可否认的是，对宪法原则与规范的曲解，也会导致人们对宪法和法律的消极认知，进而影响到对国家的认同，从而有可能对国家产生疏离之意。

中国在宪法实施过程中面临的具体问题，就是要在全国范围内强化并不间断地进行国家认同，其中在香港特别行政区"一国两制"实践中出现的问题已经作出了警示。尽管已经回归二十年之久，但是香港却出乎意料地出现了"港独"势力，笔者认为归根结底就是出现了"国家认同危机"。由于长期以来中国现行宪法在香港没有获得应有的至上地位，致使香港有些人误将基本法视为香港的"宪法"。没有了国家层面的高级法权威和宪法指引，难以形成形象生动的国家认同观念，而没有国家认同等同于没有了联系公民与国家之间的心理纽带，以至于公民对国家出现感情上的疏离，在政治实践中则是在"一国两制"原则下出现了"一国"弱化而"两制"强势的扭曲状态，再叠加外部势力的蛊惑，内外同时出现分离主义倾向在所难免。值得一提的是，中国现行宪法所确立的国家制度应当进一步完善国家宣誓制度及相关实施细则，以强化国家认同的仪式感。这也非常重要。

（二）宪法实施是规则意识的塑造过程

现代国家建构理论认为，现代国家超越传统国家的重要标志之一就是制度转型和规则创新。事实证明，现代国家之间的竞争优势不仅在于器物文明与高科技的领先，还要在精神文明领域率先进化，其中包括制度设计与制度安排的先进性与合理性。并且，借助制度优势而激发人的创新潜能，成为推动社会进步的精神力量。从这个视角去领会意志与理念对客观世界的作用,有一种豁然开朗的感觉。因此,国家认同也包括对国家制度的认知、认可与赞同,体现为观念与行动力两个层面:一是在心理、意识上对国家的认可,二是在社会生活中、在具体行动上对国家利益和秩序的维护与奉献。对于中国而言,在现代国家建构中需要破解的传统难题,同时也是现实难题,就是如何树立宪法和法律的权威,使全体社会成员具有规则意识,确立规则之治,彰显宪法作为"人民的公意"的高级法地位。[①]

依据宪法学理论,宪法实施的实践价值在于树立宪法在整个法律体系中的统领地位,如同宪法规范所宣誓的那样,"一切法律、行政法规和地方性法规都不得同宪法相抵触"[②],进而在此前提下确立全体社会成员的规则意识和良法之治的观念。对于任何一个现代国家而言,无论如何规则都是重要的。宪法作为制定规则的规则,是"元规则",[③]具有至高无上的地位。一般而言,规则是构建秩序的基础,也是现实生活中人们能够加以利用并可以促进和谐的力量。所以,遵守规则,约束人们的行为,恰恰是对人的"拯救"。(亚里士多德语)宪法实施在价值取向上有一个非常重要的维度,即形成秩序,包括规则体系内部的秩序,即避免不同部门法规则之间的冲突状态。宪法的根本法属性在此维度上体现得最为充分,宪法为部门法确定立法的指导原则,凡是与宪法原则相抵触的规则都是没有法律效力的。因此,当民法纠结于是作为与

---

① 曾哲、韩锦霞:《法治国执政党的权威论》,《河北法学》2017年第1期。
② 参见现行宪法第5条。
③ [澳]布伦南、[美]布坎南:《宪政经济学》,冯克利等译,中国社会科学出版社2004年版,第2页。

宪法并驾齐驱的根本法,还是作为宪法这一根本法之下的部门法的时候,人们至少应该明了一个基本客观事实,经过多年的法律演进,只有宪法才被赋予了这样的使命,即以其特有的内涵丰富的原则性规范,来应对更为复杂的局面。当面对前所未有的新情势而对具体法律条文在理解上可能出现困惑和不知所措时,宪法的原则性规定恰好可以弥补部门法因条文过于具体而有可能出现的缺失。经验的反复熏陶已经提示人们,越是原则性的规范,越具有持久性。所以从这个角度讲,传统的法谚可以修正为:部门法易逝,公法永存。

通过宪法实施使每一社会成员都具有规则意识,能够自觉遵守既定规则,并谴责、抵制不遵守规则的行为,从而形成社会秩序状态。宪法实施通过展现规则的理性,实现对社会资源和利益整合的理性选择和平衡,以控制人类的自私本能;通过塑造规则的公信力、可信度,实现平等与正义。所以宪法实施与规则意识、规则的制定、规则的执行、规则的遵守息息相关,它通过引入特定的价值观介入人类的社会实践活动,为人们提供一个"安全的、有序的、可预见的、合法的、有组织的世界"(马斯洛语)。当人类社会进化到现代国家之后,复杂和丰富的社会生活更需要借助宪法实施为规则不断地注入新的理念,为人类丰富多彩的社会生活提供维护和谐与秩序的规则框架。宪法实施的实践价值体现为,在现实生活中借助具体的个案为人们阐述"合理的清晰界定的规则",增进公共利益和社会福利,使个体获得宪法的庇佑,进而使更多的人获得来自国家的可靠的安全感,使现代国家保持秩序和进取状态。

但是,应当看到的是,长期以来中国在现代国家构建中面临的主要障碍就是法治建设推进过程中有法不依、执法不严的现象，直接影响到公民规则意识的养成。自改革开放到目前为止，中国特色社会主义法律体系已经基本形成，需要的法律基本上都已颁行，但是给人们的总体感觉是执法的效果并不尽如人意。原因是多方面的，有些规则本身存在着瑕疵、有些制定得很好的法律在执行中遭遇尴尬，以及各种潜规则大行其道等现象，使得既定的法律规则难以取得预期的社会效果，在一定程度上消减着"宪法的雄心"。学者对此已有深刻分析，总结出根本原因在于中国传统的农业社会特质，即所谓的熟人社会，与现代国家相比，更讲究人际关系、讲人情。其中费孝通先生所揭示的"差序格局"[1]就是对这种社会传统的最经典提炼与最好写照，具体的伦理关系不同，法律后果截然不同。这种情形直到现在依然时有发生，导致宪法、法律规则在面对资源配置与利益纠葛时不能发挥应有的规制效果，既定的法律规则极易被变通，社会成员的规则意识淡薄。劣币驱逐良币的最终后果就是规则形同虚设，潜规则大行其道。

在宪法实施领域，宪法的最高法律效力没有得到充分发挥，宪法原则和规范对下位法的统领功能还存在空隙，与宪法相抵触的现象尚未完全杜绝，或者不能及时通过正当法律程序予以消除，宪法解释制度基本上处于虚置状态，导致宪法实施本身处境尴尬。[2]因此，当社会实践不能为宪法作为高级法的角色定位提供比较可靠的客观支持时，会导致社会成员难以树立宪法至上性的观念和意识。最终反映在现实社会生活中，则会出现人们在规则意

---

[1] 费孝通:《乡土中国》，北京出版社2005年版，第24页。
[2] 某高校校园内以宪法和地球为主题的雕塑经历了从建成到被拆除的过程，在一定程度上表现了宪法实施困境的中国式黑色幽默。

识（守法观念）方面呈现出集体性沉沦的颓废现象，规则意识淡薄成为社会性问题。[①]由此导致个人之间交往的社会成本提高，整个社会要为不遵守规则的后果付出更大的代价。

（三）宪法实施是通过普遍性公共参与培育集体人格的过程

无论是宪法实施，还是现代国家的建构，其核心始终都是围绕着人的现代化来进行的，是个体由自然人转化为公民的过程。现代国家对应于公民的概念，现代国家建构的决定性力量并不是国家，而是公民本身。在法学理论中，公民是宪法学的概念，表达的是个体与国家之间的法律联系。在宪法学语境中，具有某个国家国籍的自然人就是这个国家的公民。现代国家建构理论则认为公民意味着一种政治身份，一个自然人之所以成为某个国家的公民，并非由现代国家的需要所决定，而是由人自身所具有的主体性，同时人还有群体性的特质，具有潜在的可培养的公共参与品格和集体人格的可能所决定的。而宪法实施恰好为个体感受自身的这种主体性、展现公民人格提供了一个极好的观察背景和空间。

就宪法实施的机制而言，就是包括全体公民在内的公共参与，并通过公共参与塑造每一个体的公民人格，在此基础上形成集体人格，使"多数决原则"下达成的公意能够获得具有普遍意义的社会共识。与现代国家的构建相契合，宪法实施的不同层面都包含

[①] 2017年1月28日，宁波又发生了一起由于漠视规则而导致悲剧的事件。一位父亲为了逃票居然翻越动物园的围栏，不幸落入老虎区被老虎袭击身亡。漠视规则、侥幸心理、欠缺公共卫生环境保护意识和公共生活美德的不文明行为在日常社会生活中并不少见。

有公共参与因素，如立法活动中的意见表达、行政程序中的听证、司法实践中的陪审等，以及各类社会组织团体，及至全体社会成员对宪法的遵守都可以涵盖于其中。基于此，宪法实施的主体是全体社会成员，以规则制度为载体，以公共利益为取向，以公共参与为途径，将宪法原则与规范全面贯彻实施到国家与社会生活的全部领域。

在宪法实施背景下，将公共参与的规定性内涵界定为，公共参与是公民基于人民主权原则，为了分配社会的政治资源、经济资源、文化资源等方面的资源和权力，通过行使宪法基本权利，直接参与公共事务和公共决策而进行的集体性公民行动。公共参与体现的是在公共事务与公共决策过程中的公民理性，以及在特定发展阶段的社会正义观念。公共参与的主体主要是作为个体的公民，表明其宪法地位及享有宪法赋予的基本权利，并能够通过积极有效的公民集体行动实现其作为主权者的最高地位。公共参与以追求和实现公共利益为目标，对公共领域中的各种事务进行理性参与。宪法实施经由公共参与方式取得的效果是多重的。一方面，借助于公民的合力，使国家这个政治共同体的正当性得到强化，并促进政治共同体自身的不断发展与进化。另一方面，启蒙个体的公民性，塑造公民人格，使公民获得关于国家及其制度和公民个人宪法地位的切身感受，也会知晓尊重其他人的意志表达。公共参与既可以调动个体对公共事务的关注与热情，也可以让公民在这个过程中逐渐学会应当如何妥协与宽容。在经受个体意志与集体共识之间冲突的同时，让公民体会资源配置与利益平衡中对个人利益的影响。此外，培育公共生活美德，使公共生活成为一种可依赖的宪法实施途径。在宪法实施的过程中，经过长期熏陶与训练，从而养成公民的集体人格与公共生活美德，最终使公共参与逐渐成为全体社会成员所需要的一种生活方式、行为习惯和公民美德。在观念上使社会成员明确地认知并强化：只有积极地做公民，而不是消极地做公民，才是与现代国家建构相匹配的合格公民。现代国家推崇的是理性化的统治，通过公共参与机制获取公民的意向，进而选择和确定公共政策的最佳方案，促进公共利益的实现，因此与之相适应的就应该是能够控制生物本能的理性公民。

但是，随着多元化的发展，人类社会内部的分化现象日趋严重，甚至出现社会断裂、公民人格沉沦等现象，这些因素都在影响着公共参与的范围与方式，以及达成社会共识可能性及其效果。公共生活作为宪法实施可依赖的途径不断面临新的挑战与考验，要针对这种变化中的情势进行调整与改变。于是，近些年来陆陆续续就有了哈贝马斯所倡导的"商谈式民主"、罗尔斯提出的"无知之幕"与"重叠共识"等概念的出现，实际上都是试图对公共参与的新方式进行探讨。但是由于各个国家的现代化发展水平高低不同，政治传统存在差异，公民的综合素质也有所差别，因此在国际社会范围内不可能形成整齐划一的公共参与模式。

中国作为后发国家，在宪法实施的公共参与机制中所面临的问题是叠加在一起的，其中既有现代国家建构过程中属于初级阶段的问题，即公民人格的塑造问题；也有当下社会分化、利益分化背景下先发现代国家出现的新问题，如资源与利益的整合、社会断裂与社会共识困难重重的问题,[①]还有后发国家所面临的特殊危机性问题,如本书一开始就提及的几类特殊危机,如国家认同危机等,由于综合性因素导致公共参与的难度加大,任务艰巨。特别是在公民素质参差不齐、利益诉求差距巨大的情况下,会对国家认同产生负面影响。

现代国家的建构是同时塑造物质文明与精神文明的进程。一个国家之所以能够在世界范围内处于领先地位,不仅体现在物质文明的先进性,也体现在精神文明的进步状态,文明包括制度文明、制度规则和法律规范体系的成熟与发达。正如有的学者所指出的那样,制度背后总是隐含着巨大的思想运动。而且国家和社会的进步往往是先有观念上的突破,然后引领着人们突破历史的局限,开创新的行为和发展模式。

无论是在宪法学理论中,还是在现代国家建构的视域内,宪法实施就是传输先进理念的过程,是使宪法文本产生实际社会效果的制度形态和动态过程。宪法实施与现代国家的建构互相促进,在宪法实施过程中实现国家认同、树立规则意识、塑造公民人格,并在终极意义上促进国家实现从传统到现代的转型。换言之,现代国家的建构需要具备一定的前提条件,即公民对现代国家这个政治共同体的认可、接受和赞同。只有在越过心理层面之后才能转化为具体的行动,在规则意识的指引下,使公民投身于公共活动和公共参与之中,并为公共利益全力奉献自己。

现代国家建构理论视野下的宪法实施具有多重的实践价值。

---

① 通过在国际层面进行观察,可以发现如英国脱欧、美国选举之后,出现了在不同利益群体、族群内部衍生出的分离主义情绪等现象,这说明达成普遍性社会共识的难度在加大。

当下对"依宪治国",以及"健全宪法实施和监督制度"的大力倡导,[①]让人们对宪法实施寄予了更大的期待。特别是在广义的宪法实施的引导下,需要对宪法的根本法属性再认识。

三、宪法意识是宪法实施的社会心理基础

鉴于宪法援引与宪法实施的密切相关性,有必要进一步展开关于宪法实施的认识,而宪法实施需要具备相应的社会基础条件,其中宪法意识奠定了宪法实施的社会心理基础。

当下对于"全面推进依法治国""依宪治国""健全宪法实施和监督制度"[②]的倡导与追求,激发人们对"宪法的雄心"的期待。在不断完善宪法文本和宪法制度的同时,宪法意识作为建设法治国家、促进公正司法的社会心理基础,对"保证人民根本利益的实现"[③]的积极效用越来越被法学界和实务界所重视。对于国家和社会发展,观念和行动力上的突破至关重要。一方面,在观念上要树立宪法意识,明了中国的历史传统与现实国情,致力于在当下的宏观环境包括社会环境和法律环境中,厘清宪法意识的内涵,在全社会范围内通过宪法意识的社会共识达成"宪法共识",特别是发挥国家机关及其工作人员以及法律职业群体的宪法意识在依

---

① 参见《中共中央第十八届四中全会公报》,于 2014 年 10 月 23 日中国共产党第十八届中央委员会第四次全体会议通过。

② 习近平:《在首都各界纪念现行宪法公布施行 30 周年大会上的讲话》,http://www.gov.cn/ldhd/2012-12/04/content_2282522.htm,访问时间:2022 年 2 月 1 日。

③ 《中共中央第十八届四中全会公报》,http://news.sohu.com/20141023/n405406666.shtml,访问时间:2022 年 2 月 1 日。

法治国、依宪治国中的示范和引领作用。另一方面，在行动力上全面推进宪法实施，与国民教育系列、法律职业训练和培训紧密结合，使全体社会成员具备主体意识、权利意识和社会责任意识，使其成为真正意义上的法治国家的公民。法治国家的成熟经验表明，宪法意识及其共识对于传统社会的现代转型意义深远。宪法意识的宪法意涵可以从以下几个方面加以认识和理解。

（一）宪法意识的核心是对宪法现象的理解与认识

在宪法学理论中，宪法意识是公民关于宪法的知识、观点、心理和思想的总和，其中包括人们对于宪法基础知识和基本原理的掌握程度，对宪法功能的认识，对宪法实施的评价以及对宪法保护公民基本权利及其效果的实际感受等。[①] 宪法意识由主权者意识、权力意识和权利意识构成，它使人们能够具备关于国家与公民之间相互关系、公民的宪法定位等内容的正确认知。

宪法意识是社会意识的具体表现形式之一。从本源意义上讲，人类社会的宪法意识是伴随着宪法现象的出现而萌生的社会心理现象，同时随着宪法实践和宪法变迁的过程而不断得到充实和丰富。对个体而言，宪法意识是其在后天成长过程中，通过各种教育途径和社会实践习得的结果。因此，宪法意识不是个体自觉的心理活动，而是在得到启蒙的基础上所获得的一种稳定的心理体验，也是对宪法较之法律居于更高层次的情感表现。可以说宪法意识的生成与强化，能够促使全体社会成员自觉地将宪法规范作

---

① 韩大元、王德志：《中国公民宪法意识调查报告》，《政法论坛》2002年第6期。

为个人基本品德和社会行为的最高准则。

(二)宪法意识是建设法治国家的社会心理基础

宪法意识对法治国家的建设有着重要的支撑作用。宪法意识与法治国家的关系极为密切。建设法治国家的重要社会心理基础是全体社会成员的宪法意识,而宪法意识的状态则依赖于法治国家的总体发展水平。

首先,任何制度包括宪法制度,归根结底需要具体的个人去执行,设计得再完善的宪法、法律制度,如果得不到人们的普遍遵守和执行,也只是一个徒有其表的空壳。尤其是在国家机关及其工作人员执行职权、履行公务行为的过程中,是否能够严格遵守和执行宪法和法律,直接影响到依法治国、依宪治国的实际效果以及社会公众对法治国家状况的评价。其次,公共强制力可以保证宪法和法律制度的贯彻落实,但是在宪法和法律实施过程中并不起决定性作用。单纯凭借国家暴力机器并不能保证法律秩序和社会秩序的稳定,有时甚至会有适得其反的社会效果,而"确保遵从规则因素像信仰、公正、可靠性和归属感,远较强制力重要。法律只有在受到信任,并且因而不要求强制力制裁的时候,才是有效的"。[1] 最后,宪法意识作为社会意识的一种,对社会存在具有能动的反作用。公民的宪法意识的提高和增强,可以促使个体自觉地对法治国家建设的各个方面提出富有建设性的批评或

---

[1] [美]伯尔曼:《法律与宗教》,梁治平译,中国政法大学出版社2003年版,第17页。

意见建议，便于形成广泛深入的社会监督局面，从而有利于公共权力的规范行使，促进宪法和法律制度的发展和完善。

（三）宪法意识的生成有赖于国家公职人员与法律职业群体的引导

从主体的角度，可以将宪法意识区分为国家公职人员的宪法意识、法律职业群体的宪法意识和普通社会成员的宪法意识。当下，国家公职人员与法律职业群体的宪法意识水平，对社会成员宪法意识的塑造和强化具有引领作用。国家公职人员作为具体履行宪法所赋予的公共权力的主体，这一群体的宪法意识水平深刻影响到其职权的行使效果，对于宪法赋予的权力的理解和运用也决定宪法建设的成败。[①] 近年来，国务院连续颁发了《全面推进依法行政实施纲要》《关于加强法治政府建设的意见》等多部重要文件，强调国家公职人员要切实提高运用法治思维和法律手段去解决经济、社会发展中突出矛盾和问题的能力。国家公职人员应当增强有关权力的合法性来自宪法和法律授权的自觉意识，切实改变"以政策、具体办法或领导指示变通执行宪法和法律、法规的倾向"，[②] 目的在于强化宪法意识中的人本观念和规则意识。一方面要求国家机关在制定和执行政策、作出重大决策时，要落实尊重和保障人权、维护公民基本权利的宪法要求；另一方面要求国家公职人员的履职行为要严格按照宪法、法律和法规的规定执行，

[①] 邓世豹：《论实践中的宪法意识》，《山东科技大学学报（社会科学报）》2014年第2期。

[②] 韩大元：《宪法实施与中国社会治理模式的转型》，《中国法学》2012年第4期。

不仅要实现实体正义，还要保证程序正义。

法律职业群体以三大法曹为主体，即以法官、检察官和律师为代表的、经过法律专业训练、掌握法律理论知识和技能、信仰法治、恪守法律职业伦理的职业共同体成员。作为法律规则的适用者、运用者和法律权威的守护者，法律职业群体中全部成员的宪法意识对法治国家的建设有着极其重大的影响。以法官为例，现行宪法是审判权的来源，也是法官从事审判工作的最高准则。法院作为公民宪法基本权利和法律权利的司法救济机关，要求法官必须具有尊重和保障人权的意识，根据宪法和法律的规定，对侵犯公民宪法权利和法律权利的行为作出否定性的评价。法官在审理案件过程中，通过运用宪法思维，能够及时发现制度与规则在设计上的缺陷，总结争议问题，从而促进宪法和法律制度、规则的完善。对于依法行使法律监督权和检察权的检察官、以维护当事人的合法权益为主要职责的律师而言，具备宪法意识同等重要。法律职业群体正是经由具体的诉讼案件，实践宪法原则，维护宪法权威，体现规则之治，并促进整个规范体系的内在和谐。

社会公众的宪法意识对推动法治国家建设的重要作用也是不可低估的。自1982年现行宪法实施以来，全体社会成员的宪法意识已经有了很大程度的提升。尤其是宪法规范中所包含的民主、人权、公平、正义、和平等宪法价值日益深入人心，再加上信息时代各种资讯的便捷传播，公民借助公共舆论平台表达意见建议的途径愈加宽泛。社会成员有意识也有能力对于制度性的瑕疵提出不同看法或者批评意见，特别是标志性事件在宪法实践过程中发挥直接或间接的推动作用。但是应当看到，在当前多元化、分化的社会环境背景下，社会公众的宪法意识存在着不足，不同社会群体的宪法意识水平参差不齐，同时存在着实用主义、功利主义倾向，再加上物质利益价值观的驱动，妨碍了人们对于宪法意识真正内涵的用心领悟。因此，要从观念上入手，提高全体社会成员的宪法意识水平，促进在全社会范围内形成基本的宪法共识。

四、从宪法意识到宪法共识

（一）宪法共识是全体社会成员对于宪法作为高级法地位的一致性认知

宪法共识与宪法意识的关系极为密切，宪法共识的水平高低决定依法治国、依宪治国的充分状态，宪法共识水平越高，则依法治国的状态越好，反之，则表明依法治国、依宪治国处于不完善状态。

如果说宪法意识是个体性的宪法认知，那么宪法共识就是群体性的宪法认知，即全体社会成员对于宪法的高级法地位的一致性肯定和认同。宪法意识的目标就是在目前国家和社会发展背景下，全体社会成员普遍达成"宪法共识"。所谓共识（consensus），简而言之，就是指人们拥有共同的认识，是一个共同体内部不同阶层、不同利益群体所寻求的比较一致的理解、看法、认识、价值和理想或者能够基本达成共同认知的心理状态和水平。启用"宪法共识"一词表达的就是全体社会成员对于宪法的根本法地位所具有的一致性理解、看法和认知，即对于宪法的最高法律效力、至上性、权威性和高级法基本达成一致的心理认同。宪法是最高的行为规范，是制定规则的规则，所有主体的行为都必须符合宪法规范的基本要求，违反宪法原则和规范的行为都要受到严格追究并承担相应的法律责任。

鉴于宪法共识对于依法治国、依宪治国的现实意义和长远意义，宪法学者们提出了众多与之相关的概念，并对此展开深入研讨。尽管在进行学术探讨时不同学者使用的特定词语不尽相同，如有的学者使用"宪法价值共识"，[①]有的学者青睐"社会共识"，[②]还有的学者更为认同"观念共识"[③]的概念，但是在强调"共识"这一点上大家是完全一致的，说明学者们已经意识到当下全面推进法治国家建设的过程中，在全社会范围内达成关于宪法的"共识"非常必要且重要。

在对上述相关概念进行比较分析后，或许人们更为赞同使用"宪法共识"一词，因为它能够更加突出、强化宪法是根本法的核心主题，而且可以避免因为主张不同的价值或者在众多价值的排列顺序优位上的难以定夺，而在全体社会成员之间或者体现不同价值立场的宪法条文之间导致的分歧。在过往的宪法实践中，宪法价值优位给人们带来的困扰已经有所体现，在一定程度上直接影响到法治国家建设的具体实践。其中比较典型的表现就是，由于宪法文本中"国家主义的价值取向"与"立宪主义的价值立场"的"复合并存结构"，在宪法实践过程中产生了倾斜性的宪法实施

[①] 范进学：《宪法价值共识与宪法实施》，《法学论坛》2013年第1期。

[②] 韩大元教授所描述的社会共识并不等同于宪法共识，社会共识指的是对社会制度或社会事务所具有的一个相似的、相同的理念或情感、认识。社会共识转换成为国家共识之后，经由宪法的确认才能最终形成宪法共识。从内涵上看，显然社会共识与宪法共识不是同一概念。

[③] 苗连营：《宪法实施的观念共识与行动逻辑》，《法学》2013年第11期。

效果，处于优位的"国家主义的价值取向"条款能够得到比较好的实施，而体现"立宪主义的价值立场"的条款则处于"有待有效实施"的状态，[①]足以证明不同的宪法价值主张之间冲突、选择性适用的结果给社会生活带来的实际影响。

对此作进一步分析，在宪法共识确立之后再去设计宪法价值优位的判断基准，实在是因为价值判断太过于复杂以致陷入纠结之中。在一般意义上，价值本身无所谓对或错，只要能够自圆其说就可以被认可，正所谓存在的即是合理的。在社会生活中，价值认同比较容易产生分歧。因此，以宪法价值共识为目标会带来某种不确定性，特别是在一个价值多元化的社会里，对于价值判断往往是"仁者见仁、智者见智"的事情，任何一方恐怕都难以完全说服另一方。事实上，宪法原则所包容的价值本身就是多元的，人们可以罗列出平等、自由、民主、宽容、人权以及公平正义等诸多不同的价值追求，而在价值背后隐含着的是形形色色的资源和利益及其配置，因此不同的价值主张之间往往很难进行妥协或者取得一致的理想化结果。当不同的价值取向之间不可避免地发生冲突时，以何者为先？以何者为后？在不同的价值取向之间安排比较妥当的先后顺序，对任何人来说都是一件难度极大的事情。除非事先假定某一价值具有高于其他价值的优位地位，否则很难进行有效配置。因此，宪法价值共识极易导致社会成员在认知上的严重分歧，甚或可能引发共同体内部的严重纷争或者撕裂。对此，其实不妨借用"重叠共识"的概念，采用最大公约数的标准，来整合全体社会成员间不同共识水平的心理基础，将宪法共识作

[①] 林来梵：《转型期宪法的实施形态》，《比较法研究》2014年第4期。

为最低限度的标准在一定程度上能够避免在不同价值选择之间发生冲突的可能性。而将宪法共识聚焦在宪法本身，以对宪法的最高法律地位和权威性的认知作为共同基础，由此达成普遍意义上的宪法共识，相对更为容易一些。

有鉴于此，在国家和社会发展过程中，尤其当共同体内部面临严重的阶层分化、价值多元化、权利相互性以及利益诉求纠结复杂的局面时，与其强调宪法的价值共识，不如强化对宪法本身的共识，聚焦于提高宪法的至上性、权威性以及宪法作为"元规则"属性等主要内容的认知水平。

（二）宪法共识的实践价值是树立宪法信仰和规则意识

宪法共识的实践价值在于帮助全体社会成员树立宪法信仰，重点内容是强调规则意识。尽管目前已经进入到"八五普法"阶段，人们的宪法意识和法律意识有所提高，但是距离建设法治国家所要达到的目标要求还有很大的提升空间。随着改革开放的深入，经济发展的高速推进，社会主义法治体系基本完备，人们在社会生活中面临的主要问题已经不再是无法可依和对法律的无知等问题，而是如何更好地实现科学立法、严格执法、公正司法和全民守法的问题，其中隐含着的仍然是传统的社会问题，即由于"差序格局"传统体制及其观念的历史性存在，人们自觉或不自觉地被绑缚在人际关系、人情世故之中而难以自拔，身处其中、日复一日、循环往复的社会生活示范，在不间断地给人们以不良的心理暗示。在显性的法律规范之外，各种隐性的潜规则牵绊着人们。这些社会行为模式在很大程度上削弱了依法治国、依宪治国、宪法实施和法律实施的积极效果，磨耗着人们的宪法雄心。因此，需要借助宪法共识从观念层面祛除传统文化中依然残留在人们深层心理结构中的消极因素，实现从传统国家到现代国家的转型。

经过对1982年现行宪法实施状况的实证考察，可以看出在整体意义上宪法信仰和规则意识的情况是不容乐观的。宪法文本中的"基本权利保障条款""国家机关职务条款""司法机关独立性条款"等都属于"有待得到有效实施的宪法条款"。[①] 这些条款所涉及的内容与公民的切身利益和权利诉求及其有效保护息息相关，但是其施行和发展却在长期以来处于相对静止的状态，以至于消耗掉一部分人们原本对宪法怀有的期待，也在一定程度上导致社会氛围中弥漫着对宪法实施的不自信。"宪法没有获得社会成员的普遍尊重与执行"，"公民包括一些领导干部的宪法意识还有待于进一步提高"的现实状况，表明"全社会还没有完全形成在法制轨道内解决社会矛盾冲突的共识"，[②] 在共同体内部尚未形成上下一致的宪法信仰。由于宪法意识的普遍性欠缺，导致在执法、司法实践和社会生活中屡屡出现背离宪法原则与法律规则的现象，[③] 尤其让那些遵守规则的人心生凉意。针对这种状况，当务之急还是要在全社会范围内不遗余力地开展关于宪法意识的启蒙，进而在此基础上达成宪法共识，帮助人们树立宪法信仰，并且不断地强化规则意识。

在依法治国、依宪治国的治国方略驱动下，需要整个社会就

---

① 林来梵：《转型时期宪法的实施形态》，《比较法研究》2014年第4期。
② 韩大元：《宪法实施与中国社会治理模式的转型》，《中国法学》2012年第4期。
③ 最为典型的表现包括"中国式过马路"，新冠疫情期间的"随地吐痰"的现象，还有不负责任的高空抛物现象，这些漠视规则的行为，在日常生活中并不少见。

宪法权威地位形成基本共识。宪法实施的社会基础条件之一就是在全社会范围内对宪法拥有至高无上地位的认可。宪法的至上性不仅仅意味着宪法在法律规范体系中占据统领地位，更多地还在于对既定规则的权威性怀有发自内心的自觉服从意识和遵从，这也是人们的法治观念文明和进步状态的反映。正如人们通俗表达的那样，法律实施的最好状态就是没有人违反法律，使法律处于不需要实施的状态。只有使全体社会成员接受宪法共识，才能为坚定的宪法信仰奠定社会心理基础，通过各个主体的内在约束力量促成宪法实施的积极效果。如果没有对宪法根本法地位的一致认可，那么社会成员就不可能怀有对宪法发自内心的敬畏和遵从。没有了宪法信仰，依法治国、依宪治国也就无从说起。

（三）宪法共识有助于弥合社会断裂状态

强调"宪法共识"具有多重社会实践意义。宪法共识既是心理需求，也是整合利益分歧、弥合社会断裂状态[①]的现实需要。当下中国社会同其他国家一样，在共同体内部需要面对社会多元化、分化的现象，表明不同利益诉求之间存在着巨大的差异，即使是在决定未来的社会发展方向的宪法实践、法治建设的价值观念上也存在着分歧，甚至可能是比较严重的分歧。存在多元化、分化就需要整合，而整合的基础就是达成共识。共同体内部分化的程

---

① 在社会学视域中，社会断裂是指在作为同一社会共同体内部的社会成员之间出现了严重的多极分化现象，同时不同社会利益主体之间的边界处于固化状态，与之相对应的是，不同的文化传统和生活方式并存，并且彼此之间缺乏有机联系、沟通和有效衔接。

度越严重，达成共识的价值就越突出。需要正视的是，在社会断裂状态下进行价值观念的整合难度相当之大。特别是在转型阶段，伴随而来的是传统心理结构的解构，导致人们在心理上的迷茫和无所适从，于是滋生出"集体性心理焦虑"等副产品。传统的偏见尚未祛除，新的傲慢又让人们在心理上感到意难平，趋利避害的本能让大多数的社会成员在面对利益诱惑和权利冲突时，难以求助于理性的控制。而一旦个体被排除在体制之外，便以采取较为极端的手段为要挟来宣泄诉求、吸引关注，以体现其存在感和价值。可以想见，在这种社会背景与个体心态之下的整合，难度之大是超乎想象的。但是恰好也印证了促成共识是重要的和紧迫的，如果没有基本共识的心理支持，国家和社会发展的推进就要消耗掉更多的精力。只有诉诸宪法共识，才是突破当下发展瓶颈困扰的更优选择。

现代社会由于发展的多方向性，分化与多元化是必然的也是难以避免的。唯有将已经分化的众多不同社会群体、不同的利益诉求，都吸纳到体制内来予以表达，并给予妥善解决，才是明智之举。这在很大程度上得益于全体社会成员的宪法共识，宪法体制之所以能够在人类社会的进化过程中选择和采纳，就是因为经由宪法共识而对宪法进步理念的忠实实践，能够最大限度地解决人类社会内部出现的各种分歧，尽可能弥合在不同个体和群体之间长期存在的巨大鸿沟。

宪法共识的达成同中国在其他领域中正在进行的改革实践一样，仍然需要顶层设计以及自上而下方式的推进。由于长期以来中国"大一统"的社会政治传统，人们在这种体制的熏陶下已经习惯于自上而下的社会变革推动模式，包括法治国家的建设，而事实上也确实是依赖于这一传统路径取得了比较显著的效果。因此，宪法共识的达成仍然需要借助传统的模式来开展和推进。依循这个逻辑，不仅仅是全体社会成员对宪法作为高级法的认识是必须的，尤为重要的是国家机关及其工作人员能够形成宪法共识，怀有坚定的宪法信仰和规则意识，并且能够在立法、行政和司法工作中，将对宪法的根本法地位、最高法律效力的认知，转换成为充分且有效的政府过程和社会实践，为全体社会成员提供尊重宪法和法律的良好示范，这在宪法共识形成的机制中发挥着引领作用。

五、宪法的根本法属性之重述

借着宪法援引的主题作进一步发挥，把思考的心得、阐述的范围一步一步推进到宪法实施、形成宪法意识和宪法共识，再延伸到对宪法根本法属性的再认识这一领域，同样属于有感而发。

宪法援引给人们提供了一个新的观察宪法的视角，它不仅是宪法实施的一种方式，也是宪法根本法属性的实践性价值及其应用。在法治建设从初级阶段跨入高级阶段之后，对于宪法根本法属性的认知也需要理论上的同步提升，促使宪法学理论与实践保持与时俱进的发展状态。

传统宪法学理论对宪法根本法属性的描述大都从三个方面展开，即宪法的内容与普通法律不同；宪法的制定与修改程序与普通法律不同；宪法具有最高法律效力，任何其他法律法规都不能同宪法相抵触，否则抵触者无效。对宪法的根本法属性的解读是基于宪法所具有的法的一般属性，宪法同普通法律一样，作为行为规范的一种模式，为人们的社会行为和社会交往提供参照标准。宪法的根本法属性更在于强调其与普通法律不同的那些特质，诸如宪法承载的进步理念，通常表现为国家作为政治共同体的价值共识，强调规则之治，以及全体社会成员经由制度优势得到升华的国家共识。宪法援引之所以能够提升裁判文书的说服力和权威性，正是由于在宪法的根本法属性基础上所形成的更为完整的法律逻辑和进步理念，增强了司法裁判的公正性效果，从而体现了社会正义。

（一）确认进步理念并作为共同体的价值共识

人类社会的整体进化不仅表现在器物文明上，还体现在理性精神层面。从这个视角出发，宪法也可以被认为是记载人类理性文明状态的法律文本。国家统合的历史过程和手段上的文明渐进表现就可以印证这一点。

回到宪法本身来看，宪法是对主权国家的法律建构，宪法文本通常都会记录国家的历史发展进程、民族文化传统及其美德，表述国家基本制度，包括政治制度、经济制度、社会制度、文化制度等。显然宪法是通过法律制度来实现对国家的建构，以国家制度作为国家统合的基础，而且这种动态性的建构过程始终在进行中，其间不断融入人类社会的新理念，引导以国家为本位的集体行动，并在其中塑造着国家的整体形象。一国法律制度体系之所以总是处于不断发展与完善的进程中，正是基于国家建构的动态发展的需要，以及人类社会物质文明和精神文明不断进步的需要。这一过程从未停歇，促使国家始终保持着对当代宏观格局和社会需求的积极回应状态。

在发生学上，先有部门法、后有宪法的历史规律众所周知。而宪法之所以能够后来居上，一跃成为法律规范体系中占据统领地位的根本法，是由宪法原则和精神中的进步理念决定的。传统宪法学理论明确了宪法调整的是公民与国家之间的关系，宪法表达的是人民这一集合体的"最高公意"，人民主权原则作为宪法文本中确立的首要基本原则为国家公共权力的来源及其行使奠定了合法性、正当性基础。因此，宪法的统领地位不以发生的时间先后为条件，而以进步理念为前提。可以这样说，"宪法融入了各个时代促使个体解放与社会发展的先进理念，对法治文明具有不可替代的实践价值和进步意义，其代表的世界观、平等自由、基本权利等理性理念为原本分散着的部门法提供了统一的原则和精神导向"。[1]

宪法原则和精神表达的是共同体的价值共识，所以部门法反映了宪法价值共识在不同社会关系领域中的具体实践。当考察法律规范体系的纵向演进过程时，可套用一句传统法谚予以表达：部门法易逝，宪法价值永存。部门法中的法律条文随着社会变迁在不断地进行修改或废止，但是，对宪法价值共识的追求始终存在。例如，"法律面前人人平等""人民主权""法治国"等，在进入近现代国家以后，仍然具有强大的生命力和感召力，成为人们坚守的价值追求和激励机制，改变着人们头脑中的落后观念，使人们为之付出不懈努力。

---

[1] 魏健馨：《合宪性审查从制度到机制：合目的性、范围及主体》，《政法论坛》2020年第2期。

（二）强调规则之治

规则是重要的，是构建法治秩序的基础，所谓规则之治的内涵，可以简要概括为规则的正当性、规则的合理性以及规则效力的普遍性三个基本方面。

规则的正当性是规则之治的逻辑起点。规则的正当性意指其形式与内容均合乎法治的基本属性，规则经由法定程序制定、颁布和实施，规则的内容则体现社会正义，因此规则之治也被认为是"良法之治"。所谓"良法"就是制定的良好的法律，能够反映并符合当下的主流社会价值观。规则的正当性还与宪法所确认的进步理念互相贯通、一脉相承。衡量一个国家是不是法治国家的基准，就是该国的法律规范体系是否始终恪守并展现进步理念的内核，即从宪法原则到具体法律条文、行政执法活动以及对个案的司法裁判，都应当以社会正义的理念为基准，通过现实生活让人们感同身受。到目前为止的法治文明充分印证了规则是"能够加以利用的促进和谐的力量"。[①]

规则的合理性是规则之治的核心要义。规则的合理性首先体现为人类对自然法则和自然规律的尊重，以及建立在这一思维基础之上的人类对资源和利益的理性选择与平衡，其中不仅含有遏制人类的动物本能的理性反思，还有保持人类与其他物种之间和谐关系的多方努力。人类不仅具有基于本能的反应能力，而且还能够做出理性选择。规则的合理性显现出人类不仅有基于本能的反应与适应能力，还具备特有的理性和反思能力。规则的合理性

---

① 沈亚平、魏健馨：《规则与宪政》，《南开学报》2006年第2期。

意味着规则并没有局限于任何具体个人的目的，而是以增进人类和其他物种的公共福祉为目标。通过规则试图在不同物种、资源和利益之间寻求并确立可行的共享机制和方案，以维持平衡状态。规则的合理性是其能够达成规则所设计的预期效果必须具备的素质，否则规则寸步难行。

规则的普遍性是规制之治的实现机制，即全体社会成员认同规则为行为模式的普遍性标准，任何人都要受到既定规则的约束，不论他们的背景存在何种差别。只有如此机制下的规则才会产生实际社会效益，即实现秩序状态。如果规则处于选择性实施、选择性适用的状况，规则便因为只具有工具性价值、缺乏实质性价值而变得形同虚设。建立在正当性、合理性基础之上的规则的普遍性表明，当规则被适用到具体的个人或事物时，无论是遵守规则的一方，还是因违反规则而遭到惩罚的一方，都是规则的受益者。人类对规则的依赖不仅是生理上的，也是客观的心理需求。规则作为平等适用于所有人的普遍行为模式，不仅能够为个体节约生物能量，还能够为所有人提供安全的、有序的、可预见的社会生活环境，以至事到如今人们已经很难想象，如果没有了规则，人类的社会生活该当如何。规则的实践价值不言自明。还需注意的是，规则的普遍性的实现借助于双重机制。规则作为外在的行为约束，必须经由个体的内化机制，将客观的行为规范转化为主体内在的行为标准，并被纳入其心理结构之中成为固定组成部分。越具有正当性、合理性的规则，个体自觉接受规则约束的内在驱动力量就越强，从而形成个体的规则意识。诚如一句宪法名言所说：真正的法律不是刻在大理石上，而是铭刻在人们的心中。其揭示的就是规则的外化、内化相互转换的机制。

（三）以制度优势展现国家的软实力并为国家认同奠定基础

宪法的根本法属性还体现在对国家的建构意义，体现为制度建构，集中展现国家的制度优势。一切制度都是因人而生、以人为本的。众所周知，传统民族国家发展转换而成为现代国家，不仅作为全体社会成员的生存、发展和自我实现的背景平台，而且国家与社会成员之间是互相成就的关系。

在国际格局下，国家间的竞争不仅体现在硬实力上的角力，还体现在软实力上的竞争，即制度优势。从这一实践逻辑出发，国家制度为全体社会成员达成国家共识提供不可或缺的制度基础，从而使国家具备更为充分的人格化魅力，进而使国家对内对外都有一种难以抗拒的凝聚力和吸引力。所以，任何国家的发展都不仅仅是物质文明的进步，必然还要包括制度文明的递进。

国家制度软实力具有多重效应，对内散发凝聚力，让全体社会成员体验到归属感、安全感、获得感，增强其幸福感，让社会成员以作为该国的公民而拥有不可比拟的自豪感。对外具有吸引力，使其他国家的公民能够感受到该国的文明与进步状态，为形成国家认同提供不可或缺的制度基础。显而易见，国家认同是双向的，既有对外的影响力，也有对内的实际效果。而且这两个方面都是重要的，对外的国际认同，不仅能够扩展本国的国际影响力，还能拓宽国际参与的广度和深度，以及吸引到更多的国际型人才。所以，国家共识以制度认同为基础，是对制度的认可和肯定，是建立在制度认同基础上的国家共识。

结语
关于大数据统计及其分析的局限性

大数据及其分析应用的背景源自知识经济模式的到来以及知识立宪阶段的开启。在法学领域中，大数据作为新的研究工具和方法，激起了人们的兴趣，吸引着人们尝试以新方法、新工具对层出不穷的法学现象一探究竟。在法治国家建设的现实需要下，法学课题研究也在不断更新，需要在专业理论基础上进行思考，着力于推进宪法和法律、制度和机制的发展与完善，积极回应社会现实问题，妥善解决各类矛盾纠葛、利益冲突，在宪法实施和法律实施中充分展示宪法和法律的活力。伴随着一直持续的普法宣传，人们的宪法意识、法律意识不断提高。人们从对宪法的不了解，逐渐具有宪法的基本认知，知晓宪法中的基本权利，并且能够在具体案件中学会运用宪法，维护自己的合法权益，人们的宪法知识和宪法意识在逐级提升。相形之下，法律职业共同体的从业人员不仅要具备更高水平的宪法修养和司法能力，还要有足够的综合素质，才能更好地应对高水平的法治建设需求。

客观地讲，大数据本身不是绝对的，更不是万能的。大数据及其背后隐含着的各类个体行动、集体行动，以及形形色色的社会行为，才是关注的焦点和研究的目的。因此，对于大数据同样要秉持客观、理性的立场。

一、客观认识大数据统计结果

本书的研究主题涉及对大数据技术的具体应用，其中所提取的数据跨越了不同的时间段，总体上以2020年1月1日—2021年12月31日两年期间的数据为准。本书根据数据检索需要，选择性地使用了"中国裁判文书网"数据库、"北大法宝"数据库以及"威科先行"数据库，以上数据库的检索时间段以裁判文书的形成日期为准，而非上传日期。由于部分法院并非在作出司法裁判的当天就即刻上传裁判文书，在形成裁判文书到上传裁判文书之间可能会间隔较长时间，因此2020年1月1日—2021年12月31日这个时间段内的数据样本仍然存在变动的可能。但是，具体数据的变动幅度应当不会太大，所以相关数据从整体上看还是较为可靠的。

以大数据作为工具的课题研究，是一项需要高度耐心和细心的工作，要付出辛勤的劳动，还要有端正的研究态度。在这次大数据研究中，通过检索发现，在宪法援引的案件中，其中有一定比例的裁判文书进入检索的视野，不是因为裁判文书中援引了宪法，而是因为当事人姓名中含有"宪法"一词，如王宪法、李宪法、张宪法、赵宪法等，实际上该类案件只是因为当事人的名字叫"宪法"而已,与宪法援引没有任何关系。[①] 如果不剔除这部分,大数据的检索结果就不能保持其真实性和准确性,含有水分的大数据必然会导致研究成果中的结论性意见或者以此为基础提出的意见建议不真实、不可靠,提示人们必须对大数据持审慎和认真的态度。

二、宪法学视角下的典型案例分析

首先涉及对典型案例的筛选和类型的甄别。大数据分析中的案例基本上分为两大类,即"当事人主动提及宪法条文的案例"以及"法院主动援引宪法条文的案例",原计划分别在两类案例中各挑选行政、民事、刑事、国家赔偿、执行案件作进一步分析,但是,在案例检索时发现并非所有类别都有适合的案件可供分析,因此本书中的案例分析选取行政、民事、刑事案例,后续研究中会持续关注其他类别的案例。

其次是关于案例分析的具体内容。大数据研究中的案例分析基本上概括为四项,即案情简介、当事人的诉辩理由、法院的审理及判决结果、对典型案件的学理分析。学理分析部分涵盖对法院判决的认识,案件争议焦点的分析,还有援引的具体宪法条文以及法律依据的适用情况。

再次是关于案例分析的理论工具。本研究侧重于宪法学视角,

[①] 这是传统思维定式导致的结果。在1954年宪法颁行当年,就有一批人取名叫"宪法",如同共和国成立之初,取名叫"国庆",五十年代初取名叫"抗美"或"援朝",六七十年代取名叫"文革"一样。

运用宪法学基本原理以及宪法实施的理论,作为个案分析的学理基础和理论工具,将宪法学理论与宪法实施的制度与实践紧密联系在一起,以此促进并加强对宪法学理论的认识和运用。

三、司法裁判的宪法意义

通过对宪法援引的实证研究,可以让人们深刻认识到,任何案件的裁判都不仅仅意味着个案的了结。在宪法的观照下,司法裁判不仅是对事实的甄别和判断,还涉及法律条文的具体适用。而且,"依据法律"这个短语所包含的内容,远比看上去的这几个简单的字要丰富得多。司法裁判既要满足人们的现实需要,又要求法官从宪法文本、宪法意图、传统理念和历史习俗等一系列与之相关的内容中,建构出一个原则的连续体,[1]其最终结果就是从宪法原则到法律条文的体系化论证和运用。所以,司法裁判从来就不是一个单纯的事实问题或法律问题,法官通过裁判文书中的释法说理以及裁判结果,传输给当事人以及其他社会成员以丰富信息,除了关涉个案的是非曲直,还要给全体社会成员展现以现行宪法为统领的法律规范体系所竭力维护的秩序和正义。司法裁判的每一个细节,都应当浸透着当代社会崇尚的进步理念,并能够坚定不移地将其贯彻到底。

---

[1] [美]阿奇博尔德·考克斯:《法院与宪法》,田雷译,北京大学出版社2006年版,第402页。

参考文献

著作类：

［1］韩大元、张翔等：《宪法解释程序研究》，中国人民大学出版社2016年版。

［2］林来梵：《从宪法规范到规范宪法》，商务印书馆2017年版。

［3］於兴中：《法理学前沿》，中国民主法制出版社2015年版。

［4］何渊主编：《数据法学》，北京大学出版社2020年版。

［5］陈乐民、史傅德：《公民社会与启蒙精神》，华东师范大学出版社2017年版。

［6］张晋藩：《中国宪法史》，吉林人民出版社、人民出版社2011年版。

［7］胡锦光：《新时代党员干部的法治思维》，中国人民大学出版社2018年版。

［8］［澳］布伦南、［美］布坎南：《宪政经济学》，冯克利等译，中国社会科学出版社2004年版。

［9］［德］马克斯·韦伯：《社会科学方法论》，韩水法、莫茜译，商务印书馆2017年版。

［10］［美］阿奇博尔德·考克斯：《法院与宪法》，田雷译，北京大学出版社2006年版。

［11］魏健馨：《和谐与宽容：宪法学视野下的公民精神》，法律出版社2006年版。

论文类：

［1］韩大元：《加强合宪性审查机构建设》，《华东政法大学学报》2018年第4期。

［2］胡锦光：《论我国法院适用宪法的空间》，《政法论丛》2019年第4期。

［3］焦洪昌：《从王春立案看选举权的司法救济》，《法学》2005年第6期。

［4］冯健鹏：《我国司法判决中的宪法援引及其功能——基于已公开判决文书的实证研究》，《法学研究》2017年第3期。

［5］朱福惠：《我国人民法院裁判文书援引〈宪法〉研究》，《现代法学》2010年第1期。

［6］殷啸虎：《论宪法援引过程中的宪法解读——从对黑龙江规定风能太阳能属国有涉嫌"违宪"的质疑谈起》，《社会科学》2012年第12期。

［7］向前：《司法裁判文书中"宪法援引"的法律解读》，《人民论坛》2014年第17期。

［8］林来梵：《立法裁量与合法性审查》，《浙江社会科学》2018年第2期。

［9］马岭：《我国的合宪性审查制度及其文化审视》，《法学杂志》2021年第5期。

［10］莫纪宏:《依宪立法原则与合宪性审查》,《中国社会科学》2020 年第 11 期。

［11］梁洪霞:《我国法院实施宪法的角色定位及作用方式》,《江汉大学学报（社会科学版）》2017 年第 5 期。

［12］李海平、石晶:《民事裁判援引宪法的条件任意主义批判——以援引言论自由条款的案件为例》,《政治与法律》2020 年第 8 期。

［13］翟国强:《宪法解释的启动策略》,《中国社会科学院研究生院学报》2020 年第 2 期。

［14］夏正林:《我国宪法适用体制的改善》,《广东社会科学》2013 年第 2 期。

［15］韩大元:《以〈宪法〉第 126 条为基础寻求宪法适用的共识》,《法学》2009 年第 3 期。

［16］莫纪宏:《从宪法第 100 条看宪法适用理论的缺失》,《社会科学战线》2009 年第 9 期。

［17］范进学:《非解释性宪法适用论》,《苏州大学学报（哲学社会科学版）》2016 年第 5 期。

［18］李秋成:《宪法适用等概念的主张目标与语境》,《山东社会科学》2015 年第 S2 期。

［19］谢维雁:《论宪法适用的几种情形》,《浙江学刊》2014 年第 6 期。

［20］刘松山:《人民法院的审判依据为什么不能是宪法——兼论我国宪法适用的特点和前景》,《法学》2009 年第 2 期。

［21］王广辉:《论中国的宪法适用制度》,《公民与法（法学版）》2013 年第 8 期。

［22］张红:《民事裁判中的宪法适用——从裁判法理、法释义学和法政策角度考证》,《比较法研究》2009年第4期。

［23］魏健馨:《现代国家建构视域中的宪法实施》,《河北法学》2017年第5期。

［24］魏健馨、张瑞黎:《宪法实施视域中宪法援引典型案例分析》,《沈阳工业大学学报(社会科学版)》2021年第2期。

［25］魏健馨、田圣文:《司法裁判中宪法援引的实证研究》,《华南师范大学学报(社会科学版)》2021年第6期。

［26］魏健馨、田圣文:《宪法实施视域中司法裁判宪法援引的实证分析》,《北京行政学院学报》2022年第1期。

［27］魏健馨:《合宪性审查从制度到机制:合目的性、范围及主体》,《政法论坛》2020年第2期。

后记

在这部书稿终于完成之际,感慨万千,千言万语一句话:苦并快乐着。

本书的研究有几难,其一是在课题研究期间遭遇新冠疫情,2019 年末突如其来的公共卫生安全危机,导致社会、工作和生活秩序全被打乱,各种不确定性也给教学和科研工作带来诸多不便,与本书研究有关的实证研究、学术研讨艰难推进。虽然借助网络、线上形式,能够使困难有所缓解,但各种不便依然存在。其二是大数据研究之难。大数据作为一种新的研究方法和手段,如何运用好它,是充满挑战的事情。尤其对于我们这些不具备网络电子信息知识和能力的人来说,难;对我们人文社会科学研究者来说,更难;对我们这些年过半百的老教师来说,难上加难。此外,还要受到大数据检索平台、检索设备、检索程序和分析程序以及检索能力等诸多因素的制约。严格地说,本书的大数据研究,只能作为样本统计,属于最基础的研究,其研究结果必然有局限性。其三是法学理论研究与实践之难。在多元化的背景下,社会现象、价值观念均呈现错综复杂的特点,一件事情发生以后,往往是仁者见仁，智者见智，众说纷纭，难有定论。立法、执法和司法面临的挑战是空前的。如何从专业视角研究问题、提供解决方案，发展和完善专业理论，并将其应用于社会实践，实在是难。是作为专业教学科研工作者的职业操守，对法治国家的美好期待，对现实生活的热爱，激励着我们认真踏实地去做我们应该做的事情。

为了完成本书研究，我们精心组织了研究团队，包括本科生、硕士研究生、博士研究生在内不同学历层次的在校生，以契合研究型大学的发展目标。在此向全体课题组成员表示衷心的感谢，特别要感谢的是董妍老师对我本人的鼎力支持以及对大数据检索的辛苦付出。

这部书稿从写作、修改到最终完成，出版耗时将近5年之久，课题组负责人在高校的教学科研生涯也将近40年。从法大到南开再到天大，历经20世纪80年代初到当下21世纪20年代，伴随着国家和社会的不同发展阶段，深切感受到法治建设、法治文明的进步，也深深体会到平凡的教书育人工作的伟大之处。

在此衷心感谢东方出版社的许剑秋先生和马旭编辑，感谢在你们的鼎力支持和帮助下，完成了最终研究成果。

借用"凡是过往，皆为序章"之句作为结语，人生之路，唯有自强不息，才能不负光阴，不负此生。

2022年11月29日
于天津大学（原北洋大学）敬业湖畔